四川省生态环境
执法案例分析

主　编◎罗　彬

副主编◎昝学军　李德俊　王　恒

西南交通大学出版社

·成 都·

图书在版编目（CIP）数据

四川省生态环境执法案例分析 / 罗彬主编. —成都：西南交通大学出版社，2021.8
ISBN 978-7-5643-8210-0

Ⅰ. ①四… Ⅱ. ①罗… Ⅲ. ①生态环境－环境保护－行政执法－案例－四川 Ⅳ. ①D927.712.685

中国版本图书馆 CIP 数据核字（2021）第 164733 号

Sichuan Sheng Shengtai Huanjing Zhifa Anli Fenxi

四川省生态环境执法案例分析

主编 罗 彬

责任编辑 赵玉婷
封面设计 原谋书装

出版发行 西南交通大学出版社
（四川省成都市金牛区二环路北一段 111 号
西南交通大学创新大厦 21 楼）
邮政编码 610031
发行部电话 028-87600564 028-87600533
网址 http://www.xnjdcbs.com
印刷 成都蜀通印务有限责任公司

成品尺寸 185 mm × 260 mm
印张 19
字数 459 千
版次 2021 年 8 月第 1 版
印次 2021 年 8 月第 1 次
定价 98.00 元
书号 ISBN 978-7-5643-8210-0

《四川省生态环境执法案例分析》
编写委员会

主　编　罗　彬

副主编　昝学军　李德俊　王　恒

成　员　张　璐　寇春燕　谢义琴　吕瑞斌　杨　敏

毕钰聆　李　丁　王金华　张　颖　朱蛟龙

编写单位　四川省环境政策研究与规划院

四川省生态环境保护综合行政执法总队

前言

法治是治国理政的基本方式，环境法治是依法治国的重要内容。党的十八大以来，以习近平同志为核心的党中央围绕生态文明建设提出了一系列新理念新思想新战略，加快推进生态文明顶层设计和制度体系建设，开展一系列根本性、开创性、长远性工作，推动生态环境保护发生了历史性、转折性、全局性变化。特别是在加强环境法治建设方面取得了显著成效，生态环境保护的法律体系更加健全、法治保障更加有力，依法行政的制度约束更加严格，生态环境领域法律法规已成为中国特色社会主义法律体系非常重要的组成部分。

2020 年 11 月，在党的历史上首次召开的中央全面依法治国工作会议上，将习近平法治思想明确为全面依法治国的指导思想。习近平法治思想作为习近平新时代中国特色社会主义思想的重要组成部分，内涵丰富、论述深刻、逻辑严密、系统完备，深刻回答了为什么要全面依法治国、怎样全面依法治国这个重大时代课题。“法律的生命在于实施”是习近平法治思想中的一个重要观点，也是推进当代中国法治建设的关键环节。2018—2020 年，四川省共办理生态环境违法案件 16 440 件，处罚金额共 12.847 亿元，适用《中华人民共和国环境保护法》四个配套办法及涉嫌环境污染犯罪移送司法机关案件 2 048 件，涉嫌环境犯罪案件 74 件。本书以案例分析为切入视角，收集整理了近年来四川省生态环境领域 82 个监管执法典型案例，按照违法行为适用的法律法规，汇编水、大气、噪声、土壤和固危废、放射性、建设项目和其他等七个部分案例组成。本书以简短凝练的文字勾勒出案件的基本案情和查处情况，从执法的角度对案件法律法规适用进行了深入分析，提出在生态环境法治实践中需要着重把握的关键问题与案件启示，并附以相关的法律法规、司法解释、重要文件等依据，供生态环境监督管理、行政执法工作人员和相关人士参考。

本书在编写过程中，参考了大量的资料和文献，案例相关分析、问题与启示等内容均反映了编写人员个人观点和意见。因编写时间仓促，加之编者水平和经验有限，书中难免有错漏之处，恳请读者批评指正、提出宝贵意见，以使我们在未来工作中不断改进。

《四川省生态环境执法案例分析》编写委员会

2021 年 7 月

第七部分　其他典型案例及其要点解析

第一部分

PART ONE

水污染典型案例及其要点解析

一、未按规定自行监测或者未保存原始监测记录

案例 1 某造纸公司未按规定对工业废水进行监测并保存原始监测记录案

【案情简介】

2019 年 1 月 7 日，某生态环境局行政执法人员在对重点排污单位某造纸公司进行现场检查中，发现该公司水污染物自动在线监控设施氨氮水质分析仪 2018 年 12 月 30 日 5 时 43 分至 2019 年 1 月 3 日 18 时 12 分未按照规定对所排放的工业废水进行监测并保存原始监测记录，总氮水质分析仪 2018 年 12 月 23 日 14 时 5 分至 2019 年 1 月 3 日 18 时 27 分未按照规定对所排放的工业废水进行监测并保存原始监测记录，总磷水质分析仪 2018 年 12 月 26 日 22 时 2 分至 2019 年 1 月 3 日 18 时 25 分未按照规定对所排放的工业废水进行监测并保存原始监测记录。某生态环境局认为该公司涉嫌违反《中华人民共和国水污染防治法》第二十三条的规定，依法对该造纸公司进行立案查处。

【查处情况】

某生态环境局根据《中华人民共和国水污染防治法》第八十二条第（一）项以及《四川省生态环境行政处罚裁量标准（2019 年）》的规定，对该公司作出处罚款 3 万元的行政处罚决定。

【案件分析】

1. 排污单位未自行监测是该案主要违法行为之一

《中华人民共和国水污染防治法》第二十三条规定排污单位应当对所排放的水污染物自行监测。自行监测具体是指排污单位为掌握本单位的污染物排放状况及对周边环境质量的影响等情况，按照相关法律法规和技术规范，组织开展环境监测的活动。排污单位可根据自身条件和能力，利用自有人员、场所和设备自行监测；也可委托其它有资质的检（监）测机构代其开展自行监测。符合以下条件的为各废水外排口监测点位的主要监测指标：（1）化学需氧量、五日生化需氧量、氨氮、总磷、总氮、悬浮物、石油类排放量较大的污染物指标；（2）污染物排放标准中规定的监控位置为车间或生产设施废水排放口的污染物指标，以及有毒有害或优先控制污染物相关名录中的污染物指标；（3）排污单位所在流域环境质量超标的污染物指标；（4）其他。

本案中，该造纸公司属于排污单位，应当按照要求开展自行监测，相关监测指标包括化学需氧量、氨氮、总氮、总磷等指标，但由于自动监测设备中蒸馏水用完，导致监测设备不能正常运行，又未及时检查维修，导致数十天未开展监测，违反法律要求自行监测的义务，可以适用《中华人民共和国水污染防治法》第八十二条。

2. 因未监测而导致未保存原始监测记录是常见的违法情形

手工监测的应当保存采样记录（采样日期、采样时间、采样点位、混合取样的样品数量、采样器名称、采样人姓名等）、样品保存和交接记录（样品保存方式、样品传输交接记录）、样品分析记录（分析日期、样品处理方式、分析方法、质控措施、分析机构、分析人姓名等）、质控记录（质控结果报告单）。自动监测维护记录包括：自动监测系统运行钻孔、系统辅助设备运行状况、系统校准、校验工作等；仪器说明书及相关标准规范中规定的其他检查项目；校准、维护保养、维修记录；等等。监测数据整理与存档涉及记录表格，对监测过程的关键信息予以记录、整理并存档，记录形成电子版和纸质版同时记录，保存时间不少于三年。

本案中，该造纸公司由于不能正常开展监测，导致监测数据缺失，违反《中华人民共和国水污染防治法》第二十三条关于排污单位保存原始监测数据的规定，这也是实践中常见的因未监测而导致未保存监测数据的情形。

【问题与启示】

1. 重点排污单位管理要求是什么？

确定重点排污单位管理依据的文件是《重点排污单位名录管理规定（试行）》（以下简称《管理规定》），其根据受污染的环境要素将重点排污单位名录分为水环境重点排污单位名录、大气环境重点排污单位名录、土壤环境污染重点监管单位名录、声环境重点排污单位名录，以及其他重点排污单位名录五类。筛选重点排污单位是由设区的市级地方人民政府生态环境主管部门依据本行政区域的环境承载力、环境质量改善要求和《管理规定》的筛选条件，每年商有关部门筛选污染物排放量较大、排放有毒有害污染物等具有较大环境风险的企业事业单位，确定下一年度本行政区域重点排污单位名录，筛选条件可自行在《管理规定》中查阅，总体原则是污染物排放量大的。列为重点排污单位的应当按照国家有关规定和监测规范安装使用监测设备，保障监测设备正常运行，保存原始记录，如实向社会公开其主要污染物的排放名称、排放方式、排放浓度和总量、超标排放情况等，以及防治污染设施的建设和运行情况，接受社会监督。

2. 在线监测数据是否能作为行政处罚证据使用？

监测数据是指按照相关技术规范和规定，通过手工或者自动监测方式取得的环境监测原始记录、分析数据、监测报告等信息。在线监测数据属于监测数据的一类，即安装在企业的在线自动监测设备提供的监测数据，可以通过远程传输到生态环境部门的电脑终端。依据《环境行政处罚证据指南》的规定，自动监控数据指以污染源自动监控系统、DCS 系统（Distributed Control System，分布式控制系统）、CEMS 系统（Continuous Emission Monitoring System，连续监测系统）等计算机系统运行过程中产生的反映案件情况的电子数据，如污染源自动监控数据、DCS 系统数据、CEMS 系统数据、监控仪器运行参数数据等。

如何认定在线监测数据的证据效力？在在线监测设备合格和在线监测数据生成规范的基础上，生态环境部门提取在线监测数据时仍应当注意证据的载体形式。依据《环境行政处罚证据指南》第 2.9 条的规定，自动监控数据属于电子数据。该指南第 4.3.4 条中规定：自动监控数据要提取原始载体，无法提取原始载体或者提取原始载体有困难的，可以采取打印、拷贝、拍照、录像等方式复制，制作笔录记载收集时间、地点、参与人员、技术方法、过程、事项名称、内容、规格、类别等信息。此外，还可以参考《最高人民法院关于适用〈中华人民共和国刑事诉讼法〉的解释》第九十三条中对电子邮件、电子数据交换、网上聊天记录、博客、微博客、手机短信、电子签名、域名等电子数据如何进行审查和认定的规定。依据《环境行政处罚证据指南》第 5.3.7 条的规定，生态环境部门可以从下列方面对自动监控数据进行审查：（1）有无生态环境部门出具的自动监测设备有效性审核文件（包括比对监测报告和现场核查报告）及有效性审核合格标志发放文件；（2）形成和收集是否合法；（3）是否残缺；（4）是否为原始数据，有无伪造、剪裁、删改迹象；（5）是否明显失真。另外，依据《关于污染源在线监测数据与现场监测数据不一致时证据适用问题的复函》（环政法函〔2016〕98 号）的规定，现场监测可视为对企业在线监测设备进行的比对监测。若同一时段的现场监测数据与经过有效性审核的在线监测数据不一致，现场监测数据符合法定的监测标准和监测方法的，以该现场监测数据作为优先证据使用。

【条文链接】

◆《中华人民共和国水污染防治法》

第二十三条　实行排污许可管理的企业事业单位和其他生产经营者应当按照国家有关规定和监测规范，对所排放的水污染物自行监测，并保存原始监测记录。重点排污单位还应当安装水污染物排放自动监测设备，与环境保护主管部门的监控设备联网，并保证监测设备正常运行。具体办法由国务院环境保护主管部门规定。

应当安装水污染物排放自动监测设备的重点排污单位名录，由设区的市级以上地方人民政府环境保护主管部门根据本行政区域的环境容量、重点水污染物排放总量控制指标的要求以及排污单位排放水污染物的种类、数量和浓度等因素，商同级有关部门确定。

第八十二条　违反本法规定，有下列行为之一的，由县级以上人民政府环境保护主管部门责令限期改正，处二万元以上二十万元以下的罚款；逾期不改正的，责令停产整治：

（一）未按照规定对所排放的水污染物自行监测，或者未保存原始监测记录的；

（二）未按照规定安装水污染物排放自动监测设备，未按照规定与环境保护主管部门的监控设备联网，或者未保证监测设备正常运行的；

（三）未按照规定对有毒有害水污染物的排污口和周边环境进行监测，或者未公开有毒有害水污染物信息的。

二、未保证自动监测设备正常运行

案例 2
某工业园区供排水有限公司污水处理厂未保证水污染物排放自动监测设备正常运行案

【案情简介】

某工业园区供排水有限公司污水处理厂于 2015 年 9 月开工建设，2018 年 8 月 31 日取得环境影响报告书的批复，2018 年底建成投运，污水处理规模 7 000 立方米每天，主要处理工业园区企业排放的生产废水和生活污水，属于重点排污单位。污水经处理后达到《城镇污水处理厂污染物排放标准》（GB 18918—2002）一级 A 标后排入白岩河。

2020 年 4 月 9 日 14 时 14 分至 16 时 40 分，某县生态环境局在某工业园区供排水有限公司污水处理厂开展长江经济带问题排查现场检查时发现：该企业污水处理厂水污染物排放自动监测设备数据异常，未向相关职能部门报告的行为，涉嫌违反《中华人民共和国水污染防治法》第二十三条第一款的规定，某县生态环境局依法对该供排水有限公司进行立案查处。

【查处情况】

某县生态环境局依据《中华人民共和国水污染防治法》第八十二条第（二）项的规定，对该厂处以罚款人民币 56 000 元。

【案件分析】

1. 该公司未保证水污染物监测设备正常运行的行为构成违法

《中华人民共和国水污染防治法》第二十三条确立了自行监测和自动监测制度。该条第一款规定：“实行排污许可管理的企业事业单位和其他生产经营者应当按照国家有关规定和监测规范，对所排放的水污染物自行监测，并保存原始监测记录。重点排污单位还应当安装水污染物排放自动监测设备，与环境保护主管部门的监控设备联网，并保证监测设备正常运行。”本案中，该厂属于重点排污单位，负有安装水污染物排放自动监测设备、与生态环境主管部门的监控设备联网、保证监测设备正常运行三项义务，违反任何一项都构成违法，因此该公司未保证水污染物监测设备正常运行的行为应当受到处罚。

2. 某县生态环境局对该厂的处罚合理、适当

本案中，该厂属于重点排污单位，其未保证监测设备正常运行的行为构成违法。根据《中华人民共和国水污染防治法》第八十二条第（二）项之规定，应当被处以二万元以上二十万元以下的罚款。某县生态环境局最终对其作出人民币 56 000 元的处罚合理适当，理由主要在于：第一，该厂已经按照法律法规规定安装了水污染物排放自动监测设备，并与生态环境部门联网，另外落实了专人进行自动监测设备的维护和管理，并建立了台账，故其违法行为的主观恶性较小，未保证监测设备正常运行可视为一般过失；第二，自动监测设备未正常运行的持续时间较短，仅为 2020 年 3 月 28 日 12 时至 3 月 31 日 16 时，违法行为导致的危害后果较小；第三，自动监测设备未正常运行后，该厂及时开展了人工检测和设备维修维护，并保留了检测记录和台账，也可视为其主观恶性较小。综上，某县生态环境局在综合考虑违法对象特殊身份和违法情节的基础上，对该厂作出罚款人民币 56 000 元的决定合理适当。

【问题与启示】

1. 重点排污单位是如何确定的？

根据《企事业单位环境信息公开办法》第七条第二款的规定，生态环境主管部门确定重点排污单位名录时，应当综合考虑本行政区域的环境容量、重点污染物排放总量控制指标的要求，以及企业事业单位排放污染物的种类、数量和浓度等因素。设区的市级地方人民政府生态环境部门根据《重点排污单位名录管理规定（试行）》及相关因素确定下一年度本行政区域重点排污单位名录。省级地方人民政府生态环境部门负责统一汇总本行政区域重点排污单位名录。

2. 重点排污单位的自动监测义务有何要求？

自动监测，是指由对污染源主要污染物排放实施监控的数据收集子系统和信息综合子系统组成的系统进行的监测。重点排污单位应当安装水污染物排放自动监测设备，与生态环境部门的监控设备联网，并保证监测设备正常运行。2005 年 7 月原国家环境保护总局出台的《污染源自动监控管理办法》规定，自动监控系统，由自动监控设备和监控中心组成。自动监控设备是指在污染源现场安装的用于监控、监测污染物排放的仪器、流量（速）计、污染治理设施运行记录仪和数据采集传输仪等仪器、仪表，是污染防治设施的组成部分。监控中心是指生态环境部门通过通信传输线路与自动监控设备连接用于对重点污染源实施自动监控的计算机软件和设备等。列入污染源自动监控计划的排污单位，应当按照规定的时限建设、安装自动监控设备及其配套设施，配合自动监控系统的联网。此外，按照《国务院关于印发“十三五”节能减排综合工作方案的通知》（国发〔2016〕74 号）要求，重点排污单位污染源自动监控数据有效传输率应保持在 90%以上。

【条文链接】

◆《中华人民共和国水污染防治法》

第二十三条　实行排污许可管理的企业事业单位和其他生产经营者应当按照国家有关规定和监测规范，对所排放的水污染物自行监测，并保存原始监测记录。重点排污单位还应当安装水污染物排放自动监测设备，与环境保护主管部门的监控设备联网，并保证监测设备正常运行。具体办法由国务院环境保护主管部门规定。

应当安装水污染物排放自动监测设备的重点排污单位名录，由设区的市级以上地方人民政府环境保护主管部门根据本行政区域的环境容量、重点水污染物排放总量控制指标的要求以及排污单位排放水污染物的种类、数量和浓度等因素，商同级有关部门确定。

第八十二条　违反本法规定，有下列行为之一的，由县级以上人民政府环境保护主管部门责令限期改正，处二万元以上二十万元以下的罚款；逾期不改正的，责令停产整治：

（一）未按照规定对所排放的水污染物自行监测，或者未保存原始监测记录的；

（二）未按照规定安装水污染物排放自动监测设备，未按照规定与环境保护主管部门的监控设备联网，或者未保证监测设备正常运行的；

（三）未按照规定对有毒有害水污染物的排污口和周边环境进行监测，或者未公开有毒有害水污染物信息的。

三、未依法取得排污许可证排放水污染物

案例 3 某食品有限公司无证排污案

【案情简介】

2019 年 8 月 2 日，某市生态环境局对某食品有限公司进行现场检查，发现该公司在未依法取得排污许可证的情况下正在进行生产。生产过程中产生的洗涤废水通过水槽排入清洗解冻车间下水道，再经炒制车间下水道，自然流入车间外的 4 号白色塑料废水暂存桶。现场检查时，4 号白色塑料废水暂存桶液位过高，桶内废水正在向外溢流，直接排放到厂区外小河沟。某市生态环境局委托环境监测中心站对该公司厂区排口处的废水及 4 号白色塑料废水暂存桶的废水进行了监测。环境监测中心站出具的 028 号《监测报告》显示：该公司 2019 年 8 月 2 日废水排放沟口处的废水中化学需氧量浓度为 2 540 mg/L，悬浮物浓度为 395 mg/L，粪大肠菌群浓度为 3.1×10^7 mg/L，pH 值为 4.89。因本次样品属油水混合，氨氮分析时不具备分光光度分析条件，故未产生氨氮结果。环境监测中心站 2019 年 9 月 2 日出具的 031 号《监测报告》显示：该公司和某食品有限责任公司的废水混合排放管口处的废水中化学需氧量浓度为 3 100 mg/L，氨氮浓度为 110 mg/L，悬浮物浓度为 119 mg/L，粪大肠菌群浓度为 4.9×10^7 mg/L，pH 值为 6.54。某市生态环境局认为，该食品公司未依法取得排污许可证排放水污染物、不正常运行水污染防治设施的行为，涉嫌违反《中华人民共和国水污染防治法》第二十一条第二款以及第三十九条的规定，依法对该食品有限公司进行立案查处。

【查处情况】

依据《中华人民共和国水污染防治法》第八十三条第（一）项规定，按照《四川省生态环境行政处罚裁量标准》规定，鉴于该公司正在办理排污许可证，故对该公司未依法取得排污许可证排放水污染物的行为处罚款 10 万元。依据《中华人民共和国水污染防治法》第八十三条第三款的规定，该公司的行为已经构成不正常运行水污染防治设施。鉴于该公司排放的废水总量较少，最终进入城市污水管网，且该公司积极配合调查处理，及时完成环境问题整改，故根据《中华人民共和国行政处罚法》第二十七条第二款和生态环境部《关于进一步规范适用环境行政处罚自由裁量权的指导意见》的规定对该公司不正常运行水污染防治设施的违法行为不予行政处罚。综上，某市生态环境局对该公司未依法取得排污许可证排放水污染物的行为，处以罚款 10 万元。

【案件分析】

1. 该公司的行为构成无证排污和不正常运行水污染防治设施两种违法行为

首先，根据《中华人民共和国水污染防治法》第二十一条的规定，直接或者间接向水体排放工业废水和医疗污水以及其他按照规定应当取得排污许可证方可排放的废水、污水的企业事业单位和其他生产经营者，应当取得排污许可证。禁止企业事业单位和其他生产经营者无排污许可证或者违反排污许可证的规定向水体排放前款规定的废水、污水。本案中，该公司作为排污单位明知自己应当取得排污许可证后才能向水体排放污水，却长期未申请办理排污许可证，已经构成违法应当受相应处罚。

其次，《中华人民共和国水污染防治法》第三十九条规定："禁止利用渗井、渗坑、裂隙、溶洞，私设暗管，篡改、伪造监测数据，或者不正常运行水污染防治设施等逃避监管的方式排放水污染物。"本案中，该公司虽然没有实施利用渗井、渗坑、裂隙、溶洞，私设暗管，篡改、伪造监测数据等方式排放污染物，但是不正常运行水污染防治设施也属于逃避监管的情形。不正常运行水污染防治设施是指未按操作程序和技术要求运行水污染防治设施，从而导致废水得不到正常有效处理的情形。因此，该公司在废水排放过程中因塑料废水暂存桶液位过高，导致桶内废水向外溢流，直接排放到厂外小河沟的行为明显属于未按操作程序和技术要求运行水污染防治设施，构成不正常运行水污染防治设施的违法行为。

2. 某市生态环境局对该公司的处罚合法、适当

本案中，该公司的行为同时构成了无证排污和不正常运行水污染防治设施两种违法行为，理应并罚，但最终某市生态环境局只对其无证排污行为进行了处罚，对于不正常运行水污染防治设施的违法行为免于处罚。理由为：根据《关于进一步规范适用环境行政处罚自由裁量权的指导意见》的规定"违法行为持续时间短、污染小（如超标排放水污染物不超过 2 小时，且超标倍数小于 0.1 倍、日污水排放量小于 0.1 吨）且当日完成整改的可以免于处罚。"该公司超标倍数小、日污水排放量小，属于对环境影响较小的违法行为。故某市生态环境局对其免予处罚的决定合法合理。

【问题与启示】

1.《关于进一步规范适用环境行政处罚自由裁量权的指导意见》和行政处罚所依据的法律法规条款是什么关系？

《关于进一步规范适用环境行政处罚自由裁量权的指导意见》（下称《意见》）是在法律法规条款规定的处罚种类及幅度内，就如何作出处罚决定所作的进一步细化规定。因此，各省市在制定自由裁量基准时应当以法律法规规定为依据，所规定的罚款金额应当以法律法规条款规定的处罚幅度为限，不能超出法律法规条款所规定的处罚幅度的上限和下限。同时，为

充分体现“宽严相济、过罚相当”的处罚原则，保护行政相对人的合法权益，行政处罚法规定了依法应当从轻或者减轻处罚的特殊情形，以及“违法行为轻微并及时纠正，没有造成危害后果的，不予行政处罚”。为规避履职风险，《意见》回应了地方生态环境部门的需求，尝试性地列举了几种“可以免予处罚”的情形，供各地参考。

2. 在行政处罚过程中，自由裁量基准主要适用于哪个阶段？

自由裁量基准并不只适用于行政处罚中的一个环节，它适用于整个行政处罚过程。在调查取证阶段，执法人员在环境违法案件的调查取证过程中应当以裁量规则和基准为指导，全面调取有关违法行为和情节的证据，证据应当包括定性证据和定量证据；在案件审查阶段，审查人员应当严格遵守裁量规则，使用裁量基准，提出合理的裁量建议；在案件告知阶段，在告知当事人行政处罚有关违法事实、证据、行政处罚依据的同时，应当一并告知行政处罚裁量的依据，及其陈述申辩权利；在处罚决定阶段，应当在处罚决定书中载明行政处罚自由裁量的适用依据和理由，以及对当事人关于裁量的陈述申辩意见的采纳情况和理由。

【条文链接】

◆《中华人民共和国环境保护法》

第四十五条 国家依照法律规定实行排污许可管理制度。

实行排污许可管理的企业事业单位和其他生产经营者应当按照排污许可证的要求排放污染物；未取得排污许可证的，不得排放污染物。

第六十三条 企业事业单位和其他生产经营者有下列行为之一，尚不构成犯罪的，除依照有关法律法规规定予以处罚外，由县级以上人民政府环境保护主管部门或者其他有关部门将案件移送公安机关，对其直接负责的主管人员和其他直接责任人员，处十日以上十五日以下拘留；情节较轻的，处五日以上十日以下拘留：

（一）建设项目未依法进行环境影响评价，被责令停止建设，拒不执行的；

（二）违反法律规定，未取得排污许可证排放污染物，被责令停止排污，拒不执行的；

（三）通过暗管、渗井、渗坑、灌注或者篡改、伪造监测数据，或者不正常运行防治污染设施等逃避监管的方式违法排放污染物的；

（四）生产、使用国家明令禁止生产、使用的农药，被责令改正，拒不改正的。

◆《中华人民共和国水污染防治法》

第二十一条 直接或者间接向水体排放工业废水和医疗污水以及其他按照规定应当取得排污许可证方可排放的废水、污水的企业事业单位和其他生产经营者，应当取得排污许可证；城镇污水集中处理设施的运营单位，也应当取得排污许可证。排污许可证应当明确排放水污染物的种类、浓度、总量和排放去向等要求。排污许可的具体办法由国务院规定。

禁止企业事业单位和其他生产经营者无排污许可证或者违反排污许可证的规定向水体排

放前款规定的废水、污水。

第八十三条 违反本法规定，有下列行为之一的，由县级以上人民政府环境保护主管部门责令改正或者责令限制生产、停产整治，并处十万元以上一百万元以下的罚款；情节严重的，报经有批准权的人民政府批准，责令停业、关闭：

（一）未依法取得排污许可证排放水污染物的；

（二）超过水污染物排放标准或者超过重点水污染物排放总量控制指标排放水污染物的；

（三）利用渗井、渗坑、裂隙、溶洞，私设暗管，篡改、伪造监测数据，或者不正常运行水污染防治设施等逃避监管的方式排放水污染物的；

（四）未按照规定进行预处理，向污水集中处理设施排放不符合处理工艺要求的工业废水的。

◆《中华人民共和国行政处罚法》（2017 修正）

第二十七条 当事人有下列情形之一的，应当依法从轻或者减轻行政处罚：

（一）主动消除或者减轻违法行为危害后果的；

（二）受他人胁迫有违法行为的；

（三）配合行政机关查处违法行为有立功表现的；

（四）其他依法从轻或者减轻行政处罚的。

违法行为轻微并及时纠正，没有造成危害后果的，不予行政处罚。

◆《中华人民共和国行政处罚法》（2021 修订）

第三十三条 违法行为轻微并及时改正，没有造成危害后果的，不予行政处罚。初次违法且危害后果轻微并及时改正的，可以不予行政处罚。

当事人有证据足以证明没有主观过错的，不予行政处罚。法律、行政法规另有规定的，从其规定。

对当事人的违法行为依法不予行政处罚的，行政机关应当对当事人进行教育。

◆生态环境部《关于进一步规范适用环境行政处罚自由裁量权的指导意见》

（十三）裁量的特殊情形。3.有下列情形之一的，可以免予处罚。（1）违法行为（如“未批先建”）未造成环境污染后果，且企业自行实施关停或者实施停止建设、停止生产等措施的；（2）违法行为持续时间短、污染小（如“超标排放水污染物不超过 2 小时，且超标倍数小于 0.1 倍、日污水排放量小于 0.1 吨的”；又如“不规范贮存危险废物时间不超过 24 小时、数量小于 0.01 吨，且未污染外环境的”）且当日完成整改的；（3）其他违法行为轻微并及时纠正，没有造成危害后果的。

◆《四川省生态环境行政处罚裁量标准（2019 年版）》

第七条 有下列情形之一，属于两年内首次生态环境违法且未造成环境危害后果的，可以不予行政处罚：（一）建设单位未依法备案建设项目环境影响登记表，且在 7 个工作日内改正的；（二）建设项目“未验先投”，已配套建设污染防治设施，项目未造成环境污染后果，且企业自行实施关停或者实施停止建设、停止生产等措施，及时开展验收工作的；（三）除第一类污染物、有毒有害物质、放射性物质、重金属、持久性有机污染物之外，超标排放水污染物或大气污染物倍数在0.1倍以内、pH值大于等于5或者小于等于9.5、噪声超标在1分贝以内，且在当日完成整改的；（四）涉及民生、公共利益或生产安全等需要无法实施停产，因设施故障、维修等原因导致污染防治设施不正常运行，但提前书面报告并采取减缓措施减少污染物排放的；（五）已按规范制定突发环境事件（事故）应急预案但未按规定将应急预案备案或未按规定开展应急培训、如实记录培训情况，且在7个工作日内改正的；（六）年产生或贮存危险废物量1吨以内，未设置危险废物识别标志，且在3个工作日内改正的；（七）未按照规定时限公开环境信息或未按照规定的内容公开环境信息，且在当日完成整改的；（八）已建设地下水水质监测井，但未按要求开展监测，且能及时完成整改的；（九）其他违法行为轻微并及时纠正，没有造成危害后果的。

四、超过水污染物排放标准排放水污染物

案例 4
某医院超标排放水污染物案

【案情简介】

某医院与某环境监测有限公司签订环境监测技术服务合同，委托该环境监测有限公司对医院的废水进行监测。该环境监测有限公司从 2018 年 6 月开始对某医院废水进行监测，共监测了 7 次，有 3 次超标，检测报告显示门诊部和住院部排放废水粪大肠菌群监测值为 2.4 × 104 MPN/L，超标 4.8 倍；门诊部排放废水粪大肠菌群监测值为 1.3 × 104 MPN/L，超标 2.6 倍，住院部排放废水粪大肠菌群监测值为 6.4×10^{3}MPN/L，超标 1.28 倍。粪大肠菌群超标排放的倍数在 1.28 ~ 4.8 之间。

2019 年 10 月 21 日，某市生态环境局对该医院进行检查，发现该院 2018 年 8 月、9 月和 12 月的自行监测报告显示该院门诊部和住院部排入城市管网的医疗废水存在粪大肠菌群超标的情况。某市生态环境局认为该医院超标排放粪大肠菌群的行为涉嫌违反《中华人民共和国水污染防治法》第十条的规定，依法对该医院进行立案查处。

【查处情况】

某市生态环境局依据《中华人民共和国水污染防治法》第八十三条第（二）项和《四川省生态环境厅行政处罚裁量标准（2019 年版）》的规定，对该医院超标排放污染物的行为处罚款 52.75 万元。

【案件分析】

1. 该医院超标排放污染物的行为构成违法

根据《中华人民共和国水污染防治法》第十条的规定，排放水污染物，不得超过国家或者地方规定的水污染物排放标准。某环境监测有限公司出具的三份监测报告显示该医院在 2018 年 8 月、9 月和 12 月排放废水的过程中均存在粪大肠菌群监测值超标的情形。根据《医疗机构水污染物排放标准》（GB 18466—2005）的规定，综合医疗机构和其他医疗机构粪大肠菌群数日均排放限值为 500 MPN/L，该医院的三次监测结果显示粪大肠菌群数为 2.4 × 104 MPN/L、1.3 × 104 MPN/L 和 6.4×10^{3} MPN/L，均已超过国家规定的排放标准，构成超标排污。

2. 企业的自行监测报告在符合相关条件时也可作为执法机关认定违法事实的证据

本案中，某市生态环境局将环境监测有限公司出具的三份监测报告作为认定某医院超标排污的直接证据符合法律规定。我国《环境行政处罚办法》第三十六条规定："环境保护主管部门可以利用在线监控或者其他技术监控手段收集违法行为证据。经环境保护主管部门认定的有效性数据，可以作为认定违法事实的证据。"本案中，某环境监测有限公司于 2018 年取得监测资质，2019 年进行监测职责扩项，公司的主要业务范围是受排污单位委托对排污单位进行自行监测、环境影响评价项目监测及政府部门委托的相关执法监测，监测类别包括水、废水、空气等。因此，该环境监测有限公司根据双方签订的技术服务合同受某医院委托对其医疗废水排放进行监测，其出具的监测报告真实、合法，某市生态环境局可以将其作为认定违法事实的证据。

【问题与启示】

1. 社会环境监测机构出具的监测报告能否作为行政执法管理依据？

可以。根据《环境保护部办公厅关于社会环境监测机构出具监测报告能否作为行政执法管理依据的复函》（环办监测函〔2017〕1850 号）的内容，社会环境监测机构受环境保护主管部门的委托开展环境监测活动，符合《中华人民共和国计量法》和《中华人民共和国计量法实施细则》，以及有关环境保护法律法规规章或相关技术规范要求出具的环境监测数据，可以作为环境保护行政管理的依据；同时满足《中华人民共和国行政处罚法》《中华人民共和国行政诉讼法》等法律以及相关司法解释规定的证据要件的，可以作为行政处罚的证据。

2.《医疗机构水污染物排放标准》对医疗机构水污染物排放标准是如何规定的？

根据《医疗机构水污染物排放标准》的规定，传染病和结核病医疗机构污水排放执行表 1 的规定。县级及县级以上或 20 张床位及以上的综合医疗机构和其他医疗机构污水排放执行表 2 的规定。直接或间接排入地表水体和海域的污水执行排放标准，排入终端已建有正常运行城镇二级污水处理厂的下水道的污水，执行预处理标准。县级以下或 20 张床位以下的综合医疗机构和其他所有医疗机构污水经消毒处理后方可排放。禁止向 GB 3838I、II 类水域和 III 类水域的饮用水保护区和游泳区，GB 3097 一、二类海域直接排放医疗机构污水。带传染病房的综合医疗机构，应将传染病房污水与非传染病房污水分开。传染病房的污水、粪便经过消毒后方可与其他污水合并处理。采用含氯消毒剂进行消毒的医疗机构污水，若直接排入地表水体和海域，应进行脱氯处理，使总余氯小于 0.5 mg/L。

同时，根据《生态环境部办公厅关于〈医疗机构水污染物排放标准〉执行中有关问题的复函》（环办水体函〔2019〕279 号）的内容，县级以下且 20 张床位以上的综合医疗机构和其他所有医疗机构应按照《医疗机构水污染物排放标准》（GB 18466—2005）4.1.2 节的要求，执行该标准表 2 的水污染物排放限值。

【条文链接】

◆《中华人民共和国水污染防治法》

第十条 排放水污染物，不得超过国家或者地方规定的水污染物排放标准和重点水污染物排放总量控制指标。

第八十三条 违反本法规定，有下列行为之一的，由县级以上人民政府环境保护主管部门责令改正或者责令限制生产、停产整治，并处十万元以上一百万元以下的罚款；情节严重的，报经有批准权的人民政府批准，责令停业、关闭：

（一）未依法取得排污许可证排放水污染物的；

（二）超过水污染物排放标准或者超过重点水污染物排放总量控制指标排放水污染物的；

（三）利用渗井、渗坑、裂隙、溶洞，私设暗管，篡改、伪造监测数据，或者不正常运行水污染防治设施等逃避监管的方式排放水污染物的；

（四）未按照规定进行预处理，向污水集中处理设施排放不符合处理工艺要求的工业废水的。

◆《环境行政处罚办法（2010 修订）》

第三十六条 环境保护主管部门可以利用在线监控或者其他技术监控手段收集违法行为证据。经环境保护主管部门认定的有效性数据，可以作为认定违法事实的证据。

◆环境保护部办公厅《关于社会环境监测机构出具监测报告能否作为行政执法管理依据的复函》（环办监测函〔2017〕1850 号）

四川省环境保护厅：

你厅《关于社会环境监测机构出具监测报告能否作为行政执法管理依据的请示》（川环〔2017〕102 号）收悉。经研究，意见如下：

社会环境监测机构受环境保护主管部门的委托开展环境监测活动，符合《中华人民共和国计量法》和《中华人民共和国计量法实施细则》，以及有关环境保护法律法规规章或相关技术规范要求出具的环境监测数据，可以作为环境保护行政管理的依据；同时满足《中华人民共和国行政处罚法》《中华人民共和国行政诉讼法》等法律以及相关司法解释规定的证据要件的，可以作为行政处罚的证据。

特此函复。

环境保护部办公厅

2017 年 11 月 29 日

◆生态环境部办公厅《关于〈医疗机构水污染物排放标准〉执行中有关问题的复函》（环办水体函〔2019〕279 号）

四川省生态环境厅：

你厅《关于执行〈医疗机构水污染物排放标准〉有关问题的请示》（川环〔2019〕5 号）收悉。经研究，函复如下。

县级以下且 20 张床位以上的综合医疗机构和其他所有医疗机构应按照《医疗机构水污染物排放标准》（GB 18466—2005）4.1.2 节的要求，执行该标准表 2 的水污染物排放限值。

生态环境部办公厅

2019 年 3 月 16 日

五、利用渗井、渗坑、裂隙、溶洞，私设暗管逃避监管排放污染物

案例 5
某塑料经营部利用渗坑排放水污染物案

【案情简介】

2019 年 4 月 10 日，某生态环境局对辖区企业开展巡查工作时发现，某塑料经营部正在从事生产活动，该经营部将废旧化肥塑料包装袋破碎、清洗后，通过热熔机进行塑料回收造粒，生产过程中产生的破碎塑料清洗废水未进行有效处理，仅通过简易沉淀后，直接经土沟排入厂区内的两个自然形成的坑洼地。执法人员立即对该经营部相关负责人进行调查询问和现场勘验，并对该经营部塑料破碎机、热熔机、动力供电设备等主要生产设施进行了查封。经采样监测，该经营部外排废水化学需氧量、氨氮、总磷含量均超出污水综合排放标准。某生态环境局认为某塑料经营部的行为涉嫌违反《中华人民共和国水污染防治法》第三十九条规定，依法对其进行立案查处。

【查处情况】

某生态环境局依据《中华人民共和国水污染防治法》第八十三条第（三）项规定，针对该经营部未办理相关环保审批手续，无任何污染治理设施的情形，结合该地区紧邻环境敏感区域的实际，报请当地政府批准后责令该经营部关闭。依据《中华人民共和国环境保护法》第六十三条第（三）项规定，将案件移送公安机关。

【案件分析】

1. 是否利用渗坑、渗井排放水污染物是适用法条的关键

渗坑、渗井是指无防渗透措施或者起不到防渗作用的、封闭或者半封闭的坑、池、塘、井和沟、渠等。通过渗坑、渗井等逃避监管的方式违法排放污染物的，不论渗坑、渗井是否隐蔽，均应当认定为通过逃避监管的方式违法排放污染物的行为。该案中某塑料经营部未建设任何污水处理设备，对生产过程中产生的破碎塑料清洗废水，通过简易沉淀后，直接排入厂区内自然形成的坑洼地，属于通过渗坑排放污染物的行为，可以适用《中华人民共和国水污染防治法》第三十九条。

2. 在环境敏感区排污是认定为情节严重的要素之一

环境敏感区，是指依法设立的各级各类自然、文化保护地，以及对建设项目的某类污染因子或者生态影响因子特别敏感的区域，主要包括：（1）自然保护区、风景名胜区、世界文化和自然遗产地、饮用水水源保护区；（2）基本农田保护区、基本草原、森林公园、地质公园、重要湿地、天然林、珍稀濒危野生动植物天然集中分布区、重要水生生物的自然产卵场及索饵场、越冬场和洄游通道、天然渔场、资源性缺水地区、水土流失重点防治区、沙化土地封禁保护区、封闭及半封闭海域、富营养化水域；（3）以居住、医疗卫生、文化教育、科研、行政办公等为主要功能的区域，文物保护单位，具有特殊历史、文化、科学、民族意义的保护地。

该案中某经营部距石亭江较近（石亭江作为长江流域沱江上游河源之一，发源于四川省什邡市红白镇龙门山脉九顶山南麓，是德阳市境内的重要河流之一），属于环境敏感区域，再结合其他违法行为，综合认定为情节严重。

【问题与启示】

1. 行政主管部门移送行政拘留的条件和范围是什么？

行政拘留是指法定的行政机关（专指公安机关）依法对违反行政法律规范的人，在短期内限制人身自由的一种行政处罚。期限一般为10日以内，较重的不超过15日，合并执行不超过20日。

《中华人民共和国环境保护法》第六十三条以及《行政主管部门移送适用行政拘留环境违法案件暂行办法》第二条规定了关于行政拘留的情形，此条规定的行政拘留的情形是在环保部门下达正式的行政处罚决定书之后才移交公安机关实施行政拘留的情形，主要包括四种行为：（1）建设项目未依法进行环境影响评价，被责令停止建设，拒不执行的；（2）违反法律规定，未取得排污许可证排放污染物，被责令停止排污，拒不执行的；（3）通过暗管、渗井、渗坑、灌注或者篡改、伪造监测数据，或者不正常运行防治污染设施等逃避监管的方式违法排放污染物的；（4）生产、使用国家明令禁止生产、使用的农药，被责令改正，拒不改正的。

2. 污水综合排放标准如何适用？

《污水综合排放标准》（GB 8978—1996）对污水的定义为“在生产与生活活动中排放的水的总称”，对已获得相关环评文件、排污许可证的排污者，应严格执行环评文件或排污许可证规定的排放标准；对排污情况已发生变更或排放标准已更新的企业，应严格执行最新排放标准。对未办理环评文件或排污许可证的企业，应结合具体情况，根据国家综合排放标准和国家行业排放标准不交叉执行原则，即有行业标准的污染源优先执行国家行业排放标准，其他污染源执行综合排放标准的原则，正确适用标准。

【条文链接】

◆《中华人民共和国水污染防治法》

第三十九条 禁止利用渗井、渗坑、裂隙、溶洞，私设暗管，篡改、伪造监测数据，或者不正常运行水污染防治设施等逃避监管的方式排放水污染物。

第八十三条 违反本法规定，有下列行为之一的，由县级以上人民政府环境保护主管部门责令改正或者责令限制生产、停产整治，并处十万元以上一百万元以下的罚款；**情节严重的，报经有批准权的人民政府批准，责令停业、关闭：**

（一）未依法取得排污许可证排放水污染物的；

（二）超过水污染物排放标准或者超过重点水污染物排放总量控制指标排放水污染物的；

（三）利用渗井、渗坑、裂隙、溶洞，私设暗管，篡改、伪造监测数据，或者不正常运行水污染防治设施等逃避监管的方式排放水污染物的；

（四）未按照规定进行预处理，向污水集中处理设施排放不符合处理工艺要求的工业废水的。

◆《中华人民共和国环境保护法》

第六十三条 企业事业单位和其他生产经营者有下列行为之一，尚不构成犯罪的，除依照有关法律法规规定予以处罚外，由县级以上人民政府环境保护主管部门或者其他有关部门将案件移送公安机关，对其直接负责的主管人员和其他直接责任人员，处十日以上十五日以下拘留；情节较轻的，处五日以上十日以下拘留：

（一）建设项目未依法进行环境影响评价，被责令停止建设，拒不执行的；

（二）违反法律规定，未取得排污许可证排放污染物，被责令停止排污，拒不执行的；

（三）通过暗管、渗井、渗坑、灌注或者篡改、伪造监测数据，或者不正常运行防治污染设施等逃避监管的方式违法排放污染物的；

（四）生产、使用国家明令禁止生产、使用的农药，被责令改正，拒不改正的。

六、篡改、伪造监测数据逃避监管排放污染物

案例 6
某纸板厂篡改在线监测数据案

【案情简介】

2019 年 3 月 13 日，某生态环境局对某纸板厂开展了现场执法检查。检查时某纸板厂正在生产，污水处理站正在运行，在检查废水自动监测设备时发现，COD（化学需氧量）自动监测设备的取样管已从配套的取样器中拔出，插在一瓶自备的水样中，自动监测设备上 COD 浓度均显示达标。执法人员随即委托某环境监测中心对该厂外排废水进行取样监测，《监测报告》显示，外排废水中 4 组样品的 COD 浓度均为国家规定排放标准的 6 倍以上，某生态环境局认为该纸板厂的行为涉嫌违反《中华人民共和国水污染防治法》第三十九条的规定，依法对该纸板厂进行立案查处。

【查处情况】

某生态环境局依据《中华人民共和国水污染防治法》第八十三条的规定，责令该纸板厂改正违法行为，并处以罚款 80 万元。同时，由于该案涉嫌构成污染环境罪，根据相关规定将该案移送公安机关。

【案件分析】

1. 环境违法行为具有牵连性的认定

执法实践中，一个企业可能会涉嫌多个违法行为，而多个违法行为之间可能会存在牵连关系。比如企业实施了一项环境违法行为，其手段行为或结果行为又触犯了另外一种违法行为，这两种违法行为就具有了牵连性。除法律有特别规定的以外，应当“从一重处罚”。

环境执法过程中常发现企业有为了实施污染物超标排放而篡改、伪造在线监测数据，或利用渗井、渗坑偷排污染物，或闲置污染防治设施而导致污染物超标排放等行为，虽然法律对上述行为均有处罚规定，但如果企业实施的违法行为之间具有牵连性，无需对其分别处罚，生态环境主管部门应判断数个违法行为对应的处罚种类、幅度的轻重，以处罚较重的违法行为追究法律责任。

综上，如企业有数个环境违法行为，生态环境主管部门应综合考虑数个违法行为之间的关系，切勿多罚、漏罚。

2. 现场即时采样的监测数据可以作为证据

污染物采样的方式及频率由其所适用的行业标准或综合标准规定。在任何时间、任何情

况下，排污单位的排污行为均不得违反排放标准中的有关规定。因此在现场检查时，即使行业标准或综合标准对采样监测的频率作出了具体规定，生态环境主管部门也可依法现场即时采样，且采样的监测数据能够作为证据使用。

3. 篡改自动监测数据，应移送公安机关

实施“篡改、伪造自动监测数据”的违法行为，尚不构成犯罪的，应由生态环境主管部门将案件移送公安机关行政拘留；构成犯罪的，应当移送公安机关追究刑事责任。上述行为是否涉嫌犯罪需从以下两个方面进行判断：企业是否属于重点排污单位以及是否排放了COD、氨氮、二氧化硫、氮氧化物等污染物。

本案纸板厂属于2019年重点排污单位，且篡改了自动监测数据并超标排放COD，涉嫌构成犯罪，应当移送公安机关追究刑事责任。

【问题与启示】

1. 什么是“环境监测数据弄虚作假”“篡改监测数据”与“伪造监测数据”？

环境监测数据弄虚作假是指故意违反国家法律法规、规章等以及环境监测技术规范，篡改、伪造或者指使篡改、伪造环境监测数据等行为。

篡改监测数据是指利用某种职务或者工作上的便利条件，故意干预环境监测活动的正常开展，导致监测数据失真的行为。

伪造监测数据是指没有实施实质性的环境监测活动，凭空编造虚假监测数据的行为。

2. 如何发现自动监测设备或数据异常？

一是比较自动监测数据，核查是否出现数据突变、数据长期小幅波动、生产工况与实际排放情况不符等情况：二是结合视频监控，分析视频图像和自动监测数据之间是否符合逻辑关系；三是突击开展现场核查，通过梳理管线、标样比对、实际水样比对等手段精准锁定违法线索。

【条文链接】

◆《中华人民共和国水污染防治法》

第八十三条 违反本法规定，有下列行为之一的，由县级以上人民政府环境保护主管部门责令改正或者责令限制生产、停产整治，并处十万元以上一百万元以下的罚款；情节严重的，报经有批准权的人民政府批准，责令停业、关闭：

（一）未依法取得排污许可证排放水污染物的；

（二）超过水污染物排放标准或者超过重点水污染物排放总量控制指标排放水污染物的；

（三）利用渗井、渗坑、裂隙、溶洞，私设暗管，篡改、伪造监测数据，或者不正常运行水污染防治设施等逃避监管的方式排放水污染物的；

（四）未按照规定进行预处理，向污水集中处理设施排放不符合处理工艺要求的工业废水的。

七、不正常运行污染物处理设施逃避监管排放污染物

案例 7
某无机盐公司不正常运行水污染防治设施排放水污染物案

【案情简介】

2020 年 2 月 17 日，某生态环境局会同某工业园区管委会在检查时发现某无机盐公司在经营过程中，无机盐生产车间污水收集池收集的生产废水未经处理，人为架设、安装可拆卸 PVC（聚氯乙烯）管道至原有污水处理设施水泵管道上，将污水收集池内的废水抽排至废水总排口排放，进入某工业园区污水管网。某生态环境局认为该公司的行为涉嫌违反《中华人民共和国环境保护法》第四十二条第四款以及《中华人民共和国水污染防治法》第三十九条的规定，依法对该公司进行立案查处。

【查处情况】

某生态环境局依据《中华人民共和国环境保护法》第六十三条第（三）项、《中华人民共和国水污染防治法》第八十三条第（三）项、《环境保护主管部门实施查封、扣押办法》第四条第（四）项的规定，在根据《四川省生态环境行政处罚裁量标准（2019 年版）》（川环发〔2019〕58 号）裁量公式计算结果下浮 5%后，对该公司作出罚款 28 万元的行政处罚决定。

【案件分析】

1．不正常运行污染物处理设施的违法认定

根据原国家环境保护总局《关于"不正常使用"污染物处理设施违法认定和处罚的意见》（环发〔2003〕177 号）排污单位有下列行为之一的，生态环境部门可以认定为"不正常运行"污染物处理设施：（1）将部分或全部污水或者其他污染物不经过处理设施，直接排入环境；（2）通过埋设暗管或者其他隐蔽排放的方式，将污水或者其他污染物不经处理而排入环境；（3）非紧急情况下开启污染物处理设施的应急排放阀门，将部分或全部污水或者其他污染物直接排入环境；（4）将未经处理的污水或者其他污染物从污染物处理设施的中间工序引出直接排入环境；（5）将部分污染物处理设施短期或者长期停止运行；（6）违反操作规程使用污染物处理设施，致使处理设施不能正常发挥处理作用；（7）污染物处理设施发生故障后，排污单位不及时或者不按规程进行检查和维修，致使处理设施不能正常发挥处理作用；（8）违反污染物处理设施正常运行所需的条件，致使处理设施不能正常运行的其他情形。

本案中该无机盐公司将污水收集池收集的生产废水未经处理，人为架设、安装可拆卸PVC管道至原有污水处理设施水泵管道上，将污水收集池内的废水抽排至废水总排口排放，进入某工业园区污水管网，属于上述情形中第4种将未经处理的污水从污染物处理设施的中间工序引出直接排入环境。

2. 从轻、减轻情节的界定

有下列情形之一的，应当从轻或者减轻处罚：（1）主动消除或者减轻生态环境违法行为危害后果的；（2）受他人胁迫有生态环境违法行为的；（3）配合生态环境部门查处生态环境违法行为有立功表现的；（4）其他依法从轻或者减轻行政处罚的。

本案中，该无机盐公司在听证中提出，因受新冠肺炎疫情影响，在管理过程中存在一定过失，结合案情综合认定，该无机盐公司存在一定的从轻处罚情节，因此在自由裁量中，某生态环境局对案件罚款下调5%。

【问题与启示】

1. 行政处罚听证适用的范围是什么？

听证程序是指行政机关为了查明案件事实、公正合理地实施行政处罚，在作出行政处罚决定前通过公开举行由有关利害关系人参加的听证会广泛听取意见的程序。行政机关拟作出下列行政处罚决定，应当告知当事人有要求听证的权利，当事人要求听证的，行政机关应当组织听证：（1）较大数额罚款；（2）没收较大数额违法所得、没收较大价值非法财物；（3）降低资质等级、吊销许可证件；（4）责令停产停业、责令关闭、限制从业；（5）其他较重的行政处罚；（6）法律、法规、规章规定的其他情形。当事人不承担行政机关组织听证的费用。

2. 从轻与减轻处罚有何区别？

从轻处罚是指行政机关对违法行为人在几种可能的处罚方式内选择较轻的处罚方式或者在允许的幅度内选择较轻的处罚，即是指在法定处罚种类和幅度内对行为人适用较轻种类或者较小幅度的处罚，但都是在规定内的处罚，是在数种处罚方式所允许的幅度内适用较低限的处罚。

减轻处罚是指行政机关在法定的处罚方式和处罚幅度最低限以下，依法对行政相对人给予的行政处罚。即行政相对人有法定减轻处罚的情形，行政机关在实施行政处罚时，对其在法定处罚幅度最低限以下适用行政处罚。

在适用从轻或者减轻处罚时，应当遵守行政处罚的适用原则，包括处罚法定原则，公正、公开原则，处罚与违法行为相适应原则，处罚与教育相结合原则，不免除民事责任、不取代刑事责任原则，救济原则以及处罚追求实效原则，同时用好自由裁量规则。

【条文链接】

◆《中华人民共和国环境保护法》

第四十二条 排放污染物的企业事业单位和其他生产经营者，应当采取措施，防治在生产建设或者其他活动中产生的废气、废水、废渣、医疗废物、粉尘、恶臭气体、放射性物质以及噪声、振动、光辐射、电磁辐射等对环境的污染和危害。

排放污染物的企业事业单位，应当建立环境保护责任制度，明确单位负责人和相关人员的责任。

重点排污单位应当按照国家有关规定和监测规范安装使用监测设备，保证监测设备正常运行，保存原始监测记录。

严禁通过暗管、渗井、渗坑、灌注或者篡改、伪造监测数据，或者不正常运行防治污染设施等逃避监管的方式违法排放污染物。

第六十三条 企业事业单位和其他生产经营者有下列行为之一，尚不构成犯罪的，除依照有关法律法规规定予以处罚外，由县级以上人民政府环境保护主管部门或者其他有关部门将案件移送公安机关，对其直接负责的主管人员和其他直接责任人员，处十日以上十五日以下拘留；情节较轻的，处五日以上十日以下拘留：

（一）建设项目未依法进行环境影响评价，被责令停止建设，拒不执行的；

（二）违反法律规定，未取得排污许可证排放污染物，被责令停止排污，拒不执行的；

（三）通过暗管、渗井、渗坑、灌注或者篡改、伪造监测数据，或者不正常运行防治污染设施等逃避监管的方式违法排放污染物的；

（四）生产、使用国家明令禁止生产、使用的农药，被责令改正，拒不改正的。

◆《中华人民共和国水污染防治法》

第三十九条 禁止利用渗井、渗坑、裂隙、溶洞，私设暗管，篡改、伪造监测数据，或者不正常运行水污染防治设施等逃避监管的方式排放水污染物。

第八十三条 违反本法规定，有下列行为之一的，由县级以上人民政府环境保护主管部门责令改正或者责令限制生产、停产整治，并处十万元以上一百万元以下的罚款；情节严重的，报经有批准权的人民政府批准，责令停业、关闭：

（一）未依法取得排污许可证排放水污染物的；

（二）超过水污染物排放标准或者超过重点水污染物排放总量控制指标排放水污染物的；

（三）利用渗井、渗坑、裂隙、溶洞，私设暗管，篡改、伪造监测数据，或者不正常运行水污染防治设施等逃避监管的方式排放水污染物的；

（四）未按照规定进行预处理，向污水集中处理设施排放不符合处理工艺要求的工业废水的。

◆《环境保护主管部门实施查封、扣押办法》

第四条 排污者有下列情形之一的，环境保护主管部门依法实施查封、扣押：

（一）违法排放、倾倒或者处置含传染病病原体的废物、危险废物、含重金属污染物或者持久性有机污染物等有毒物质或者其他有害物质的；

（二）在饮用水水源一级保护区、自然保护区核心区违反法律法规规定排放、倾倒、处置污染物的；

（三）违反法律法规规定排放、倾倒化工、制药、石化、印染、电镀、造纸、制革等工业污泥的；

（四）通过暗管、渗井、渗坑、灌注或者篡改、伪造监测数据，或者不正常运行防治污染设施等逃避监管的方式违反法律法规规定排放污染物的；

（五）较大、重大和特别重大突发环境事件发生后，未按照要求执行停产、停排措施，继续违反法律法规规定排放污染物的；

（六）法律、法规规定的其他造成或者可能造成严重污染的违法排污行为。

有前款第一项、第二项、第三项、第六项情形之一的，环境保护主管部门可以实施查封、扣押；已造成严重污染或者有前款第四项、第五项情形之一的，环境保护主管部门应当实施查封、扣押。

◆《四川省生态环境行政处罚裁量标准（2019年版）》

第六条 有下列情形之一的，应当从轻或者减轻处罚：

（一）主动消除或者减轻生态环境违法行为危害后果的；

（二）受他人胁迫有生态环境违法行为的；

（三）配合生态环境部门查处生态环境违法行为有立功表现的；

（四）其他依法从轻或者减轻行政处罚的。

有从轻或者减轻情形的，生态环境主管部门在裁量公式计算结果的基础上应当下浮10%以内执行。

八、违规设置排污口

案例 8
某溲水油经营部违反规定设置排污口案

【案情简介】

2020 年 3 月 21 日，某生态环境局对某溲水油经营部开展现场检查，发现该营业点收集餐厨垃圾，将油水分离出的废水装在污水收集池，污水收集池设置了一根排水管接入下水道，污水池满后通过餐厨垃圾车倒入城市污水收集管网违反规定设置的排污口，将污水排进下水管道。另查明，该经营部未办理环评等环保手续和其他手续。2020 年 3 月 31 日，某环保科技有限公司出具的检测报告显示，该经营部废水样本的动植物油类检测结果为 2.17 × 103 mg/L，总磷检测结果为 712 mg/L，氨氮总量为 228 mg/L，化学需氧量为 4.14 × 104 mg/L。某生态环境局认为该经营部的行为涉嫌违反《中华人民共和国水污染防治法》第二十二条的规定，依法对其进行立案查处。

【查处情况】

2020 年 3 月 25 日，某生态环境局向该馊油水经营部出具《责令改正违法行为决定书》，责令其七日内拆除不符合法律、行政法规和国务院环境保护主管部门规定的排污口。依据《中华人民共和国行政处罚法》第二十三条和《中华人民共和国水污染防治法》第八十四条第二款的规定，参照《四川省生态环境行政处罚裁量标准（2019 年版）》裁量处罚金额的计算，对该经营部处以罚款人民币 2 万元的行政处罚。

【案件分析】

该经营部的行为属于违法设置排污口

根据《中华人民共和国水污染防治法》第二十二条的规定：“向水体排放污染物的企业事业单位和其他生产经营者，应当按照法律、行政法规和国务院环境保护主管部门的规定设置排污口；在江河、湖泊设置排污口的，还应当遵守国务院水行政主管部门的规定。”本案中，该经营部的经营范围为收购、销售：溲水油、馊水、畜禽产品、下脚料。在销售溲水油的过程中会将污水排放入城市污水管道。因此，该经营部属于法律规定的向水体排放污染物的生产经营者，应当按照规定设置排污口。但本案中，该经营部却采用将分离出的废水装在污水收集池，再通过一根排水管接入下水道的排污方式，当污水池满后，又通过餐厨垃圾车倒入城市污水收集管网，明显属于非法设置排污口进行排污的违法行为。根据《中华人民共和国水污染防治法》第八十四第二款"违反法律、行政法规和国务院环境保护主管部门的规定设置排污口的，由县级以上地方人民政府环境保护主管部门责令限期拆除，处二万元以上十万元以下"的规定，该经营部应当受到处罚。

【问题与启示】

1. 违法设置排污口具体包含哪些情形？

根据《中华人民共和国水污染防治法》第八十四条的规定，违法设置排污口具体包括三种情形：一是在饮用水水源保护区内设置排污口。《中华人民共和国水污染防治法》第六十四条规定，在饮用水水源保护区内，禁止设置排污口。二是在饮用水水源保护区外，违反法律、行政法规和国务院环境保护主管部门的规定设置排污口。《中华人民共和国水污染防治法》第二十二条规定，向水体排放污染物的企业事业单位和其他生产经营者，应当按照法律、行政法规和国务院环境保护主管部门的规定设置排污口。三是未经生态环境主管部门（依照部门职能设置规定）或者流域管理机构同意，在江河、湖泊新建、改建、扩建排污口。《中华人民共和国水污染防治法》第十九条规定，建设单位在江河、湖泊新建、改建、扩建排污口的，应当取得水行政主管部门或者流域管理机构同意。

2. 国家对从事废弃油脂收购、销售业务的企事业经营者提出了哪些环保要求？

2010 年 8 月 20 日，国家卫生部、环境保护部、住房城乡建设部和工商总局联合发布《关于废止〈食品生产经营单位废弃食用油脂管理的规定〉的通知》（卫监督发〔2010〕77 号）。通知明确，决定废止 2002 年卫生部、工商总局、环保总局、建设部联合印发的《中华人民共和国食品生产经营单位废弃食用油脂管理的规定》（卫法监发〔2002〕99 号）。对于食品生产经营单位的废弃食用油脂监督管理工作，应当依据《中华人民共和国食品安全法》《中华人民共和国食品安全法实施条例》《城市市容和环境卫生管理条例》《中华人民共和国固体废物污染环境防治法》《中华人民共和国水污染防治法》等相关法律法规，以及《国务院办公厅关于加强地沟油整治和餐厨废弃物管理的意见》（国办发〔2010〕36 号）文件执行。自此，从事废弃食用油脂业务的经营者应当同时满足《城市市容和环境卫生管理条例》《中华人民共和国固体废物污染环境防治法》《中华人民共和国水污染防治法》等生态环境保护法律法规。

【条文链接】

◆《中华人民共和国水污染防治法》

第十九条 新建、改建、扩建直接或者间接向水体排放污染物的建设项目和其他水上设施，应当依法进行环境影响评价。

建设单位在江河、湖泊新建、改建、扩建排污口的，应当取得水行政主管部门或者流域管理机构同意；涉及通航、渔业水域的，环境保护主管部门在审批环境影响评价文件时，应当征求交通、渔业主管部门的意见。

建设项目的水污染防治设施，应当与主体工程同时设计、同时施工、同时投入使用。水污染防治设施应当符合经批准或者备案的环境影响评价文件的要求。

第二十二条 向水体排放污染物的企业事业单位和其他生产经营者，应当按照法律、行政法规和国务院环境保护主管部门的规定设置排污口；在江河、湖泊设置排污口的，还应当遵守国务院水行政主管部门的规定。

第六十四条 在饮用水水源保护区内，禁止设置排污口。

第八十四条 在饮用水水源保护区内设置排污口的，由县级以上地方人民政府责令限期拆除，处十万元以上五十万元以下的罚款；逾期不拆除的，强制拆除，所需费用由违法者承担，处五十万元以上一百万元以下的罚款，并可以责令停产整治。

除前款规定外，违反法律、行政法规和国务院环境保护主管部门的规定设置排污口的，由县级以上地方人民政府环境保护主管部门责令限期拆除，处二万元以上十万元以下的罚款；逾期不拆除的，强制拆除，所需费用由违法者承担，处十万元以上五十万元以下的罚款；情节严重的，可以责令停产整治。

未经水行政主管部门或者流域管理机构同意，在江河、湖泊新建、改建、扩建排污口的，由县级以上人民政府水行政主管部门或者流域管理机构依据职权，依照前款规定采取措施、给予处罚。

◆《中华人民共和国行政处罚法》（2017 修正）

第二十三条 行政机关实施行政处罚时，应当责令当事人改正或者限期改正违法行为。

◆《中华人民共和国行政处罚法》（2021 修订）

第二十八条 行政机关实施行政处罚时，应当责令当事人改正或者限期改正违法行为。

当事人有违法所得，除依法应当退赔的外，应当予以没收。违法所得是指实施违法行为所取得的款项。法律、行政法规、部门规章对违法所得的计算另有规定的，从其规定。

◆《关于废止〈食品生产经营单位废弃食用油脂管理的规定〉的通知》（卫监督发〔2010〕77 号）

各省、自治区、直辖市及新疆生产建设兵团卫生厅（局），环保厅（局），住房城乡建设厅（委、局），工商局：

根据《国务院办公厅关于认真贯彻实施食品安全法的通知》（国办发〔2009〕25 号）要求，我部组织对原《食品卫生法》配套的规范性文件进行了清理。现决定废止 2002 年卫生部、工商总局、环保总局、建设部联合印发的《食品生产经营单位废弃食用油脂管理的规定》（卫法监发〔2002〕99 号）。

对于食品生产经营单位的废弃食用油脂监督管理工作，应当依据《食品安全法》、《食品安全法实施条例》、《城市市容和环境卫生管理条例》、《固体废物污染环境防治法》、《水污染防治法》等相关法律法规，以及《国务院办公厅关于加强地沟油整治和餐厨废弃物管理的意见》（国办发〔2010〕36 号）文件执行。

本通知自发布之日起施行。

卫生部 环境保护部 住房城乡建设部 工商总局

二〇一〇年八月二十日

九、违规排放油类、热废水

案例 9 某粮油有限公司向水体排放油类案

【案情简介】

2020 年 5 月 28 日，某市生态环境局对某粮油有限公司进行了现场执法检查，检查发现该公司因拆除废煤气发生炉及转移废焦油桶过程中发生倾倒，导致部分废焦油排入雨水沟，并经厂外沟渠流入东河，最终流入南河。某环境监测站出具的监测报告显示，4 个采样点位中，3 个点位监测出石油类物质，浓度分别为 0.12 mg/L、0.49 mg/L、1.17 mg/L。某市生态环境局认为该公司的上述行为涉嫌违反《中华人民共和国水污染防治法》第三十三条第一款的规定，依法对该公司进行立案查处。

【查处情况】

某市生态环境局依据《中华人民共和国水污染防治法》第八十五条第一款第（一）项及第二款的规定，对该公司做出责令限期改正，并罚款人民币 19 万元的行政处罚。

【案件分析】

该公司的行为属于向水体排放油类的环境违法行为

《中华人民共和国水污染防治法》第三十三条第一款规定："禁止向水体排放油类、酸液、碱液或者剧毒废液。"法律禁止向水体排放的污染物包括四类：油类、酸液、碱液及剧毒废液，其中"油类"，是指任何类型的油及其炼制品。本案中，该公司在拆除废煤气发生炉及转移废焦油桶过程中，未尽合理谨慎的注意义务导致共计 450 斤左右的废焦油流入河中，污染了河水，构成违法，应当依照《中华人民共和国水污染防治法》第八十五条第（一）款第一项及第二款的规定对其进行处罚。

【问题与启示】

突发环境事件发生后，企业事业单位及生态环境主管部门应当履行哪些法律义务？

根据《突发环境事件应急管理办法》第二十三条的规定，企业事业单位造成或者可能造成突发环境事件时，应当立即启动突发环境事件应急预案，采取切断或者控制污染源以及其他防止危害扩大的必要措施，及时通报可能受到危害的单位和居民，并向事发地县级以上环境保护主管部门报告，接受调查处理。生态环境主管部门的义务主要有：第一，按照《突发环境事件信息报告办法》规定的时限、程序和要求，向同级人民政府和上级生态环境主管部门报告；第二，涉及相邻行政区域的，事件发生地生态环境主管部门应当及时通报相邻区域同级生态环境主管部门，并向本级人民政府提出向相邻区域人民政府通报的建议；第三，县级以上地方生态环境主管部门应当立即组织排查污染源，初步查明事件发生的时间、地点、原因、污染物质及数量、周边环境敏感区等情况；第四，县级以上地方生态环境主管部门应当按照《突发环境事件应急监测技术规范》开展应急监测，及时向本级人民政府和上级生态环境主管部门报告监测结果；第五，应急处置期间，事发地县级以上地方生态环境主管部门应当组织开展事件信息的分析、评估，提出应急处置方案和建议报本级人民政府；第六，突发环境事件的威胁和危害得到控制或者消除后，事发地县级以上地方生态环境主管部门应当根据本级人民政府的统一部署，停止应急处置措施。

【条文链接】

◆《中华人民共和国水污染防治法》

第三十三条　禁止向水体排放油类、酸液、碱液或者剧毒废液。

禁止在水体清洗装贮过油类或者有毒污染物的车辆和容器。

第八十五条　有下列行为之一的，由县级以上地方人民政府环境保护主管部门责令停止违法行为，限期采取治理措施，消除污染，处以罚款；逾期不采取治理措施的，环境保护主管部门可以指定有治理能力的单位代为治理，所需费用由违法者承担：

（一）向水体排放油类、酸液、碱液的；

（二）向水体排放剧毒废液，或者将含有汞、镉、砷、铬、铅、氰化物、黄磷等的可溶性剧毒废渣向水体排放、倾倒或者直接埋入地下的；

（三）在水体清洗装贮过油类、有毒污染物的车辆或者容器的；

（四）向水体排放、倾倒工业废渣、城镇垃圾或者其他废弃物，或者在江河、湖泊、运河、渠道、水库最高水位线以下的滩地、岸坡堆放、存贮固体废弃物或者其他污染物的；

（五）向水体排放、倾倒放射性固体废物或者含有高放射性、中放射性物质的废水的；

（六）违反国家有关规定或者标准，向水体排放含低放射性物质的废水、热废水或者含病原体的污水的；

（七）未采取防渗漏等措施，或者未建设地下水水质监测井进行监测的；

（八）加油站等的地下油罐未使用双层罐或者采取建造防渗池等其他有效措施，或者未进行防渗漏监测的；

（九）未按照规定采取防护性措施，或者利用无防渗漏措施的沟渠、坑塘等输送或者存贮含有毒污染物的废水、含病原体的污水或者其他废弃物的。

有前款第三项、第四项、第六项、第七项、第八项行为之一的，处二万元以上二十万元以下的罚款。**有前款第一项、第二项、第五项、第九项行为之一的，处十万元以上一百万元以下的罚款；情节严重的，报经有批准权的人民政府批准，责令停业、关闭。**

◆《突发环境事件应急管理办法》

第二十三条 企业事业单位造成或者可能造成突发环境事件时,应当立即启动突发环境事件应急预案，采取切断或者控制污染源以及其他防止危害扩大的必要措施，及时通报可能受到危害的单位和居民，并向事发地县级以上环境保护主管部门报告，接受调查处理。

应急处置期间，企业事业单位应当服从统一指挥，全面、准确地提供本单位与应急处置相关的技术资料，协助维护应急现场秩序，保护与突发环境事件相关的各项证据。

第二十四条 获知突发环境事件信息后,事件发生地县级以上地方环境保护主管部门应当按照《突发环境事件信息报告办法》规定的时限、程序和要求，向同级人民政府和上级环境保护主管部门报告。

第二十五条 突发环境事件已经或者可能涉及相邻行政区域的,事件发生地环境保护主管部门应当及时通报相邻区域同级环境保护主管部门，并向本级人民政府提出向相邻区域人民政府通报的建议。

第二十六条 获知突发环境事件信息后，县级以上地方环境保护主管部门应当立即组织排查污染源，初步查明事件发生的时间、地点、原因、污染物质及数量、周边环境敏感区等情况。

第二十七条 获知突发环境事件信息后，县级以上地方环境保护主管部门应当按照《突发环境事件应急监测技术规范》开展应急监测，及时向本级人民政府和上级环境保护主管部门报告监测结果。

第二十八条 应急处置期间,事发地县级以上地方环境保护主管部门应当组织开展事件信息的分析、评估，提出应急处置方案和建议报本级人民政府。

第二十九条 突发环境事件的威胁和危害得到控制或者消除后,事发地县级以上地方环境保护主管部门应当根据本级人民政府的统一部署，停止应急处置措施。

案例 10
某新材料有限公司向水体排放热废水案

【案情简介】

2019 年 10 月 23 日，某县生态环境局对某新材料有限公司进行现场检查时发现，该公司水膜除尘系统部分除尘热水（现场测定水温 28 摄氏度）通过管道溢流混入雨水沟（混入前雨水沟现场测定水温 18 摄氏度），与过境水混合后外排入小水河。某县生态环境局认为该公司行为涉嫌违反《中华人民共和国水污染防治法》第三十五条的规定，依法对该公司进行立案查处。

【查处情况】

某县生态环境局根据《中华人民共和国水污染防治法》第八十五条第（六）项及《四川

省生态环境行政处罚裁量标准》(2018 年)编号 15“初次违法的处 2 万元以上 5 万元以下罚款”的规定,对该公司处以罚款人民币 3 万元的行政处罚,并责令改正违法行为。

【案件分析】

1. 该公司向水体排放热废水的行为构成违法

据调查,2015 年 2 月 25 日,该公司取得某县环境保护局环境影响评价批复,要求该公司水膜除尘系统除尘热水时应当循环使用不外排。2018 年 12 月,该公司开始进行调试生产,2019 年 8 月 24 日收到《某县生态环境局关于加快进行建设项目竣工环境保护验收工作的通知》,要求该公司于 2019 年 11 月底前完成项目竣工环境保护验收,调查时该公司正在开展验收工作,预计 11 月 25 日左右完成验收工作。

该公司在生产经营中会产生除尘热水,根据《中华人民共和国水污染防治法》第三十五条“向水体排放含热废水,应当采取措施,保证水体的水温符合水环境质量标准。”的规定,该公司应当配套建设相应防治措施保证热废水的水温符合水环境质量标准。但是,该公司却将部分除尘热水通过管道溢流混入雨水沟并最终排入河流,导致河流的水温超过水环境质量标准,明显属于违法行为。

2. 该公司负有配套建设防治热废水污染环境设施的法律义务

《建设项目环境保护管理条例》虽然取消了关于污染设施由生态环境主管部门验收的规定,但规定了由建设单位自主验收。作为项目建设单位,配套建设污染设施并进行验收后才能投入生产使用是其法定义务。因此,该公司应当配套建设相应防治热废水污染环境的设备设施,未经验收擅自生产或使用的应负相应的法律责任。

【问题与启示】

1. 产生热废水的企事业单位应当符合哪些排放标准?

首先,排放热废水应当符合《地表水环境质量标准》表 1 中对于水温的要求,即人为造成的环境水温变化应限制在:周平均最大温升 = 1;周平均最大温降 = 2。此外其他污染物的排放也应符合标准。其次,国家针对特殊行业的废热水排放也出台了相应标准,各行业应当对应参照适用。例如造纸工业执行《制浆造纸工业水污染物排放标准》(GB 3455—2008),纺织染整工业执行《纺织染整工业水污染物排放标准》(GB 4287—2012),肉类加工工业执行《肉类加工工业水污染物排放标准》(GB 13457—92),钢铁工业执行《钢铁工业水污染物排放标准》(GB 13456—2012),等等。最后,针对热污染的环境问题,国家在 2014 年制定出台了《热处理环境保护技术要求》(GB/T 30822—2014),该技术要求的适用范围为从事热处理生产的工厂和车间,工业企业新建、改建、扩建热处理项目的环境影响评价、环境保护工程设计、竣工环境保护验收及生产过程的污染物防治和管理。该技术标准也对热废水控制进行了相关规定。

2. 哪些建设项目环境保护设施可以进行自主验收？

自主验收范围：（1）对于需要配套大气、水污染防治设施的（含污染物排放自动监控设施），或以生态影响为主的建设项目，由建设单位自主开展环境保护竣工验收。建设单位应按《建设项目竣工环境保护验收暂行办法》的有关规定，编制验收监测（调查）报告，按规定的程序和标准开展验收工作。（2）对于需要配套噪声、固体废物污染防治设施的建设项目，在《中华人民共和国环境噪声污染防治法》《中华人民共和国固体废物污染环境防治法》修订前，建设单位可一并把噪声、固体废物污染防治设施配套建设、调试运行、监测（调查）的内容纳入大气、水污染防治设施验收监测（调查）报告，向审批该项目或受委托的环境保护部门申请噪声、固体废物污染防治设施验收。

【条文链接】

◆《中华人民共和国水污染防治法》

第三十五条　向水体排放含热废水，应当采取措施，保证水体的水温符合水环境质量标准。

第八十五条　有下列行为之一的，由县级以上地方人民政府环境保护主管部门责令停止违法行为，限期采取治理措施，消除污染，处以罚款；逾期不采取治理措施的，环境保护主管部门可以指定有治理能力的单位代为治理，所需费用由违法者承担：

（一）向水体排放油类、酸液、碱液的；

（二）向水体排放剧毒废液，或者将含有汞、镉、砷、铬、铅、氰化物、黄磷等的可溶性剧毒废渣向水体排放、倾倒或者直接埋入地下的；

（三）在水体清洗装贮过油类、有毒污染物的车辆或者容器的；

（四）向水体排放、倾倒工业废渣、城镇垃圾或者其他废弃物，或者在江河、湖泊、运河、渠道、水库最高水位线以下的滩地、岸坡堆放、存贮固体废弃物或者其他污染物的；

（五）向水体排放、倾倒放射性固体废物或者含有高放射性、中放射性物质的废水的；

（六）违反国家有关规定或者标准，向水体排放含低放射性物质的废水、热废水或者含病原体的污水的；

（七）未采取防渗漏等措施，或者未建设地下水水质监测井进行监测的；

（八）加油站等的地下油罐未使用双层罐或者采取建造防渗池等其他有效措施，或者未进行防渗漏监测的；

（九）未按照规定采取防护性措施，或者利用无防渗漏措施的沟渠、坑塘等输送或者存贮含有毒污染物的废水、含病原体的污水或者其他废弃物的。

有前款第三项、第四项、第六项、第七项、第八项行为之一的，处二万元以上二十万元以下的罚款。有前款第一项、第二项、第五项、第九项行为之一的，处十万元以上一百万元以下的罚款；情节严重的，报经有批准权的人民政府批准，责令停业、关闭。

◆《四川省生态环境行政处罚裁量标准》（2018 年）

15. 违反国家有关规定或者标准，向水体排放含低放射性物质的废水、热废水或者含病原体的污水的，初次违法的处 2 万元以上 5 万元以下罚款。

十、未按规定采取防渗漏等措施或未建设地下水水质监测井进行监测

案例 11
某矿业公司未采用防渗设施等措施，浑水进入河沟造成水污染案

【案情简介】

2019 年 12 月 27 日，某生态环境局对某矿业公司进行现场检查，发现该矿业公司将生产废水集中排入池内，采用两台压滤机过滤处理，清水回抽循环使用。该脱水过滤机处未设置围堰和其他防渗设施，导致漫溢的浑水和污泥渗出流入公路边沟，顺边沟进入河沟，造成河沟水污染，沿沟有污泥污水痕迹。某生态环境局认为该公司上述行为涉嫌违反《中华人民共和国水污染防治法》第四十条的规定，依法对该公司进行立案查处。

【查处情况】

某生态环境局依据《中华人民共和国水污染防治法》第八十五条第一款第（七）项的规定，结合该公司属于初次违反且积极改正违法行为的情况，决定责令其限期整改并处罚款 2.2 万元行政处罚。

【案件分析】

1. 主体是否适格是适用法条的前提之一

《中华人民共和国水污染防治法》第四十条对化学品生产企业以及工业集聚区、矿山开采区、尾矿库、危险废物处置场、垃圾填埋场等的运营、管理单位，提出采取防渗漏等措施，并建设地下水水质监测井进行监测的特殊义务。是否能适用该法条，首先需要判断该公司是否属于上述主体范围。

本案中，该公司是矿业公司，主要从事非金属矿产品生产、加工等，属于矿山开采区、尾矿库的运营、管理单位，属于第四十条规定的主体，应当遵守该条款规定的义务。

2. 是否采取防渗漏措施是正确适用法条的关键

《中华人民共和国水污染防治法》第八十五条第一款第（七）项对“未采取防渗漏等措施，或者未建设地下水水质监测井进行监测的”进行处罚，故需要在案件中明确是否采取防渗漏措施或者建设地下水水质监测井，本案中该公司在生产过程中污泥污水直接向环境排放，未采取任何污染防治措施，可以适用该法条规定。

【问题与启示】

1. 地下水水质监测井建设要求是什么？

地下水监测是指在一个地区选取具有代表性的泉、井、孔等，按照一定的时间间隔和技术要求对地下水动态要素进行观测、记录和资料整理的工作。地下水水质监测井是以监测地下水质量和污染状况为主要目的的地下水监测井。监测井应当符合以下要求：（1）监测井井管应由坚固、耐腐蚀、对地下水水质无污染的材料制成；（2）监测井的深度应根据监测目的、所处含水层类型及其埋深和厚度来确定，尽可能超过已知最大地下水埋深以下 2 m；（3）监测井顶角斜度每百米井深不得超过 2°；（4）监测井井管内径不宜小于 0.1 m；（5）滤水段透水性能良好，向井内注入灌水段 1 m 井管容积的水量，水位复原时间不超过 10 min，滤水材料应对地下水水质无污染；（6）监测井目的层与其它含水层之间止水良好，承压水监测井应分层止水，潜水监测井不得穿透潜水含水层下的隔水层的底板；（7）新凿监测井的终孔直径不宜小于 0.25 m，设计动水位以下的含水层段应安装滤水管，反滤层厚度不小于 0.05 m，成井后应进行抽水洗井；（8）监测井应设明显标识牌，井（孔）口应高出地面 0.5 ~ 1.0 m，井（孔）口安装盖（保护帽），孔口地面应采取防渗措施，井周围应有防护栏。监测水量监测井（或自流井）尽可能安装水量计量装置，泉水出口处设置测流装置。

2. 代履行如何进行？

本案适用《中华人民共和国水污染防治法》第八十五条，对逾期不采取治理措施的还规定了代履行制度。代履行制度是在当事人拒绝履行行政义务的前提下所作的制度调整，以及时兑现行政决定中规定的义务。作为一种特殊的执行方式，代履行有其特定的适用条件——当事人应当履行的义务须为可以为他人代替履行的义务。代履行适用的一般条件包括行政机关依法作出要求当事人履行排除妨碍、恢复原状等义务的行政决定，若当事人逾期不履行，经催告依然不履行，并且其后果已经或者将危害交通安全、造成环境污染或者破坏自然资源的，则行政机关可以依法代履行，或者委托没有利害关系的第三人代履行。行政强制法规定的代履行有其严格的适用条件限制：（1）执行对象特定。只针对行政机关依法作出要求当事人履行排除妨碍、恢复原状等义务的行政决定，该义务须可为他人代替履行。例如关于强制服兵役等人身性义务以及金钱给付类义务等，就不适用代履行。（2）当事人不履行。只有当事人逾期不履行，方可实施代履行。如果当事人按期履行，则不得适用代履行。（3）事先催告。行政机关必须事先催告。只有经催告仍不履行的，才可以代履行。（4）后果特定。当事人不履行行政决定的后果，已经或者将危害交通安全、造成环境污染或者破坏自然资源。（5）委托对象特定。关于代履行的实施主体问题，行政机关要么自己实施代履行，要么委托实施代履行。如果行政机关委托实施代履行，则须委托没有利害关系的第三人代履行。当然，委托内容乃是当事人应当履行的义务，而非行政强制执行权。（6）禁止事项。行政机关应当文明执法，代履行不得采用暴力、胁迫以及其他非法方式实施。

【条文链接】

◆《中华人民共和国水污染防治法》

第四十条 化学品生产企业以及工业集聚区、矿山开采区、尾矿库、危险废物处置场、垃圾填埋场等的运营、管理单位，应当采取防渗漏等措施，并建设地下水水质监测井进行监测，防止地下水污染。

加油站等的地下油罐应当使用双层罐或者采取建造防渗池等其他有效措施，并进行防渗漏监测，防止地下水污染。

禁止利用无防渗漏措施的沟渠、坑塘等输送或者存贮含有毒污染物的废水、含病原体的污水和其他废弃物。

第八十五条 有下列行为之一的，由县级以上地方人民政府环境保护主管部门责令停止违法行为，限期采取治理措施，消除污染，处以罚款；逾期不采取治理措施的，环境保护主管部门可以指定有治理能力的单位代为治理，所需费用由违法者承担：

（一）向水体排放油类、酸液、碱液的；

（二）向水体排放剧毒废液，或者将含有汞、镉、砷、铬、铅、氰化物、黄磷等的可溶性剧毒废渣向水体排放、倾倒或者直接埋入地下的；

（三）在水体清洗装贮过油类、有毒污染物的车辆或者容器的；

（四）向水体排放、倾倒工业废渣、城镇垃圾或者其他废弃物，或者在江河、湖泊、运河、渠道、水库最高水位线以下的滩地、岸坡堆放、存贮固体废弃物或者其他污染物的；

（五）向水体排放、倾倒放射性固体废物或者含有高放射性、中放射性物质的废水的；

（六）违反国家有关规定或者标准，向水体排放含低放射性物质的废水、热废水或者含病原体的污水的；

（七）未采取防渗漏等措施，或者未建设地下水水质监测井进行监测的；

（八）加油站等的地下油罐未使用双层罐或者采取建造防渗池等其他有效措施，或者未进行防渗漏监测的；

（九）未按照规定采取防护性措施，或者利用无防渗漏措施的沟渠、坑塘等输送或者存贮含有毒污染物的废水、含病原体的污水或者其他废弃物的。

有前款第三项、第四项、第六项、第七项、第八项行为之一的，处二万元以上二十万元以下的罚款。有前款第一项、第二项、第五项、第九项行为之一的，处十万元以上一百万元以下的罚款；情节严重的，报经有批准权的人民政府批准，责令停业、关闭。

案例 12

某工业园管理委员会未按要求建设地下水水质监测井进行监测防止地下水污染案

【案情简介】

某食品工业园由该工业园管理委员会（原为园区指挥部）管理，该园区于 2014 年 7 月开始拆迁，2015 年 5 月开工建设，共分二期，目前一期已入驻企业 11 家，其中 4 家已建成并投入生产。该工业园尚未修建园区污水处理厂，工业废水经企业预处理后通过管网排入河流。2019 年 11 月 13 日，某区生态环境局在检查中发现，该工业园未按照环评要求建设永久性地下水监测井并定期开展地下水监测工作，也未编制突发环境事件应急预案并报生态环境主管部门备案。某区生态环境局认为，该工业园区管委会的上述行为涉嫌违反《中华人民共和国水污染防治法》第四十条第一款以及《突发环境事件应急管理办法》第十三条的规定，依法对该工业园区管委会进行立案查处。

【查处情况】

某区生态环境局依据《中华人民共和国水污染防治法》第八十五条第一款第（七）项以及《突发环境事件应急管理办法》第三十八条的规定，决定对该工业园管委会处以罚款人民币 2 万元的行政处罚并限期 30 日内改正违法行为，包括：建立健全监测制度，设置地下水污染监控井；对园区开展突发环境事件风险评估和应急资源调查，制定突发环境事件应急预案并报环境保护主管部门备案。

【案件分析】

1. 该园区管委会未建设地下水质监测井的行为构成违法

《中华人民共和国水污染防治法》第四十条第一款规定："化学品生产企业以及工业集聚区、矿山开采区、尾矿库、危险废物处置场、垃圾填埋场等的运营、管理单位，应当采取防渗漏等措施，并建设地下水水质监测井进行监测，防止地下水污染。"该条款明确规定，特定工业企业、场所和设施的责任单位（包括化学品生产企业以及工业集聚区、矿山开采区、尾矿库、危险废物处置场、垃圾填埋场等的运营、管理单位）应当采取防渗漏等措施，并建设地下水水质监测井进行监测，预防地下水污染。本案中，某工业园区管委会作为工业集聚区的责任单位，应当按照法律规定建设地下水质监测井并定期开展地下水监测工作，此外《环境影响报告书》也对该园区提出了建设地下水质监测井的要求，故该园区的行为明显违法。

2. 该园区管委会未制定突发环境事件应急预案的行为构成违法

《突发环境事件应急管理办法》第十三条规定："企业事业单位应当按照国务院环境保护主管部门的规定，在开展突发环境事件风险评估和应急资源调查的基础上制定突发环境事件应急预案，并按照分类分级管理的原则，报县级以上环境保护主管部门备案。"因此，企事业单位在突发环境事件应急管理工作方面负有以下三项义务：第一，开展突发环境事件风险评估和应急资源调查；第二，制定突发环境事件应急预案；第三，报县级以上生态环境主管部门备案。本案中，该园区管委会作为事业单位应当依法履行上述法律义务，违反任何一项均构成违法。

【问题与启示】

1. 国家在地下水污染防治方面出台了哪些标准？

目前，我国在地下水污染防治方面主要出台了两项国家标准，分别为《地下水质量标准》（GB/T 14848—2017）和《地下水环境监测技术规范》（HJ 164—2020）。首先，《地下水质量标准》（GB/T 14848—2017）于 2017 年 10 月正式发布，是在沿用了 23 年的原《地下水质量标准》（GB/T 14848—93）的基础上进一步修订完成的。《地下水质量标准》（GB/T 14848—2017）将指标划分为常规指标和非常规指标，结合我国实际，将原标准的 39 项指标增加至 93 项，其中有机污染指标增加了 47 项，所确定的分类限值充分考虑了人体健康基准和风险，可以作为我国地下水资源管理、开发利用和保护的依据。其次，《地下水环境监测技术规范》（HJ 164—2020）也是在原《地下水环境监测技术规范》（HJ/T 164—2004）的基础上进一步修订完成的，自 2021 年 3 月 1 日起实施。《地下水环境监测技术规范》（HJ 164—2020）增加了环境监测井的术语和定义；增加了饮用水源保护区和补给区、污染源及周边等区域的地下水监测点的布设；增加了环境监测井的标识；取消了信息系统建设；取消了地下水监测实验室质量控制指标等相关内容的规范性附录；补充完善了环境监测井的建设与管理、样品采集、监测项目、质量保证和质量控制等相关内容。

2. 《突发环境事件应急管理办法》在哪些方面规定了企事业单位的法律义务？

一是风险控制方面：企业事业单位应当落实开展突发环境事件风险评估、风险防控措施以及隐患排查治理等方面的工作。二是应急准备方面：企业事业单位负有制定应急预案、开展应急演练和应急知识和技能培训、建立培训档案和储备必要的环境应急装备和物资等义务。三是应急处置方面：企业事业单位负有先期处置、协助处置和报告等相应职责。四是信息公开方面：企业事业单位负有将相关应急信息公开、应急状态信息发布的义务。

【条文链接】

◆ **《中华人民共和国水污染防治法》**

第四十条 化学品生产企业以及工业集聚区、矿山开采区、尾矿库、危险废物处置场、垃圾填埋场等的运营、管理单位，应当采取防渗漏等措施，并建设地下水水质监测井进行监测，防止地下水污染。

加油站等的地下油罐应当使用双层罐或者采取建造防渗池等其他有效措施，并进行防渗漏监测，防止地下水污染。

禁止利用无防渗漏措施的沟渠、坑塘等输送或者存贮含有毒污染物的废水、含病原体的污水和其他废弃物。

第八十五条 有下列行为之一的，由县级以上地方人民政府环境保护主管部门责令停止违法行为，限期采取治理措施，消除污染，处以罚款；逾期不采取治理措施的，环境保护主管部门可以指定有治理能力的单位代为治理，所需费用由违法者承担：

（一）向水体排放油类、酸液、碱液的；

（二）向水体排放剧毒废液，或者将含有汞、镉、砷、铬、铅、氰化物、黄磷等的可溶性剧毒废渣向水体排放、倾倒或者直接埋入地下的；

（三）在水体清洗装贮过油类、有毒污染物的车辆或者容器的；

（四）向水体排放、倾倒工业废渣、城镇垃圾或者其他废弃物，或者在江河、湖泊、运河、渠道、水库最高水位线以下的滩地、岸坡堆放、存贮固体废弃物或者其他污染物的；

（五）向水体排放、倾倒放射性固体废物或者含有高放射性、中放射性物质的废水的；

（六）违反国家有关规定或者标准，向水体排放含低放射性物质的废水、热废水或者含病原体的污水的；

（七）未采取防渗漏等措施，或者未建设地下水水质监测井进行监测的；

（八）加油站等的地下油罐未使用双层罐或者采取建造防渗池等其他有效措施，或者未进行防渗漏监测的；

（九）未按照规定采取防护性措施，或者利用无防渗漏措施的沟渠、坑塘等输送或者存贮含有毒污染物的废水、含病原体的污水或者其他废弃物的。

有前款第三项、第四项、第六项、第七项、第八项行为之一的，处二万元以上二十万元以下的罚款。有前款第一项、第二项、第五项、第九项行为之一的，处十万元以上一百万元以下的罚款；情节严重的，报经有批准权的人民政府批准，责令停业、关闭。

◆《突发环境事件应急管理办法》

第十三条　企业事业单位应当按照国务院环境保护主管部门的规定，在开展突发环境事件风险评估和应急资源调查的基础上制定突发环境事件应急预案，并按照分类分级管理的原则，报县级以上环境保护主管部门备案。

第三十八条　企业事业单位有下列情形之一的，由县级以上环境保护主管部门责令改正，可以处一万元以上三万元以下罚款：

（一）未按规定开展突发环境事件风险评估工作，确定风险等级的；

（二）未按规定开展环境安全隐患排查治理工作，建立隐患排查治理档案的；

（三）未按规定将突发环境事件应急预案备案的；

（四）未按规定开展突发环境事件应急培训，如实记录培训情况的；

（五）未按规定储备必要的环境应急装备和物资；

（六）未按规定公开突发环境事件相关信息的。

十一、利用无防渗漏措施的沟渠、坑塘等输送或者存贮含有毒污染物的废水、含病原体的污水或者其他废弃物

案例 13 某石材加工厂利用无防渗漏措施的坑塘存贮泥浆案

【案情简介】

某石材加工厂成立于 2017 年 5 月 25 日，经营范围为石材加工销售。2019 年 10 月 21 日晚，某县生态环境局接到反映，对该石材加工厂进行调查。调查发现，该厂将用挖掘机和铲车配合转运切割产生的泥浆水放至无防渗的土坑存贮，且在转运过程中未采取防范措施，致使泥浆水流至厂外，最终进入厂外河沟。经调查发现，该石材加工厂已办理了环评手续，但暂未对环保设施进行验收。2019 年 10 月 20 日，刘某安排厂长袁某对切割废水沉淀池内的泥浆进行转运，转运至破碎间外约 20 米处新建的池内进行堆放。2019 年 10 月 21 日上午，铲车师傅王某进入厂区进行作业。下午两点左右，挖机师傅换用大挖掘机进行泥浆的挖掘，由于王某的铲车斗接不住，挖掘机师傅便将泥浆水挖出后倒在破碎车间内，用石子堆放建了一个简易的围堰。王某在破碎车间用铲车把地面的泥浆水铲出后转运到新建的泥浆池里，但该泥浆池未进行硬化。下午三点左右，王某在转运时发现石子堆成的简易围堰垮了，泥浆水正向破碎间外流淌，便通知挖掘机师傅停止挖泥浆水。厂长袁某发现情况后，立即通知铲车师傅王某铲石子堆砌围堰进行截断，截断后泥浆水不再流出，并吩咐泥浆水工人用水冲洗路面，冲洗水流入公路边的水沟内。下午五点左右，泥浆水进入水沟后流了 500 米左右进入厂外的小河沟内。某县生态环境局认为该石材加工厂利用无防渗漏措施的坑塘存贮泥浆的行为涉嫌违反《中华人民共和国水污染防治法》第四十条第三款之规定，该石材加工厂未采取相应防范措施造成生产废物泥浆水在转运过程中流失的行为涉嫌违反《中华人民共和国固体废物污染环境防治法》第十七条的规定，依法对该石材加工厂进行立案查处。

【查处情况】

某县生态环境局根据《中华人民共和国水污染防治法》第八十五条第一款第（九）项和《四川省生态环境行政处罚裁量标准》（2018 年）编号 18 的规定，对该石材厂利用无防渗漏措施的坑塘存贮泥浆的行为处人民币 12 万元的罚款；根据《中华人民共和国固体废物污染环境防治法》（2016 年）第六十八条第一款第（七）项和《四川省生态环境行政处罚裁量标准》（2018 年）编号 63 的规定，对该石材加工厂未采取相应防范措施，造成生产废物泥浆水在转运过程中流失的行为处罚款人民币 2 万元。综上，某县生态环境局对该石材加工厂处罚款共计人民币 14 万元。

【案件分析】

1. 该石材加工厂利用无防渗漏措施的坑塘存贮泥浆的行为构成违法

《中华人民共和国水污染防治法》第四十条第三款规定："禁止利用无防渗漏措施的沟渠、坑塘等输送或者存贮含有毒污染物的废水、含病原体的污水和其他废弃物。"此条款规定的违法行为模式为利用无防渗漏措施的沟渠、坑塘等类似方式运输或存贮废水、污水和废弃物，旨在规避无防渗漏方式储存污水导致废水、污水泄漏引发的环境污染风险。本案中，该石材加工厂在运输泥浆的过程中，不论是新建成的未硬化的泥浆池还是用石子堆砌的简易围堰，明显都不符合防渗漏的要求，不能作为储存泥浆的容器使用。该石材加工厂使用不具有无防渗漏措施的方式储存泥浆并导致泥浆泄漏，明显构成违法。

2. 该石材加工厂未采取相应防范措施，造成泥浆水在转运过程中流失的行为构成违法

《中华人民共和国固体废物污染环境防治法》（2016 年）第六十八条规定，未采取相应防范措施，造成工业固体废物扬散、流失、渗漏或者造成其他环境污染的，处一万元以上十万元以下的罚款。因此，泥浆作为工业固体废物，企业应当对其进行妥善安置。本案中，该石材加工厂在转运泥浆的过程中未采取防流失、防渗漏或者其他防止污染环境的措施储存泥浆导致其泄漏并入河污染水体的行为构成违法，应当受到处罚。

【问题与启示】

《中华人民共和国固体废物污染环境防治法》（2020 年）对固体废物防渗漏是如何规定的？

《中华人民共和国固体废物污染环境防治法》（2020 年）相较于 2016 年版的《中华人民共和国固体废物污染环境防治法》在固体废物的防渗漏方面主要有以下两方面不同：第一，增加了需要采取防渗漏措施的义务主体。2016 年版《中华人民共和国固体废物污染环境防治法》规定，收集、贮存、运输、利用、处置固体废物的单位和个人负有采取防扬散、防流失、防渗漏或者其他防止污染环境的措施的义务，而《中华人民共和国固体废物污染环境防治法》（2020 年）将产生固体废物的单位和其他经营者也列入义务主体，扩充了规制范围；第二，加重了违反防渗漏义务的法律责任。2016 年版《中华人民共和国固体废物污染环境防治法》规定，未采取相应防范措施，造成工业固体废物扬散、流失、渗漏或者造成其他环境污染的，处一万元以上十万元以下的罚款。而《中华人民共和国固体废物污染环境防治法》（2020 年）则规定，未采取相应防范措施，造成工业固体废物扬散、流失、渗漏或者其他环境污染的，处所需处置费用一倍以上三倍以下的罚款，所需处置费用不足十万元的，按十万元计算。自此，未采取相应防范措施，造成工业固体废物扬散、流失、渗漏或者其他环境污染的将被处以最少十万元的罚款。

【条文链接】

◆《中华人民共和国水污染防治法》

第四十条 化学品生产企业以及工业集聚区、矿山开采区、尾矿库、危险废物处置场、垃圾填埋场等的运营、管理单位，应当采取防渗漏等措施，并建设地下水水质监测井进行监测，防止地下水污染。

加油站等的地下油罐应当使用双层罐或者采取建造防渗池等其他有效措施，并进行防渗漏监测，防止地下水污染。

禁止利用无防渗漏措施的沟渠、坑塘等输送或者存贮含有毒污染物的废水、含病原体的污水和其他废弃物。

第八十五条 有下列行为之一的，由县级以上地方人民政府环境保护主管部门责令停止违法行为，限期采取治理措施，消除污染，处以罚款；逾期不采取治理措施的，环境保护主管部门可以指定有治理能力的单位代为治理，所需费用由违法者承担：

（一）向水体排放油类、酸液、碱液的；

（二）向水体排放剧毒废液，或者将含有汞、镉、砷、铬、铅、氰化物、黄磷等的可溶性剧毒废渣向水体排放、倾倒或者直接埋入地下的；

（三）在水体清洗装贮过油类、有毒污染物的车辆或者容器的；

（四）向水体排放、倾倒工业废渣、城镇垃圾或者其他废弃物，或者在江河、湖泊、运河、渠道、水库最高水位线以下的滩地、岸坡堆放、存贮固体废弃物或者其他污染物的；

（五）向水体排放、倾倒放射性固体废物或者含有高放射性、中放射性物质的废水的；

（六）违反国家有关规定或者标准，向水体排放含低放射性物质的废水、热废水或者含病原体的污水的；

（七）未采取防渗漏等措施，或者未建设地下水水质监测井进行监测的；

（八）加油站等的地下油罐未使用双层罐或者采取建造防渗池等其他有效措施，或者未进行防渗漏监测的；

（九）未按照规定采取防护性措施，或者利用无防渗漏措施的沟渠、坑塘等输送或者存贮含有毒污染物的废水、含病原体的污水或者其他废弃物的。

有前款第三项、第四项、第六项、第七项、第八项行为之一的，处二万元以上二十万元以下的罚款。有前款第一项、第二项、第五项、第九项行为之一的，处十万元以上一百万元以下的罚款；情节严重的，报经有批准权的人民政府批准，责令停业、关闭。

◆《中华人民共和国固体废物污染环境防治法》（2016年）

第六十八条 违反本法规定，有下列行为之一的，由县级以上人民政府环境保护行政主管部门责令停止违法行为，限期改正，处以罚款：

（一）不按照国家规定申报登记工业固体废物，或者在申报登记时弄虚作假的；

（二）对暂时不利用或者不能利用的工业固体废物未建设贮存的设施、场所安全分类存放，或者未采取无害化处置措施的；

（三）将列入限期淘汰名录被淘汰的设备转让给他人使用的；

（四）擅自关闭、闲置或者拆除工业固体废物污染环境防治设施、场所的；

（五）在自然保护区、风景名胜区、饮用水水源保护区、基本农田保护区和其他需要特别保护的区域内，建设工业固体废物集中贮存、处置的设施、场所和生活垃圾填埋场的；

（六）擅自转移固体废物出省、自治区、直辖市行政区域贮存、处置的；

（七）未采取相应防范措施，造成工业固体废物扬散、流失、渗漏或者造成其他环境污染的；

（八）在运输过程中沿途丢弃、遗撒工业固体废物的。

有前款第一项、第八项行为之一的，处五千元以上五万元以下的罚款；有前款第二项、第三项、第四项、第五项、第六项、第七项行为之一的，处一万元以上十万元以下的罚款。

◆《中华人民共和国固体废物污染环境防治法》（2020年）

第二十条　产生、收集、贮存、运输、利用、处置固体废物的单位和其他生产经营者，应当采取防扬散、防流失、防渗漏或者其他防止污染环境的措施，不得擅自倾倒、堆放、丢弃、遗撒固体废物。

禁止任何单位或者个人向江河、湖泊、运河、渠道、水库及其最高水位线以下的滩地和岸坡以及法律法规规定的其他地点倾倒、堆放、贮存固体废物。

第一百零二条　违反本法规定，有下列行为之一，由生态环境主管部门责令改正，处以罚款，没收违法所得；情节严重的，报经有批准权的人民政府批准，可以责令停业或者关闭：

（一）产生、收集、贮存、运输、利用、处置固体废物的单位未依法及时公开固体废物污染环境防治信息的；

（二）生活垃圾处理单位未按照国家有关规定安装使用监测设备、实时监测污染物的排放情况并公开污染排放数据的；

（三）将列入限期淘汰名录被淘汰的设备转让给他人使用的；

（四）在生态保护红线区域、永久基本农田集中区域和其他需要特别保护的区域内，建设工业固体废物、危险废物集中贮存、利用、处置的设施、场所和生活垃圾填埋场的；

（五）转移固体废物出省、自治区、直辖市行政区域贮存、处置未经批准的；

（六）转移固体废物出省、自治区、直辖市行政区域利用未报备案的；

（七）擅自倾倒、堆放、丢弃、遗撒工业固体废物，或者未采取相应防范措施，造成工业固体废物扬散、流失、渗漏或者其他环境污染的；

（八）产生工业固体废物的单位未建立固体废物管理台账并如实记录的；

（九）产生工业固体废物的单位违反本法规定委托他人运输、利用、处置工业固体废物的；

（十）贮存工业固体废物未采取符合国家环境保护标准的防护措施的；

（十一）单位和其他生产经营者违反固体废物管理其他要求，污染环境、破坏生态的。

有前款第一项、第八项行为之一，处五万元以上二十万元以下的罚款；有前款第二项、第三项、第四项、第五项、第六项、第九项、第十项、第十一项行为之一，处十万元以上一百万元以下的罚款；有前款第七项行为，处所需处置费用一倍以上三倍以下的罚款，所需处置费用不足十万元的，按十万元计算。对前款第十一项行为的处罚，有关法律、行政法规另有规定的，适用其规定。

◆《四川省生态环境行政处罚自由裁量标准》(2018 年)

18. 未按照规定采取防护性措施，或者利用无防渗漏措施的沟渠、坑塘等输送或者存贮含有毒污染物的废水、含病原体的污水或者其他废弃物的，初次违法的，处 10 万元以上 20 万元以下罚款。

63. 未采取相应防范措施，造成工业固体废物扬散、流失、渗漏或者造成其他环境污染的，初次违法的处 1 万元以上 3 万元以下罚款。

十二、在饮用水水源一级保护区内新建、改建、扩建与供水设施和保护水源无关的建设项目

案例 14 某市交通运输局公路养护段违反饮用水水源地保护制度案

【案情简介】

2020 年 5 月 7 日，某市生态环境局调查发现，该地区交通运输局公路养护段组织建设的大桥项目位于某饮用水水源地一级保护区内，距某取水口上游 300 米左右。经调查相关资料，发现该项目未按照批复文件完成饮用水水源取水口搬迁工作就开工建设，现阶段桥体下部构造基本完工，正在进入上部构造施工阶段。某市生态环境局认为该项目涉嫌违反《中华人民共和国水污染防治法》第六十五条第一款的规定，依法对其进行立案查处。

【查处情况】

某市生态环境局根据《中华人民共和国水污染防治法》第九十一条的规定，对某市交通运输局公路养护段处以 20 万元的行政罚款。

【案件分析】

1. 判断该项目是否在饮用水水源一级保护区内是适用法条的关键

《中华人民共和国水污染防治法》第六十五条规定禁止在饮用水水源一级保护区内新建、改建、扩建与供水设施和保护水源无关的建设项目，在适用该条款时应当判断建设项目是否在饮用水水源一级保护区内。按照饮用水水源保护区划定规定，一级保护区：以取水点起上游 1 000 米，下游 100 米的水域及其河岸两侧纵深各 200 米的陆域。

本案中，该大桥建设项目距取水口上游 300 米，属于饮用水水源一级保护区内，该大桥主要承担交通运输作用，与供水设施和保护水源无关，可以适用该条款规定。

2. 一级保护区整治要求

一级保护区内整治要求具体包括：（1）保护区内不存在与供水设施和保护水源无关的建设项目。保护区划定前已有建设项目拆除或者关闭，并视情进行生态修复。（2）保护区内无工业、生活排污口。保护区划定前已有工业排污口拆除或关闭，生活排污口关闭或迁出。（3）保护区内无畜禽养殖、网箱养殖、旅游、游泳、垂钓或者其他可能污染水源的活动。

保护区划定前已有的畜禽养殖、网箱养殖和旅游设施拆除或关闭。(4)保护区内无新增农业种植和经济林。保护区划定前已有的农业种植和经济林，严格控制化肥、农药等非点源污染，并逐步退出。

该案中，建设项目属于与供水和水源保护无关的建设项目，在审批环节应当做到更加严格的审查，建设过程中发现的，应当及时整治。

【问题与启示】

1. 饮用水水源保护区划分（调整）的技术步骤是什么？

具体步骤包括：(1) 开展饮用水水源地水量、水质状况、环境管理状况调查，分析水源地存在的水量、水质和管理问题，识别水源地主要问题和环境风险的情况，作为保护区划分的基础资料。具体调查内容应根据保护区的水源类型和采用的保护区划分（调整）方法确定，调查深度根据保护区划分（调整）的实际需求确定。(2) 依据不同水源地类型、取水规模、污染源分布状况、主要污染特征、取水口所在水体（水域、区域）水温、水动力条件径补排特征等技术资料，集合环境管理、经济活动、土地利用现状及城乡规划要求，筛选出适宜的保护区划分方法，通过计划分析，合理确定各级保护区的水域、陆域范围，并初步确定保护区边界主要拐点的经纬度坐标和边界线。(3) 编制饮用水水源保护区划分（调整）技术报告。(4) 组织专家对保护区划分技术报告和方案进行审议。(5) 进行保护区现场界定，最终确定主要拐点的经纬度坐标，制作饮用水水源保护区图鉴。

2. 饮用水水源保护区的水质要求是什么？

地表水饮用水水源一级保护区的水质基本项目值限不得超过《地表水环境质量标准》(GB 3838—2002) 的相关要求。地表水饮用水水源二级保护区的水质基本项目值限不得超过 GB 3838 的相关要求，并保证流入一级保护区的水质标准的要求（不得超过 GB 3838 的相关要求）。地表水饮用水水源准保护区的水质应保证流入二级保护区的水质满足二级保护区的水质要求。

地下水饮用水水源保护区（包括一级保护区、二级保护区）和准保护区水质各项指标不得低于《地下水质量标准》(GB/T 14848—2017) 的相关要求。

【法条链接】

◆《中华人民共和国水污染防治法》

第六十五条 禁止在饮用水水源一级保护区内新建、改建、扩建与供水设施和保护水源无关的建设项目；已建成的与供水设施和保护水源无关的建设项目，由县级以上人民政府责令拆除或者关闭。

禁止在饮用水水源一级保护区内从事网箱养殖、旅游、游泳、垂钓或者其他可能污染饮用水水体的活动。

第九十一条 有下列行为之一的，由县级以上地方人民政府环境保护主管部门责令停止违法行为，处十万元以上五十万元以下的罚款；并报经有批准权的人民政府批准，责令拆除或者关闭：

（一）在饮用水水源一级保护区内新建、改建、扩建与供水设施和保护水源无关的建设项目的；

（二）在饮用水水源二级保护区内新建、改建、扩建排放污染物的建设项目的；

（三）在饮用水水源准保护区内新建、扩建对水体污染严重的建设项目，或者改建建设项目增加排污量的。

在饮用水水源一级保护区内从事网箱养殖或者组织进行旅游、垂钓或者其他可能污染饮用水水体的活动的，由县级以上地方人民政府环境保护主管部门责令停止违法行为，处二万元以上十万元以下的罚款。个人在饮用水水源一级保护区内游泳、垂钓或者从事其他可能污染饮用水水体的活动的，由县级以上地方人民政府环境保护主管部门责令停止违法行为，可以处五百元以下的罚款。

十三、在饮用水水源一级保护区内垂钓

案例 15 杨某某在饮用水水源一级保护区内垂钓案

【案情简介】

2020 年 4 月 16 日 15 时，某县生态环境局在执法工作中发现杨某某在某水库（饮用水水源一级保护区内）进行垂钓，执法人员当场告知杨某某其违法事实、依据和权利，杨某某无异议。某县生态环境局认为杨某某在饮用水水源一级保护区内垂钓违反了《中华人民共和国水污染防治法》第六十五条第二款的规定。

【查处情况】

某县生态环境局当场依据《中华人民共和国水污染防治法》第九十一条第二款、《中华人民共和国行政处罚法》第三十三条的规定，对杨某某处以警告和罚款 50 元的处罚。

【案件分析】

1. 是否在一级饮用水水源保护区垂钓是适用法条的关键

对于在饮用水水源保护区垂钓行为是否违法，需要进一步区别对待，《中华人民共和国水污染防治法》第六十五条明确规定在饮用水水源一级保护区进行垂钓应当承担相应的法律责任，但若在饮用水水源其他保护区域垂钓，因法律未明确规定，按照“法无禁止皆可为、法无授权不可为”的原则，不能对其他区域垂钓行为进行行政处罚。

本案中，该行为人杨某某在水库垂钓，属于在饮用水水源一级保护区垂钓，可以适用该条款的规定。

2. 可以当场作出行政处罚的范围

《中华人民共和国行政处罚法》规定，对公民处以五十元以下、对法人或者其他组织处以一千元以下罚款或者警告的行政处罚的，可以当场作出行政处罚决定。有下列情形之一的，执法人员可以当场收缴罚款：（一）依法给予二十元以下的罚款的；（二）不当场收缴事后难以执行的。除此之外，在边远、水上、交通不便地区，行政机关及其执法人员作出罚款决定后，当事人向指定的银行缴纳罚款确有困难，经当事人提出，行政机关及其执法人员可以当场收缴罚款。

本案中对该行为处 50 元罚款，属于法律规定中对“对公民处以 50 元以下的罚款的行政处罚”，可以当场作出行政处罚，但由于数额超过 20 元，不能当场收缴罚款。

【问题与启示】

1. 当场作出行政处罚的程序是什么？

具体程序包括：（1）向当事人出示执法身份证件。（2）填写预定格式、编有号码的行政处罚决定书。（3）把行政处罚决定书当场交付当事人。行政处罚决定书应当载明当事人的违法行为、行政处罚依据、罚款数额、时间、地点以及行政机关名称，并由执法人员签名或者盖章。（4）执法人员作出的行政处罚决定，必须报所属行政机关备案。

当场作出行政处罚的情况下，必须符合上述规定的条件，行政机关应当严格按照法律规定的情况来办事，如果对相关情况的认定存在异议的，当事人还可以向上级行政机关申请行政复议，或者以直接诉讼的方式来维护自身的合法权益。

2. 垂钓涉及的违法情形有哪些？

在禁渔期、禁渔区垂钓，捕捞、贩卖国家重点保护生物，在特定鱼种保护繁衍基地垂钓，在饮用水水源保护地垂钓等可能涉嫌违法犯罪。

【条文链接】

◆ **《中华人民共和国水污染防治法》**

第六十五条 禁止在饮用水水源一级保护区内新建、改建、扩建与供水设施和保护水源无关的建设项目；已建成的与供水设施和保护水源无关的建设项目，由县级以上人民政府责令拆除或者关闭。

禁止在饮用水水源一级保护区内从事网箱养殖、旅游、游泳、垂钓或者其他可能污染饮用水水体的活动。

第九十一条 有下列行为之一的，由县级以上地方人民政府环境保护主管部门责令停止违法行为，处十万元以上五十万元以下的罚款；并报经有批准权的人民政府批准，责令拆除或者关闭：

（一）在饮用水水源一级保护区内新建、改建、扩建与供水设施和保护水源无关的建设项目的；

（二）在饮用水水源二级保护区内新建、改建、扩建排放污染物的建设项目的；

（三）在饮用水水源准保护区内新建、扩建对水体污染严重的建设项目，或者改建建设项目增加排污量的。

在饮用水水源一级保护区内从事网箱养殖或者组织进行旅游、垂钓或者其他可能污染饮用水水体的活动的，由县级以上地方人民政府环境保护主管部门责令停止违法行为，处二万元以上十万元以下的罚款。**个人在饮用水水源一级保护区内游泳、垂钓或者从事其他可能污染饮用水水体的活动的，由县级以上地方人民政府环境保护主管部门责令停止违法行为，可以处五百元以下的罚款。**

◆《中华人民共和国行政处罚法》（2017 修正）

第三十三条 违法事实确凿并有法定依据，对公民处以五十元以下、对法人或者其他组织处以一千元以下罚款或者警告的行政处罚的，可以当场作出行政处罚决定。当事人应当依照本法第四十六条、第四十七条、第四十八条的规定履行行政处罚决定。

第四十七条 依照本法第三十三条的规定当场作出行政处罚决定，有下列情形之一的，执法人员可以当场收缴罚款：

（一）依法给予二十元以下的罚款的；

（二）不当场收缴事后难以执行的。

◆《中华人民共和国行政处罚法》（2021 修订）

第五十一条 违法事实确凿并有法定依据，对公民处以二百元以下、对法人或者其他组织处以三千元以下罚款或者警告的行政处罚的，可以当场作出行政处罚决定。法律另有规定的，从其规定。

第六十八条 依照本法第五十一条的规定当场作出行政处罚决定，有下列情形之一，执法人员可以当场收缴罚款：

（一）依法给予一百元以下罚款的；

（二）不当场收缴事后难以执行的。

第二部分

PART TWO

大气污染典型案例及其要点解析

一、无证排污

案例 16 某纸业有限公司未取得排污许可证排放大气污染物案

【案情简介】

2019 年 5 月 29 日，某市生态环境局到某纸业有限公司现场检查时，发现某纸业有限公司正在生产，生产线干燥工序的燃烧尾气及干燥尾气通过排气筒排放，厂外的排水口有废水排出，但某纸业有限公司未依法取得排污许可证。该行为涉嫌违反《中华人民共和国大气污染防治法》第十九条的规定，某市生态环境局依法对该纸业有限公司进行立案查处。

【查处情况】

某市生态环境局根据《中华人民共和国大气污染防治法》第九十九条第（一）项的规定，对该纸业有限公司处以罚款 30 万元。

【案件分析】

1. 应当领取排污许可证的排污单位

2017 年 7 月，原环境保护部发布《固定污染源排污许可分类管理名录（2017 年版）》（以下简称“名录”），将排放污染物的企业事业单位和其他生产经营者按照污染物产生量、排放量和环境危害程度，实行排污许可重点管理和简化管理，并要求名录涉及的三十二类行业现有企业事业单位和其他生产经营者应当按照名录的规定，在实施时限内申请排污许可证。本案中，某纸业有限公司的行业属于名录“十、造纸和纸制品业 22”，应当按要求领取排污许可证，但某纸业有限公司未领取排污许可证即进行排污，生态环境主管部门应对其追究法律责任。

2019 年 12 月，生态环境部修订出台了《固定污染源排污许可分类管理名录（2019 年版）》，将排放污染物的企业事业单位和其他生产经营者按照污染物产生量、排放量、对环境的影响程度等因素，实行排污许可重点管理、简化管理和登记管理，实行重点管理和简化管理的排污单位应当领取排污许可证，实行登记管理的排污单位，不需要申请取得排污许可证，但应当在全国排污许可证管理信息平台填报排污登记表。

2. 未取得排污许可证，同时非法排放大气污染物和水污染物的法律适用

排污许可制度是覆盖所有固定污染源和多污染物协同控制的“一证制”管理制度。排污企业未取得排污许可证，同时非法排放大气污染物和水污染物的，属于一个违法行为。现行

的《中华人民共和国大气污染防治法》和《中华人民共和国水污染防治法》对未依法取得排污许可证排放污染物的违法行为，规定了相同的处罚条款。因此，可以依据上述法律之一的相关条款予以处罚。

3. 未取得排污许可证排放污染物的主要情形

未取得排污许可证排放污染物不仅包括依法应当申请排污许可证但未申请的情形，还包括排污单位申请排污许可证后未取得、排污许可证有效期限届满后未申请延续或者延续申请未经生态环境主管部门批准仍排放污染物、依法撤销排污许可证后仍排放污染物等情形。

4. 《排污许可管理条例》确立了分类管理的管理模式

2021 年颁布的《排污许可管理条例》确立了“按证排污、按证监管”的管理模式，即根据污染物产生量、排放量、对环境的影响程度等因素，对排污单位实行排污许可重点管理或简化管理的分类管理。实行排污许可管理的排污单位范围、实施步骤和管理类别名录，将由国务院生态环境主管部门拟订并报国务院批准后公布实施。《排污许可管理条例》还明确了设区的市级以上地方人民政府生态环境主管部门负责本行政区域排污许可的监督管理。

【问题与启示】

1. “排污限期整改”期间，如何处罚排污单位的违法行为？

对于取得排污限期整改通知书、处于整改期间的排污单位，生态环境主管部门不对其未取得排污许可证排放污染物的行为进行处罚，其他生态环境违法行为均应依法予以处罚；排污单位逾期未完成整改，未在整改期限内取得排污许可证且继续排放污染物的，生态环境主管部门应当依据“未依法取得排污许可证排放污染物”相关规定进行处理。

2. 无证排放大气污染物，须以涉嫌污染环境罪移送公安机关吗？

无证排放大气污染物是否须移送，应当以无证排放的大气污染物的种类而定。如无证排放的大气污染物属于《有毒有害大气污染物名录（2018 年）》或符合《最高人民法院、最高人民检察院关于办理环境污染刑事案件适用法律若干问题的解释》（法释〔2016〕29 号）（以下简称“《解释》”）第十五条规定的应当进行移送。

实践中，生态环境主管部门对大气污染物是否属于《解释》第十五条规定的“其他有毒性物质”认定有困难。但生态环境主管部门可以参照生态环境部《关于涉及苯并芘的案件应当移送司法机关的复函》中的做法，邀请技术机构进行论证，再结合其他有关标准进行综合判断。

【条文链接】

◆《中华人民共和国大气污染防治法》

第十九条　排放工业废气或者本法第七十八条规定名录中所列有毒有害大气污染物的企

业事业单位、集中供热设施的燃煤热源生产运营单位以及其他依法实行排污许可管理的单位，应当取得排污许可证。排污许可的具体办法和实施步骤由国务院规定。

第九十九条 违反本法规定，有下列行为之一的，由县级以上人民政府生态环境主管部门责令改正或者限制生产、停产整治，并处十万元以上一百万元以下的罚款；情节严重的，报经有批准权的人民政府批准，责令停业、关闭：

（一）未依法取得排污许可证排放大气污染物的；

（二）超过大气污染物排放标准或者超过重点大气污染物排放总量控制指标排放大气污染物的；

（三）通过逃避监管的方式排放大气污染物的。

◆ **《排污许可管理办法（试行）》（2019年修正）**

第五十七条 排污单位存在以下无排污许可证排放污染物情形的，由县级以上环境保护主管部门依据《中华人民共和国大气污染防治法》《中华人民共和国水污染防治法》的规定，责令改正或者责令限制生产、停产整治，并处十万元以上一百万元以下的罚款；情节严重的，报经有批准权的人民政府批准，责令停业、关闭：

（一）依法应当申请排污许可证但未申请，或者申请后未取得排污许可证排放污染物的；

（二）排污许可证有效期限届满后未申请延续排污许可证，或者延续申请未经核发环保部门许可仍排放污染物的；

（三）被依法撤销排污许可证后仍排放污染物的；

（四）法律法规规定的其他情形。

◆ **《排污许可管理条例》（2021年）**

第三十三条 违反本条例规定，排污单位有下列行为之一的，由生态环境主管部门责令改正或者限制生产、停产整治，处20万元以上100万元以下的罚款；情节严重的，报经有批准权的人民政府批准，责令停业、关闭：

（一）未取得排污许可证排放污染物；

（二）排污许可证有效期届满未申请延续或者延续申请未经批准排放污染物；

（三）被依法撤销、注销、吊销排污许可证后排放污染物；

（四）依法应当重新申请取得排污许可证，未重新申请取得排污许可证排放污染物。

二、超标排污

案例 17 四川某泵业有限公司废气排放超标案

【案情简介】

2019 年 11 月 26 日，某市生态环境局委托监测机构对某动力设备有限公司排放的废气进行了监测，无组织废气监测结果：某动力设备有限公司厂界下风向 b 监测点位第 2 次和第 3 次二甲苯监测结果分别为 0.428 mg/m^3、0.217 mg/m^3，监测结果分别超过《四川省固定污染源大气挥发性有机物排放标准》（DB 51/2377—2017）表 5 中“其他”的排放限值（0.2 mg/m^3）1.14 倍、0.08 倍。经调查，2019 年 11 月 26 日当天，某动力设备有限公司未进行产生含挥发性有机物废气的生产作业，而某泵业有限公司利用租赁的某动力设备有限公司一分厂一工段生产车间喷漆房、一分厂二工段生产车间喷漆房（位于某动力设备有限公司厂界上风向监测点位和厂界下风向 b 监测点位之间）、重容车间喷漆房正在进行油漆作业，某动力设备有限公司厂区无组织挥发性有机物废气监测结果超标由某泵业有限公司进行油漆作业造成。该行为涉嫌违反《中华人民共和国大气污染防治法》第十八条的规定，某市生态环境局依法对该泵业有限公司进行立案查处。

【查处情况】

2020 年 4 月 3 日，根据《中华人民共和国大气污染防治法》第九十九条第（二）项之规定以及依据《四川省生态环境行政处罚裁量标准（2019 年版）》的规定，某市生态环境局对某泵业有限公司超标排放大气污染物的违法行为处以罚款 26.82 万元。

【案件分析】

1. 行政处罚对象的准确认定是本案的关键

行政处罚对象，即实施行政违法行为的相对人，一般包括自然人、法人和其他组织。本案中，涉及两个行政相对人，即某动力设备有限公司和某泵业有限公司。监测过程中，监测到某动力设备有限公司厂界下风向监测点位二甲苯超过四川省排放限值，但行政机关并未因此对某动力设备有限公司进行处罚。执法人员通过调查询问某动力设备有限公司工作人员，证实 11 月 26 日某动力设备有限公司未进行产生含挥发性有机物废气的工作，而某泵业有限公司利用租赁的某动力设备有限公司的喷漆房正在进行油漆作业，因此，某动力设备有限公司厂区无组织挥发性有机物废气监测结果超标由某泵业有限公司进行油漆作业时造成，进一步确认了行政处罚的对象，即某泵业有限公司。

2. 超标排放大气污染物是本案的违法行为

违法行为是行政相对人实施的违反行政管理秩序，侵害法律保护权益的行为。本案的违法行为是某泵业有限公司进行喷漆工作时排放无组织挥发性有机物废气超过规定的限值，监测结果分别为 0.428 mg/m^3、0.217 mg/m^3。对于限值的规定，本案适用了地方标准，即《四川省固定污染源大气挥发性有机物排放标准》（DB 51/2377—2017）表 5 中"其他"的排放限值（0.2 mg/m^3）。

3. 本案体现了依法行政原则与合理性原则

依法行政的要求是：职权法定，法律优先和法律保留。首先，本案的处罚主体为市级生态环境主管部门，具有行政处罚的权限，符合职权法定的要求。其次，本案的处罚依据为《中华人民共和国大气污染防治法》，坚持了法律优先。

合理性原则是在依法行政的基础上，要求行政行为要客观、适度，符合公平、正义等法律理性，该原则主要体现在裁量性行政行为中。《中华人民共和国大气污染防治法》第九十九条规定的罚款范围为"十万元以上一百万元以下"，本案中的行政机关依据《四川省生态环境行政处罚裁量标准（2019 年版）》之规定，综合考虑行政相对人未受过生态环境处罚，积极配合调查、落实整改措施，主观上为过失等因素，以及本案违法行为发生于《四川省生态环境行政处罚裁量标准（2019 年版）》颁布前，依照"从旧兼从新"的原则，最后对某泵业有限公司作出处 26.82 万罚款的决定。

【问题与启示】

1. 大气污染物排放标准的内容及制定主体

根据 2017 年修订的《中华人民共和国标准化法》规定，标准是指"农业、工业、服务业以及社会事业等领域需要统一的技术要求"。按照标准的适用范围，标准可以分为国家标准、行业标准、地方标准和团体标准、企业标准五类。为满足地方自然条件、风俗习惯等特殊技术要求，可以制定地方标准。

大气污染物排放标准是为了控制污染物的排放量，使空气质量达到环境质量标准，对排入大气中的污染物数量或浓度所规定的限制标准。大气污染物排放标准，主要规定二氧化硫、氮氧化物、一氧化碳、硫化氢、氯、氟以及颗粒物等污染物的容许排放量。大气污染物排放标准分为国家大气污染物排放标准和地方大气污染物排放标准。在我国，国家大气污染物排放标准的制定主体为国务院生态环境主管部门。省、自治区、直辖市人民政府对国家大气污染物排放标准中未作规定的项目，可以制定地方大气污染物排放标准；对国家大气污染物排放标准中已作规定的项目，可以制定严于国家大气污染物排放标准的地方大气污染物排放标准。地方大气污染物排放标准应当报国务院生态环境主管部门备案。

2. 超标排放污染物可能触犯刑法，需承担刑事责任

《中华人民共和国刑法》第三百三十八条规定了环境污染罪，即违反国家规定，排放、倾倒或者处置有放射性的废物、含传染病病原体的废物、有毒物质或者其他有害物质，严重污染环境的，处三年以下有期徒刑或者拘役，并处或者单处罚金；后果特别严重的，处三年以上七年以下有期徒刑，并处罚金。而《最高人民法院、最高人民检察院关于办理环境污染刑事案件适用法律若干问题的解释》（法释〔2016〕29 号）明确了 18 种“严重污染环境”的具体情形，对“后果特别严重”也进行了解释，提高了环境污染罪的可操作性。可见，超标排放污染物不仅会受到行政处罚，情节严重的，还可能构成环境污染罪，需承担刑事责任。

【条文链接】

◆《中华人民共和国大气污染防治法》

第十八条　企业事业单位和其他生产经营者建设对大气环境有影响的项目，应当依法进行环境影响评价、公开环境影响评价文件；向大气排放污染物的，应当符合大气污染物排放标准，遵守重点大气污染物排放总量控制要求。

第九十九条　违反本法规定，有下列行为之一的，由县级以上人民政府生态环境主管部门责令改正或者限制生产、停产整治，并处十万元以上一百万元以下的罚款；情节严重的，报经有批准权的人民政府批准，责令停业、关闭：

（一）未依法取得排污许可证排放大气污染物的；

（二）超过大气污染物排放标准或者超过重点大气污染物排放总量控制指标排放大气污染物的；

（三）通过逃避监管的方式排放大气污染物的。

◆《最高人民法院、最高人民检察院关于办理环境污染刑事案件适用法律若干问题的解释》（法释〔2016〕29 号）

第一条　实施刑法第三百三十八条规定的行为，具有下列情形之一的，应当认定为“严重污染环境”：

（一）在饮用水水源一级保护区、自然保护区核心区排放、倾倒、处置有放射性的废物、含传染病病原体的废物、有毒物质的；

（二）非法排放、倾倒、处置危险废物三吨以上的；

（三）排放、倾倒、处置含铅、汞、镉、铬、砷、铊、锑的污染物，超过国家或者地方污染物排放标准三倍以上的；

（四）排放、倾倒、处置含镍、铜、锌、银、钒、锰、钴的污染物，超过国家或者地方污染物排放标准十倍以上的；

（五）通过暗管、渗井、渗坑、裂隙、溶洞、灌注等逃避监管的方式排放、倾倒、处置有放射性的废物、含传染病病原体的废物、有毒物质的；

（六）二年内曾因违反国家规定，排放、倾倒、处置有放射性的废物、含传染病病原体的废物、有毒物质受过两次以上行政处罚，又实施前列行为的；

（七）重点排污单位篡改、伪造自动监测数据或者干扰自动监测设施，排放化学需氧量、氨氮、二氧化硫、氮氧化物等污染物的；

（八）违法减少防治污染设施运行支出一百万元以上的；

（九）违法所得或者致使公私财产损失三十万元以上的；

（十）造成生态环境严重损害的；

（十一）致使乡镇以上集中式饮用水水源取水中断十二小时以上的；

（十二）致使基本农田、防护林地、特种用途林地五亩以上，其他农用地十亩以上，其他土地二十亩以上基本功能丧失或者遭受永久性破坏的；

（十三）致使森林或者其他林木死亡五十立方米以上，或者幼树死亡二千五百株以上的；

（十四）致使疏散、转移群众五千人以上的；

（十五）致使三十人以上中毒的；

（十六）致使三人以上轻伤、轻度残疾或者器官组织损伤导致一般功能障碍的；

（十七）致使一人以上重伤、中度残疾或者器官组织损伤导致严重功能障碍的；

（十八）其他严重污染环境的情形。

第三条　实施刑法第三百三十八条、第三百三十九条规定的行为，具有下列情形之一的，应当认定为“后果特别严重”：

（一）致使县级以上城区集中式饮用水水源取水中断十二小时以上的；

（二）非法排放、倾倒、处置危险废物一百吨以上的；

（三）致使基本农田、防护林地、特种用途林地十五亩以上，其他农用地三十亩以上，其他土地六十亩以上基本功能丧失或者遭受永久性破坏的；

（四）致使森林或者其他林木死亡一百五十立方米以上，或者幼树死亡七千五百株以上的；

（五）致使公私财产损失一百万元以上的；

（六）造成生态环境特别严重损害的；

（七）致使疏散、转移群众一万五千人以上的；

（八）致使一百人以上中毒的；

（九）致使十人以上轻伤、轻度残疾或者器官组织损伤导致一般功能障碍的；

（十）致使三人以上重伤、中度残疾或者器官组织损伤导致严重功能障碍的；

（十一）致使一人以上重伤、中度残疾或者器官组织损伤导致严重功能障碍，并致使五人以上轻伤、轻度残疾或者器官组织损伤导致一般功能障碍的；

（十二）致使一人以上死亡或者重度残疾的；

（十三）其他后果特别严重的情形。

三、通过逃避监管方式排放大气污染物

案例 18 某陶瓷有限公司通过逃避监管方式排放大气污染物案

【案情简介】

2019 年 5 月 9 日 23 时 20 分，某县生态环境局执法人员对某陶瓷有限公司进行检查时发现，该公司一条生产线正常生产，干燥塔脱硫塔和窑炉脱硫塔共用一个循环池且正在运行，窑炉脱硫塔抽水泵坏了未进行喷淋作业，废气未经处理直接排入了外环境，该行为涉嫌违反《中华人民共和国环境保护法》第四十二条第四款和《中华人民共和国大气污染防治法》第二十条第二款的规定，某县生态环境局依法对该陶瓷有限公司进行立案查处。

【查处情况】

2019 年 5 月 10 日，依据《中华人民共和国大气污染防治法》第九十九条第（三）项的规定，某县生态环境局下达了责令该公司从接到本决定书之日起立即改正违法行为的行政决定书。同时，作出了如下行政处罚：（1）将案件移送公安机关，对其直接负责的主管人员和其他直接责任人员处五日以上十日以下拘留；（2）罚款人民币 15 万元整。

【案件分析】

1. 以不正常运行大气污染防治设施逃避监管的方式排放大气污染物是本案的违法行为

根据《中华人民共和国大气污染防治法》第二十条第二款以及《中华人民共和国环境保护法》第四十二条第四款的规定，该公司在窑炉脱硫塔抽水泵未运行期间未进行喷淋作业，废气未经处理直接排入了外环境的行为，符合以“不正常运行大气污染防治设施逃避监管的方式排放大气污染物”情形。该公司负责人明知窑炉脱硫塔抽水泵无法正常运行，脱硫设施无法进行脱硫处理的情况下，未及时向生态环境主管部门报告，仍然继续生产。根据《中华人民共和国环境保护法》第六十三条之规定，通过逃避监管的方式排放污染物的行为还应移送公安机关进行处理。针对本案，尚不构成犯罪，但因其逃避监管的性质，某县生态环境局依法做出行政处罚决定后，将本案移送公安机关，建议对其直接负责的主管人员和其他直接责任人员处五日以上十日以下拘留。

2. 本案违法行为的法律适用

本案的违法行为是以“不正常运行大气污染防治设施逃避监管的方式排放大气污染物”，同时触犯了《中华人民共和国大气污染防治法》第二十条第二款和《中华人民共和国环境保护法》第四十二条第四款。同一个违法行为触犯了两部法律，可能存在法条竞合情况。经过分析，《中华人民共和国环境保护法》第六十三条的规定，对尚不构成犯罪的，除依照有关法律法规规定予以处罚外，还需要移送公安机关进行拘留。该条主要规定了需要行政拘留的违法情形，而本案违法行为属于第（三）项的情形，“有关法律法规”为《中华人民共和国大气污染防治法》第九十九条第（三）项。《中华人民共和国环境保护法》第六十三条的规定可以包含《中华人民共和国大气污染防治法》第九十九条第（三）项，所以本案应该适用《中华人民共和国环境保护法》第六十三条的规定进行处罚，即对本案违法行为进行罚款并对相关责任人员处以拘留。

【问题与启示】

1. 责令改正或限期改正违法行为是否属于行政处罚？

实践中，作出行政处罚时，往往一并作出责令改正违法行为的决定，从而导致把责令改正违法行为混淆为行政处罚种类。实际上，责令改正或限期改正违法行为不属于行政处罚种类，学理上把它作为行政机关在行使职权、履行职责时的一种常见的行政处理决定。

从法律优先的角度来看，2021 年 1 月公布的《中华人民共和国行政处罚法》第九条对行政处罚的种类进行了规定，包括六种类型，分别为（1）警告、通报批评；（2）罚款、没收违法所得、没收非法财物；（3）暂扣许可证件、降低资质等级、吊销许可证件；（4）限制开展生产经营活动、责令停产停业、责令关闭、限制从业；（5）行政拘留；（6）法律、行政法规规定的其他行政处罚。虽然新修订的《中华人民共和国行政处罚法》第二十八条规定：“行政机关实施行政处罚时，应当责令当事人改正或者限期改正违法行为”，但并不能说明“责令改正违法行为”是行政处罚类型之一。“责令改正违法行为”体现的是“处罚与教育相结合的原则”，具有事后救济性。从法院判例的角度看，根据（2018）最高法行申 4718 号判决文书，最高法从概念、性质和内容、规制角度以及形式四个方面对行政处罚和责令改正进行了分析，得出“责令改正或限期改正违法行为是与行政处罚相不同的一种行政行为”的结论，具有较强的指导意义。综上，责令改正或限期改正违法行为不属于行政处罚的种类之一。

2. “不正常运行污染防治设施”属于违法方式还是违法行为？

根据《中华人民共和国大气污染防治法》第二十条第二款，该款的违法行为是以“逃避监管的方式排放大气污染物”，而不正常运行大气污染防治设施系“以逃避监管的方式排放大气污染物”违法行为的一种表现方式。所以，“不正常运行污染防治设施”是违法方式而不是违法行为。

【条文链接】

◆《中华人民共和国环境保护法》

第四十二条 排放污染物的企业事业单位和其他生产经营者，应当采取措施，防治在生产建设或者其他活动中产生的废气、废水、废渣、医疗废物、粉尘、恶臭气体、放射性物质以及噪声、振动、光辐射、电磁辐射等对环境的污染和危害。

排放污染物的企业事业单位，应当建立环境保护责任制度，明确单位负责人和相关人员的责任。

重点排污单位应当按照国家有关规定和监测规范安装使用监测设备，保证监测设备正常运行，保存原始监测记录。

严禁通过暗管、渗井、渗坑、灌注或者篡改、伪造监测数据，或者不正常运行防治污染设施等逃避监管的方式违法排放污染物。

第六十三条 企业事业单位和其他生产经营者有下列行为之一，尚不构成犯罪的，除依照有关法律法规规定予以处罚外，由县级以上人民政府环境保护主管部门或者其他有关部门将案件移送公安机关，对其直接负责的主管人员和其他直接责任人员，处十日以上十五日以下拘留；情节较轻的，处五日以上十日以下拘留：

（一）建设项目未依法进行环境影响评价，被责令停止建设，拒不执行的；

（二）违反法律规定，未取得排污许可证排放污染物，被责令停止排污，拒不执行的；

（三）通过暗管、渗井、渗坑、灌注或者篡改、伪造监测数据，或者不正常运行防治污染设施等逃避监管的方式违法排放污染物的；

（四）生产、使用国家明令禁止生产、使用的农药，被责令改正，拒不改正的。

◆《中华人民共和国大气污染防治法》

第二十条 企业事业单位和其他生产经营者向大气排放污染物的，应当依照法律法规和国务院生态环境主管部门的规定设置大气污染物排放口。

禁止通过偷排、篡改或者伪造监测数据、以逃避现场检查为目的的临时停产、非紧急情况下开启应急排放通道、不正常运行大气污染防治设施等逃避监管的方式排放大气污染物。

第九十九条 违反本法规定，有下列行为之一的，由县级以上人民政府生态环境主管部门责令改正或者限制生产、停产整治，并处十万元以上一百万元以下的罚款；情节严重的，报经有批准权的人民政府批准，责令停业、关闭：

（一）未依法取得排污许可证排放大气污染物的；

（二）超过大气污染物排放标准或者超过重点大气污染物排放总量控制指标排放大气污染物的；

（三）通过逃避监管的方式排放大气污染物的。

◆《行政主管部门移送适用行政拘留环境违法案件暂行办法》

第七条 《环境保护法》第六十三条第三项规定的通过不正常运行防治污染设施等逃避监管的方式违法排放污染物，包括以下情形：

（一）将部分或全部污染物不经过处理设施，直接排放的；

（二）非紧急情况下开启污染物处理设施的应急排放阀门，将部分或者全部污染物直接排放的；

（三）将未经处理的污染物从污染物处理设施的中间工序引出直接排放的；

（四）在生产经营或者作业过程中，停止运行污染物处理设施的；

（五）违反操作规程使用污染物处理设施，致使处理设施不能正常发挥处理作用的；

（六）污染物处理设施发生故障后，排污单位不及时或者不按规程进行检查和维修，致使处理设施不能正常发挥处理作用的；

（七）其他不正常运行污染防治设施的情形。

◆《中华人民共和国行政处罚法》（2021 修订）

第九条　行政处罚的种类：

（一）警告、通报批评；

（二）罚款、没收违法所得、没收非法财物；

（三）暂扣许可证件、降低资质等级、吊销许可证件；

（四）限制开展生产经营活动、责令停产停业、责令关闭、限制从业；

（五）行政拘留；

（六）法律、行政法规规定的其他行政处罚。

第二十八条 行政机关实施行政处罚时，应当责令当事人改正或者限期改正违法行为。

当事人有违法所得，除依法应当退赔的外，应当予以没收。违法所得是指实施违法行为所取得的款项。法律、行政法规、部门规章对违法所得的计算另有规定的，从其规定。

四、未按照规定对所排放的工业废气和有毒有害大气污染物进行监测并保存原始监测记录

案例 19 某机电厂未按照规定对所排放的工业废气和有毒有害大气污染物进行监测案

【案情简介】

某市环境监察执法支队执法人员对某机电厂开展“双随机”执法检查时，该机电厂不能提供电镀车间、镀锌车间铬酸雾和盐酸雾废气监测报告，提供的2018年度危险废物申报表中无镀铬缠绕膜、铬酸酐桶、木板含铬沾染。2019年6月11日，某市环境监察执法支队执法人员进一步进行核实调查发现，该机电厂电镀车间、镀锌车间未对其排放的铬酸雾和盐酸雾废气进行监测，产生的镀铬缠绕膜、铬酸酐桶、木板含铬沾染危险废物未按国家规定进行申报登记。上述行为涉嫌违反《中华人民共和大气污染防治法》第二十四条第一款、《中华人民共和国固体废物污染环境防治法》第五十三条第一款的规定，某市生态环境局依法对该机电厂进行立案查处。

【查处情况】

某市生态环境局依据《中华人民共和国大气污染防治法》第一百条第（二）项、《中华人民共和国固体废物污染环境防治法》第七十五条第（二）项的规定，结合生态环境部《关于进一步规范适用环境行政处罚自由裁量权的指导意见》（环执法〔2019〕42 号）、《四川省生态环境行政处罚裁量标准》（2018 年）第 30 项和第 70 项的规定，以及该厂违法情节和危害后果，对该厂作出如下行政处罚：（1）未按照规定对所排放的工业废气和有毒有害大气污染物进行监测并保存原始监测记录的违法行为处以 2 万元罚款；（2）未按照国家规定申报登记危险废物违法行为处以 1 万元罚款。

【案件分析】

1. 未按照规定对所排放的工业废气和有毒有害大气污染物进行监测是本案的违法行为

根据《中华人民共和国大气污染防治法》第二十四条的规定，企业事业单位和其他生产经营者负有按照国家有关规定和监测规范，对其排放的工业废气和有毒有害大气污染物进行监测，并保存原始监测记录的义务。本案中，执法人员调查时发现某机电厂电镀车间、

镀锌车间未对其排放的铬酸雾和盐酸雾废气进行监测。根据生态环境部、卫健委公布的《有毒有害大气污染物名录（2018 年）》，铬及其化合物属于有毒有害大气污染物，某机电厂的行为违反了《中华人民共和国大气污染防治法》第二十四条第一款的规定，应依法予以处罚。

2. 本案的处罚是数罪并罚，而不是法条竞合

行政处罚中并没有专门对法条竞合和数罪并罚进行规定，在实践中会出现类似的情况，主要是参照适用刑法中的规定。法条竞合是指一个违法行为触犯了数个具有包容或者交叉关系的法律条文，最后只能适用一个法律条文进行处罚。数罪并罚是指对行为人实施的数个违法行为合并处罚。本案中有两个违法行为，分别是“未按照规定对所排放的工业废气和有毒有害大气污染物进行监测并保存原始监测记录”和“未按照国家规定申报登记危险废物”，两个违法行为的处罚均为罚款。所以本案的处罚不涉及法条竞合，而应数罪并罚。

【问题与启示】

1. 法律修改后，法律的溯及力问题？

溯及力，也称法律溯及既往的效力，指法律对其生效以前的行为和事件是否适用。《中华人民共和国立法法》第九十三条规定：“法律、行政法规、地方性法规、自治条例和单行条例、规章不溯及既往，但为了更好地保护公民、法人和其他组织的权利和利益而作的特别规定除外。”表明我国现行法律一般只适用于其生效后的行为和事件，不适用其生效前的行为和事件，即采取法律不溯及既往的原则。新修订的《中华人民共和国固体废物污染环境防治法》于 2020 年 9 月 1 日实施，把“未按照国家规定申报登记危险废物”修改为“未按照国家有关规定制定危险废物管理计划或者申报危险废物有关资料”。同时，也把对该项违法行为的罚款金额大大提高了，把“处一万元以上十万元以下的罚款”提高到“十万元以上一百万元以下的罚款”，加大了违法成本。依照法不溯及既往原则，在 2020 年 9 月 1 日前未进行危险废物申报登记的行为，罚款应该适用修改前的标准，即“一万元以上十万元以下”。

2. 排污单位自行监测大气污染物需要注意的事项？

根据《国家重点监控企业自行监测及信息公开办法（试行）》，企业自行监测是指企业按照环境保护法律法规要求，为掌握本单位的污染物排放状况及其对周边环境质量的影响等情况，组织开展的环境监测活动。自行监测的主体为企业事业单位和其他生产经营者，监测对象为工业废气和有毒有害大气污染物名录中所列污染物，并要求保存原始监测记录。具体监测中，企业既可以依托自有人员、场所、设备开展自行监测，也可委托其他检（监）测机构代其开展自行监测。监测技术手段上，可以采用手工监测、自动监测或者手工监测与自动监测相结合。但是，生态环境主管部门对监测指标有自动监测要求的，企业应当安装相应的自动监测设备。

3. 排污单位自行监测体系的具体内容？

为了促进监测工作有序、规范开展，国家陆续发布了排污单位自行监测的相关标准，形成了排污单位自行监测体系。2017 年公布的《排污单位自行监测技术指南 总则》（HJ 819—2017），在排污单位自行监测指南体系中属于纲领性的文件，起到统一思路和要求的作用。为提高对排污单位自行监测指导的针对性和确定性，根据行业产排污具体情况，制定了系列行业指南。如《排污单位自行监测技术指南 火力发电及锅炉》（HJ 820—2017）、《排污单位自行监测技术指南 钢铁工业及炼焦化学工业》（HJ 878—2017）、《排污单位自行监测技术指南 涂装》（HJ 1086—2020）等，涉及食品制造、涂料油墨制造、水处理、无机化学工作等行业。

4. 有毒有害大气污染物管理的具体要求？

根据《中华人民共和国大气污染防治法》第七十八条的规定，我国对大气污染物实行风险管理，生态环境部和卫健委制定有毒有害大气污染物名录的目的是推进风险管理工作。根据 2019 年公布的《有毒有害大气污染物名录（2018 年）》，生态环境部、卫健委共公布了二氯甲烷、甲醛、三氯甲烷等 11 种污染物。风险管理的责任主体为排放有毒有害大气污染物的企事业单位，其可以采取如下措施进行风险管理：一是建设预警体系，按照国家有关规定建设环境风险预警体系。二是定期监测，对排放口和周边环境进行定期监测。三是开展评估，评估环境风险、排查环境安全隐患。四是采取防范措施，即通过有效措施防范环境风险。

【条文链接】

◆ 《中华人民共和国大气污染防治法》

第二十四条 企业事业单位和其他生产经营者应当按照国家有关规定和监测规范，对其排放的工业废气和本法第七十八条规定名录中所列有毒有害大气污染物进行监测，并保存原始监测记录。其中，重点排污单位应当安装、使用大气污染物排放自动监测设备，与生态环境主管部门的监控设备联网，保证监测设备正常运行并依法公开排放信息。监测的具体办法和重点排污单位的条件由国务院生态环境主管部门规定。

重点排污单位名录由设区的市级以上地方人民政府生态环境主管部门按照国务院生态环境主管部门的规定，根据本行政区域的大气环境承载力、重点大气污染物排放总量控制指标的要求以及排污单位排放大气污染物的种类、数量和浓度等因素，商有关部门确定，并向社会公布。

第七十八条 国务院生态环境主管部门应当会同国务院卫生行政部门，根据大气污染物对公众健康和生态环境的危害和影响程度，公布有毒有害大气污染物名录，实行风险管理。

排放前款规定名录中所列有毒有害大气污染物的企业事业单位，应当按照国家有关规定建设环境风险预警体系，对排放口和周边环境进行定期监测，评估环境风险，排查环境安全隐患，并采取有效措施防范环境风险。

第一百条 违反本法规定，有下列行为之一的，由县级以上人民政府生态环境主管部门责令改正，处二万元以上二十万元以下的罚款；拒不改正的，责令停产整治：

（一）侵占、损毁或者擅自移动、改变大气环境质量监测设施或者大气污染物排放自动监测设备的；

（二）未按照规定对所排放的工业废气和有毒有害大气污染物进行监测并保存原始监测记录的；

（三）未按照规定安装、使用大气污染物排放自动监测设备或者未按照规定与生态环境主管部门的监控设备联网，并保证监测设备正常运行的；

（四）重点排污单位不公开或者不如实公开自动监测数据的；

（五）未按照规定设置大气污染物排放口的。

◆《中华人民共和国固体废物污染环境防治法》（2016年）

第七十五条 违反本法有关危险废物污染环境防治的规定，有下列行为之一的，由县级以上人民政府环境保护行政主管部门责令停止违法行为，限期改正，处以罚款：

（二）不按照国家规定申报登记危险废物，或者在申报登记时弄虚作假的；

有前款第一项、第二项、第七项、第八项、第九项、第十项、第十一项、第十二项、第十三项行为之一的，处一万元以上十万元以下的罚款；有前款第三项、第五项、第六项行为之一的，处二万元以上二十万元以下的罚款；有前款第四项行为的，限期缴纳，逾期不缴纳的，处应缴纳危险废物排污费金额一倍以上三倍以下的罚款。

◆《中华人民共和国固体废物污染环境防治法》（2020年）

第七十八条　产生危险废物的单位，应当按照国家有关规定制定危险废物管理计划；建立危险废物管理台账，如实记录有关信息，并通过国家危险废物信息管理系统向所在地生态环境主管部门申报危险废物的种类、产生量、流向、贮存、处置等有关资料。

前款所称危险废物管理计划应当包括减少危险废物产生量和降低危险废物危害性的措施以及危险废物贮存、利用、处置措施。危险废物管理计划应当报产生危险废物的单位所在地生态环境主管部门备案。

产生危险废物的单位已经取得排污许可证的，执行排污许可管理制度的规定。

第一百一十二条　违反本法规定，有下列行为之一，由生态环境主管部门责令改正，处以罚款，没收违法所得；情节严重的，报经有批准权的人民政府批准，可以责令停业或者关闭：

（二）未按照国家有关规定制定危险废物管理计划或者申报危险废物有关资料的；

有前款第一项、第二项、第五项、第六项、第七项、第八项、第九项、第十二项、第十三项行为之一，处十万元以上一百万元以下的罚款；有前款第三项、第四项、第十项、第十一项行为之一，处所需处置费用三倍以上五倍以下的罚款，所需处置费用不足二十万元的，按二十万元计算。

五、未按照规定安装大气污染物排放自动监测设备或者未按照规定与生态环境主管部门的监控设备联网，并保证监测设备正常运行

案例 20
某矸砖厂未按照规定安装大气污染物排放自动监测设备案

【案情简介】

2019 年 4 月 9 日，某市生态环境局办公室下达《关于公布 2019 年某市重点排污单位补充名单的通知》，将某矸砖厂补充纳入 2019 年重点排污单位名单。2019 年 5 月 5 日，某市生态环境局、某市经济和信息化局下发了《关于开展某市砖瓦行业企业安装在线自动监控设施和联网工作的紧急通知》，规定其应在 2019 年 9 月底完成在线监测设施的安装联网及验收工作。2019 年 5 月 29 日，某市生态环境局对其下达了《关于下达砖瓦行业安装在线自动监控设施和联网工作任务的通知》。2019 年 10 月 21 日，某市某区环境监察执法大队执法人员对该市某矸砖厂现场检查，发现该厂未按照重点排污单位管理要求安装在线自动监控设备，涉嫌违反《中华人民共和国大气污染防治法》第二十四条的规定，某区生态环境局依法对该矸砖厂进行立案查处。

【查处情况】

2019 年 12 月 25 日，依据《中华人民共和国大气污染防治法》第一百条第（三）项以及《四川省生态环境行政处罚裁量标准》（2018 年）第三十一条第（一）项的规定，某区生态环境局对该厂下达了处 3 万元罚款的行政处罚决定。

【案件分析】

重点排污单位在涉案条款的义务

《中华人民共和国大气污染防治法》第二十四条规定的重点排污单位的义务主要包括四种：一是重点排污单位应当安装、使用大气污染物排放自动监测设备；二是应与环境保护主管部门的监控设备联网，三是保证监测设备正常运行；四是依法公开排放信息。本案中，某矸砖厂在明知被列入市重点排污单位名录，且收到某市生态环境局对其下发的安装在线自动监控设施和联网工作任务通知后，仍未按照重点排污单位管理要求安装在线自动监控设备，违反了《中华人民共和国大气污染防治法》的相关规定，依法应予处罚。

【问题与启示】

1. 重点排污单位安装自动监测设备的要求？

重点排污单位是重点监管对象，《中华人民共和国大气污染防治法》对其自动监测作了特殊规定，即重点排污单位应当安装、使用大气污染物排放自动监测设备。《中华人民共和国环境保护法》第四十二条第三款规定“重点排污单位应当按照国家有关规定和监测规范安装使用监测设备，保证监测设备正常运行，保存原始监测记录。”《中华人民共和国大气污染防治法》进一步将“监测设备”明确为“自动监测设备”。自动监测，是指在污染源安装自动监控系统进行监测。自动监测设备，是指在污染源现场安装的用于监控、监测污染物排放的在线自动监测仪、流量（速）计、污染治理设施运行记录仪和数据采集传输仪器、仪表、传感器等设备，是污染防治设施的组成部分。《污染源自动监控设施运行管理办法》第八条规定，污染源自动监控设施的选型、安装、运行、审查、监测质量控制、数据采集和联网传输，应符合国家相关的标准。

2. 重点排污单位名录如何确定和公布？

重点排污单位名录由设区的市级以上地方人民政府生态环境主管部门依据本行政区域的环境承载力、环境质量改善要求和《重点排污单位名录管理规定（试行）》的筛选条件，每年商有关部门筛选污染物排放量较大、排放有毒有害污染物等具有较大环境风险的企业事业单位，确定下一年度本行政区域重点排污单位名录。

重点排污单位名录应当向社会公布。《企业事业单位环境信息公开办法》第七条规定，设区的市级人民政府环境保护主管部门应当于每年 3 月底前确定本行政区域内重点排污单位名录，并通过政府网站、报刊、广播、电视等便于公众知晓的方式公布。

【条文链接】

◆ 《中华人民共和国大气污染防治法》

第二十四条　企业事业单位和其他生产经营者应当按照国家有关规定和监测规范，对其排放的工业废气和本法第七十八条规定名录中所列有毒有害大气污染物进行监测，并保存原始监测记录。**其中，重点排污单位应当安装、使用大气污染物排放自动监测设备，与生态环境主管部门的监控设备联网，保证监测设备正常运行并依法公开排放信息。监测的具体办法和重点排污单位的条件由国务院生态环境主管部门规定。**

重点排污单位名录由设区的市级以上地方人民政府生态环境主管部门按照国务院生态环境主管部门的规定，根据本行政区域的大气环境承载力、重点大气污染物排放总量控制指标的要求以及排污单位排放大气污染物的种类、数量和浓度等因素，商有关部门确定，并向社会公布。

第一百条 违反本法规定，有下列行为之一的，由县级以上人民政府生态环境主管部门责令改正，处二万元以上二十万元以下的罚款；拒不改正的，责令停产整治：

（一）侵占、损毁或者擅自移动、改变大气环境质量监测设施或者大气污染物排放自动监测设备的；

（二）未按照规定对所排放的工业废气和有毒有害大气污染物进行监测并保存原始监测记录的；

（三）未按照规定安装、使用大气污染物排放自动监测设备或者未按照规定与生态环境主管部门的监控设备联网，并保证监测设备正常运行的；

（四）重点排污单位不公开或者不如实公开自动监测数据的；

（五）未按照规定设置大气污染物排放口的。

◆《中华人民共和国环境保护法》

第四十二条 排放污染物的企业事业单位和其他生产经营者，应当采取措施，防治在生产建设或者其他活动中产生的废气、废水、废渣、医疗废物、粉尘、恶臭气体、放射性物质以及噪声、振动、光辐射、电磁辐射等对环境的污染和危害。

排放污染物的企业事业单位，应当建立环境保护责任制度，明确单位负责人和相关人员的责任。

重点排污单位应当按照国家有关规定和监测规范安装使用监测设备，保证监测设备正常运行，保存原始监测记录。

严禁通过暗管、渗井、渗坑、灌注或者篡改、伪造监测数据，或者不正常运行防治污染设施等逃避监管的方式违法排放污染物。

案例 21 某特种化工有限公司不正常运行自动监测设备案

【案情简介】

2019 年 3 月，某特种化工有限公司烟气在线氮氧化物日均值超标，共计 6 天，某市环境监察执法支队以自动监测数据异常调查转该市某区环境监察执法大队处理。2019 年 4 月 11 日，执法人员对该公司烟气在线历史记录、现场仪器运维记录进行查询，2019 年 3 月 5 日、3 月 7 日、3 月 14 日、3 月 16 日、3 月 17 日、3 月 18 日，某特种化工有限公司烟气在线氮氧化物数据日均值超标。该公司烟气在线设备、数采仪、污染源自动监控平台显示上述时间段内日均值超标，该公司不能提供近期有效烟气在线自行比对报告和烟气在线每年计量检定合格证等相关资料。经询问，该公司年初已委托有资质单位对烟气在线进行比对，截至检查时，未开展比对。2019 年 4 月 22 日，某区环境监测站对该公司烟气在线设备进行比对，报告显示，比对不符合要求。该公司烟气设备比对不合格，涉嫌违反《中华人民共和国大气污染防治法》第二十四条第一款的规定，某市生态环境局依法对该公司进行立案查处。

【查处情况】

依据《中华人民共和国大气污染防治法》第一百条第一款第（三）项的规定和《四川省

生态环境行政处罚自由裁量标准》(2018 年)第 31 项之规定，某市生态环境局对该公司下达了处 2 万元罚款的行政处罚决定。

【案件分析】

大气污染物排放自动监测设备不正常运行是本案的违法行为

保证大气污染物排放自动监测设备的正常运行，是《中华人民共和国大气污染防治法》第二十四条规定的重点排污单位的义务之一。《污染源自动监控设施运行管理办法》第十四条也明确规定，运行单位应当保持污染源自动监控设施正常运行。保证大气污染物排放自动监测设备的正常运行可以督促企业自觉履行法定义务和社会责任，便于生态环境执法部门的日常监督管理。

本案中，某特种化工有限公司共有 6 日烟气在线氮氧化物日均值超标，后经某区环境监测站对该公司烟气在线设备进行比对，结果显示比对不合格。该公司未能保证大气污染物排放自动监测设备正常运行的行为，违法了《中华人民共和国大气污染防治法》第二十四条第一款的规定，依法应进行处罚。

【问题与启示】

1. 污染源自动监测设施正常运行需注意的事项有哪些？

污染源自动监测系统，是生态环境部门对重点企业排污状况进行实时监控的强有力武器，被称为 24 小时不下岗的“环保电子警察”。自动监测设备的运行，是指从事自动监测设备操作、维护和管理，保证设施正常运行的活动，分为委托给有资质的专业化运行单位的社会化运行和排污单位自运行两种方式。

《污染源自动监控设施运行管理办法》规定，运行单位应当保持污染源自动监控设施正常运行。污染源自动监控设施因维修、更换、停用、拆除等原因将影响设施正常运行情况的，运行单位应当事先报告县级以上环境保护行政主管部门，说明原因、时段等情况，递交人工监测方法报送数据方案；设施的维修、更换、停用、拆除等相关工作均须符合国家或地方相关的标准。污染源自动监控设施的维修、更换，必须在 48 小时内恢复自动监控设施正常运行，设施不能正常运行期间，要采取人工采样监测的方式报送数据，数据报送每天不少于 4 次，间隔不得超过 6 小时。

此外，污染源自动监控设施运行单位应按照国家或地方相关法律法规和标准要求，建立健全管理制度。主要包括：人员培训、操作规程、岗位责任、定期比对监测、定期校准维护记录、运行信息公开、设施故障预防和应急措施等制度。常年备有日常运行、维护所需的各种耗材、备用整机或关键部件。所有从事污染源自动监控设施的操作和管理人员，应当经省级环境保护行政主管部门委托的中介机构进行岗位培训，能正确、熟练地掌握有关仪器设施的原理、操作、使用、调试、维修和更换等技能。

2. 如何界定自动监测设备为“不正常运行”？

根据《污染源自动监控设施现场监督检查技术指南》，对自动监控设施不正常运行情形进行了判别，包括数据异常、仪器参数设置异常、自动监控设施状态异常三种情形。

根据《上海市固定污染源自动监测建设、联网、运维和管理有关规定》，把排污单位的以下情形视为自动监测设备不正常运行：（1）未按技术规范进行维护，环境监测部门抽检时比对监测或者使用标准物质、质控样试验结果不符合考核指标要求的；（2）排污单位生产工况、污染治理设施运行与自动监测数据相关性异常的；（3）发生故障不能正常运行，不按照规定报告的；（4）数据采集率不满足相关技术要求的；（5）其他原因造成的自动监测设备不正常运行的情况。

目前，四川省未对“不正常运行”自动监测设备的情形进行规定，因此生态环境主管部门在进行行政执法时，可参考国家和其他地方的规定，再结合相关标准规范进行综合判断。

3. 污染源自动在线监控数据作为证据在环境行政执法中的效力如何？

《环境保护部办公厅关于自动在线监控数据应用于环境行政执法有关问题的复函》（环办环监函〔2016〕1506 号）中明确：“污染源自动在线监控数据与其他有关证据共同构成证据链，可以应用于环境行政执法。”《中华人民共和国环境保护法》中规定：“重点排污单位应当按照国家有关规定和监测规范安装使用监测设备，保证监测设备正常运行，保存原始监测记录。”《中华人民共和国大气污染防治法》中进一步明确，排污单位应当对监测数据的真实性和准确性负责。中共中央办公厅、国务院办公厅印发的《关于深化环境监测改革提高环境监测数据质量的意见》明确“取消环境保护部门负责的有效性审核。重点排污单位自行开展污染源自动监测的手工比对，及时处理异常情况，确保监测数据完整有效。自动监测数据可作为环境行政处罚等监管执法的依据”。综上，污染源自动在线监控数据可以作为环境行政执法的证据。

【条文链接】

◆《中华人民共和国大气污染防治法》

第二十四条　企业事业单位和其他生产经营者应当按照国家有关规定和监测规范，对其排放的工业废气和本法第七十八条规定名录中所列有毒有害大气污染物进行监测，并保存原始监测记录。**其中，重点排污单位应当安装、使用大气污染物排放自动监测设备，与生态环境主管部门的监控设备联网，保证监测设备正常运行并依法公开排放信息。**监测的具体办法和重点排污单位的条件由国务院生态环境主管部门规定。

重点排污单位名录由设区的市级以上地方人民政府生态环境主管部门按照国务院生态环境主管部门的规定，根据本行政区域的大气环境承载力、重点大气污染物排放总量控制指标的要求以及排污单位排放大气污染物的种类、数量和浓度等因素，商有关部门确定，并向社会公布。

第一百条　违反本法规定，有下列行为之一的，由县级以上人民政府生态环境主管部门责令改正，处二万元以上二十万元以下的罚款；拒不改正的，责令停产整治：

（一）侵占、损毁或者擅自移动、改变大气环境质量监测设施或者大气污染物排放自动监测设备的；

（二）未按照规定对所排放的工业废气和有毒有害大气污染物进行监测并保存原始监测记录的；

（三）未按照规定安装、使用大气污染物排放自动监测设备或者未按照规定与生态环境主管部门的监控设备联网，并保证监测设备正常运行的；

（四）重点排污单位不公开或者不如实公开自动监测数据的；

（五）未按照规定设置大气污染物排放口的。

六、未按照规定设置大气污染物排放口

案例 22 某表面处理有限公司未按照规定设置大气污染物排放口案

【案情简介】

2017 年 7 月 18 日，某市环境监察执法支队执法人员对某市表面处理有限公司进行现场执法检查时，发现该单位镀锌车间、小件镀铬车间正在使用，其镀锌车间未配备任何废气收集装置、集中净化处理装置及排气筒设施，生产过程中产生的酸雾等大气污染物通过墙壁上的排风扇和窗户无组织排放，并产生刺激性气味。经查，某市表面处理有限公司主要从事金属表面处理（镀铬、镀镍、镀锌、镀铜）及机械加工，产生的废气主要为盐酸雾和铬酸雾，按规定应当进行集中收集处理，设置相应的排污口。但在实际情况中，该公司未在镀锌车间依法配置相应的废气收集装置、处理装置及排气筒设施。上述行为涉嫌违反《中华人民共和国大气污染防治法》第二十条第一款的规定，某市环境保护局依法对该表面处理有限公司进行立案查处。

【查处情况】

某市环境保护局依据《中华人民共和国大气污染防治法》第一百条第（五）项，结合该公司积极进行整改的态度以及违法具体情节，依法从轻处罚，责令该公司立即改正上述环境违法行为，处罚款人民币 5 万元。

【案件分析】

1. 污染物排放口的位置和数量是排污许可证记载的内容

根据《中华人民共和国环境保护法》《中华人民共和国大气污染防治法》《排污许可管理办法（试行）》等法律法规，排污许可证由正本和副本构成，正本载明基本信息，副本包括基本信息、登记事项、许可事项、承诺书等内容。排污许可证上载明的内容包括：排放污染物的种类、浓度、数量，有效期，污染物排放的方式、时间、去向，污染物排放口位置和数量，污染物的处理方式和流程，污染物排放总量控制指标、削减数量和时限等。

本案中，根据《污染源监察记录》记载的事项，某市表面处理有限公司持有排放污染物许可证，但未规定大气污染物排放标准和未记录废气排污口的情况，通过现场检查发现该公司仅有一个生产废水排放口，镀锌车间未设置任何的废气污染处理设施，产生的酸雾等大气污染物无组织排放，以上行为违反了《中华人民共和国大气污染防治法》第二十条第一款的规定。

2. “未按规定设置排污口排污”是本案的违法行为

根据《中华人民共和国大气污染防治法》第二十条第一款规定，依法设置大气污染物排放口，是向大气排放污染物的企业事业单位和其他生产经营者的义务。本案中，某市表面处理有限公司在未配备任何废气收集装置、集中净化处理装置及排气筒设施的镀锌车间进行生产，导致产生的酸雾等大气污染物无组织排放。根据询问笔录，该公司工作人员明知镀锌车间运行过程中会产生大气污染物，在该车间未设置大气污染物排放口的情况下仍在该车间进行生产，存在主观故意。行政机关应当依据《中华人民共和国大气污染防治法》第一百条第（五）项对该公司的违法行为进行处罚。

【问题与启示】

1. 设置排放口的概念

排放口，是指产生的污染物经排气筒形式排放或产生的无组织污染物经收集后集中排放的排放口，即有组织排放口。设置排放口，是指对有组织排放口的新建、改建、扩建等行为。其中新建排放口应包括首次建造或使用，以及对原来不具排放功能或弃用的排放口的使用；改建是指对已有排放口位置、排放方式等事项的重大改变；扩建是指对已有排放口排放能力的提高。

2. 设置大气污染物排放口的注意事项

排污口规范化管理一直是生态环境主管部门现场检查的重点，依照《排污口规范化整治技术要求（试行）》（环监〔1996〕470 号）、《固定源废气监测技术规范》（HJ/T 397—2007）、《固定污染源废气 低浓度颗粒物的测定 重量法》（HJ 836—2017）、《固定污染源烟气（SO_2、NO_X、颗粒物）排放连续监测技术规范》（HJ 75—2017）等有关文件要求，向环境排放污染物（废水、废气、固体废物、噪声）的排污单位的排放口，均需进行规范化整治。具体要求如下：（1）一切新建、扩建、改建和限期治理的排污单位必须在建设污染治理设施的同时建设规范化排放口。（2）排放口规范化整治要遵循便于采集样品、便于监测计量、便于日常监督管理的原则，严格按排放口规范化整治技术要求进行。采样口的设置应符合《固定源废气监测技术规范》要求并便于采样监测。采样口位置无法满足规范要求或因安全、技术原因无法设置采样口的，应由当地环境监测部门确认。无组织排放有毒有害气体的，应加装引风装置，进行收集、处理，并标明采样点。（3）污染源排放口必须按照国家颁布的有关污染物强制性排放标准的要求，设置排放口标志牌，排放口标志牌是对排污单位排放污染物实施监测采样和监督管理的法定标志。（4）排放口的位置、数量、排放方式应符合经批准的环境影响评价文件及排污许可证的要求，不得擅自变更，不得擅自停用或拆除无组织废气收集处理装置。

【条文链接】

◆《中华人民共和国大气污染防治法》

第二十条　企业事业单位和其他生产经营者向大气排放污染物的，应当依照法律法规和国务院生态环境主管部门的规定设置大气污染物排放口。

禁止通过偷排、篡改或者伪造监测数据、以逃避现场检查为目的的临时停产、非紧急情况下开启应急排放通道、不正常运行大气污染防治设施等逃避监管的方式排放大气污染物。

第一百条　违反本法规定，有下列行为之一的，由县级以上人民政府生态环境主管部门责令改正，处二万元以上二十万元以下的罚款；拒不改正的，责令停产整治：

（一）侵占、损毁或者擅自移动、改变大气环境质量监测设施或者大气污染物排放自动监测设备的；

（二）未按照规定对所排放的工业废气和有毒有害大气污染物进行监测并保存原始监测记录的；

（三）未按照规定安装、使用大气污染物排放自动监测设备或者未按照规定与生态环境主管部门的监控设备联网，并保证监测设备正常运行的；

（四）重点排污单位不公开或者不如实公开自动监测数据的；

（五）未按照规定设置大气污染物排放口的。

七、在禁燃区内新建燃用高污染燃料的设施

案例 23 某汽车制动器厂在禁燃区燃用高污染燃料案

【案情简介】

2016 年 12 月 12 日，某市环境保护局执法人员接到投诉称某汽车制动器厂环境污染后，立即安排执法人员进行核实。执法人员到现场时该厂正在生产，冲天炉使用焦煤作为燃料。根据某市人民政府办公室《关于印发〈某市高污染燃料禁燃区划定方案〉的通知》，该厂处于禁燃区内。该行为涉嫌违反《中华人民共和国大气污染防治法》第三十八条第二款的规定，某市环境保护局依法对该汽车制动器厂进行立案查处。

【查处情况】

某市环境保护局依据《中华人民共和国大气污染防治法》第一百零七条第一款和《环境保护主管部门实施查封、扣押办法》第四条的规定，对汽车制动器厂的生产设备冲天炉进行了查封，并处罚款人民币 2 万元。

【案件分析】

1. 禁燃区燃烧高污染燃料的法律适用

《中华人民共和国大气污染防治法》第三十八条规定："城市人民政府可以划定并公布高污染燃料禁燃区，并根据大气环境质量改善要求，逐步扩大高污染燃料禁燃区范围。高污染燃料的目录由国务院生态环境主管部门确定。在禁燃区内，禁止销售、燃用高污染燃料；禁止新建、扩建燃用高污染燃料的设施，已建成的，应当在城市人民政府规定的期限内改用天然气、页岩气、液化石油气、电或者其他清洁能源。"本案所在市人民政府于 2014 年 11 月根据《中华人民共和国大气污染防治法》的要求，划定了市高污染燃料禁燃区，规定在禁燃区内禁止燃烧包括原（散）煤、洗选煤、蜂窝煤、焦炭、木炭、煤矸石、煤泥，煤焦油、重油、渣油，硫含量大于 0.5%、灰分含量大于 0.01%的柴油、煤油，各种可燃废物和直接燃用的生物质燃料（树木、秸秆、锯末、稻壳、蔗渣等），硫含量大于 30 mg/m^3、灰分含量大于 20 mg/m^3 的人工煤气在内的高污染燃料。本案中，汽车制动器厂厂址所在区域位于划定的禁燃区内，其使用焦煤作为燃料的行为违反了《中华人民共和国大气污染防治法》第三十八条第二款的规定，依据《中华人民共和国大气污染防治法》第一百零七条第一款规定"违反本法规定，在禁燃区内新建、扩建燃用高污染燃料的设施，或者未按照规定停止燃用高污染燃料，或者

在城市集中供热管网覆盖地区新建、扩建分散燃煤供热锅炉，或者未按照规定拆除已建成的不能达标排放的燃煤供热锅炉的，由县级以上地方人民政府生态环境主管部门没收燃用高污染燃料的设施，组织拆除燃煤供热锅炉，并处二万元以上二十万元以下的罚款”，应当予以查处。

2. 查封的法律依据

《中华人民共和国环境保护法》第二十五条规定：“企业事业单位和其他生产经营者违反法律法规规定排放污染物，造成或者可能造成严重污染的，县级以上人民政府环境保护主管部门和其他负有环境保护监督管理职责的部门，可以查封、扣押造成污染物排放的设施、设备。”《环境保护主管部门实施查封、扣押办法》第四条规定“排污者有下列情形之一的，环境保护主管部门依法实施查封、扣押”，其中第六项明确“法律、法规规定的其他造成或者可能造成严重污染的违法排污行为”。本案中，汽车制动器厂在禁燃区内燃用高污染燃料的行为可能造成严重污染，依据《中华人民共和国环境保护法》第二十五条和《环境保护主管部门实施查封、扣押办法》第四条第（六）项，应当对该厂生产设备冲天炉实施查封。

【问题与启示】

1. 高污染燃料禁燃区如何划定？

依据《中华人民共和国大气污染防治法》第三十八条第一款：“城市人民政府可以划定并公布高污染燃料禁燃区，并根据大气环境质量改善要求，逐步扩大高污染燃料禁燃区范围。高污染燃料的目录由国务院生态环境主管部门确定。”高污染燃料禁燃区的划定主体为城市人民政府，包括直辖市、设区的市和县级市人民政府。城市人民政府在划定高污染燃料禁燃区时，应当充分考虑当地的实际情况，结合本辖区大气环境质量状况、经济发展水平、技术开发能力、能源消费结构以及人民群众的承受能力等综合因素，综合研究，科学合理划定高污染燃料禁燃区，已划定的高污染燃料禁燃区应根据城市建成区的发展不断调整划定范围。2013年，国务院《大气污染防治行动计划》要求，扩大城市高污染燃料禁燃区范围，逐步由城市建成区扩展到近郊。

2. 高污染燃料有哪些？

高污染燃料包括原（散）煤、煤矸石、粉煤、煤泥、水煤浆、型煤、燃料油（重油、渣油、重柴油等）、石油焦、油页岩、各种可燃废物、直接燃用的生物质燃料（树木、秸秆、锯末、稻壳、蔗渣等），以及除生物气化利用外其他加工成型的生物质燃料、国家规定的其他高污染燃料。根据环境保护部《关于发布〈高污染燃料目录〉的通知》（国环规大气〔2017〕2号），按照控制严格程度，将禁燃区内禁止燃用的燃料组合分为 I 类（一般）、II 类（较严）和 III 类（严格）。其中，I 类包括：单台出力小于 20 蒸吨/小时的锅炉和民用燃煤设备燃用的含硫量大于 0.5%、灰分大于 10%的煤炭及其制品；石油焦、油页岩、原油、重油、渣油、煤焦油。II 类包括：除单台出力大于等于 20 蒸吨/小时锅炉以外燃用的煤炭及其制品；石油焦、油页岩、原油、重油、渣油、煤焦油。III 类包括：煤炭及其制品；石油焦、油页岩、原油、重油、渣油、煤焦油；非专用锅炉或未配置高效除尘设施的专用锅炉燃用的生物质成型燃料。城市人民政府根据大气环境质量改善要求、能源消费结构、经济承受能力，在禁燃区管理中，因地制宜选择其中一类。

【条文链接】

◆《中华人民共和国大气污染防治法》

第三十八条 城市人民政府可以划定并公布高污染燃料禁燃区，并根据大气环境质量改善要求，逐步扩大高污染燃料禁燃区范围。高污染燃料的目录由国务院生态环境主管部门确定。

在禁燃区内，禁止销售、燃用高污染燃料；禁止新建、扩建燃用高污染燃料的设施，已建成的，应当在城市人民政府规定的期限内改用天然气、页岩气、液化石油气、电或者其他清洁能源。

第一百零七条 违反本法规定，在禁燃区内新建、扩建燃用高污染燃料的设施，或者未按照规定停止燃用高污染燃料，或者在城市集中供热管网覆盖地区新建、扩建分散燃煤供热锅炉，或者未按照规定拆除已建成的不能达标排放的燃煤供热锅炉的，由县级以上地方人民政府生态环境主管部门没收燃用高污染燃料的设施，组织拆除燃煤供热锅炉，并处二万元以上二十万元以下的罚款。

违反本法规定，生产、进口、销售或者使用不符合规定标准或者要求的锅炉，由县级以上人民政府市场监督管理、生态环境主管部门责令改正，没收违法所得，并处二万元以上二十万元以下的罚款。

◆《环境保护主管部门实施查封、扣押办法》

第四条 排污者有下列情形之一的，环境保护主管部门依法实施查封、扣押：

（一）违法排放、倾倒或者处置含传染病病原体的废物、危险废物、含重金属污染物或者持久性有机污染物等有毒物质或者其他有害物质的；

（二）在饮用水水源一级保护区、自然保护区核心区违反法律法规规定排放、倾倒、处置污染物的；

（三）违反法律法规规定排放、倾倒化工、制药、石化、印染、电镀、造纸、制革等工业污泥的；

（四）通过暗管、渗井、渗坑、灌注或者篡改、伪造监测数据，或者不正常运行防治污染设施等逃避监管的方式违反法律法规规定排放污染物的；

（五）较大、重大和特别重大突发环境事件发生后，未按照要求执行停产、停排措施，继续违反法律法规规定排放污染物的；

（六）法律、法规规定的其他造成或者可能造成严重污染的违法排污行为。

有前款第一项、第二项、第三项、第六项情形之一的，环境保护主管部门可以实施查封、扣押；已造成严重污染或者有前款第四项、第五项情形之一的，环境保护主管部门应当实施查封、扣押。

◆《关于发布〈高污染燃料目录〉的通知》（国环规大气〔2017〕2号）

各省、自治区、直辖市环境保护厅（局），新疆生产建设兵团环境保护局：

为改善城市大气环境质量，根据全国人大常委会2015年8月29日修订通过的《中华人民共和国大气污染防治法》第三十八条规定，我部组织编制了《高污染燃料目录》(见附件)，现予发布。本目录自发布之日起实施。原国家环境保护总局2001年发布的《关于划分高污染燃料的规定》(环发〔2001〕37号)同时废止。

附件：高污染燃料目录

环境保护部

2017年3月27日

高污染燃料目录

一、为改善城市大气环境质量，根据全国人大常委会2015年8月29日修订通过的《中华人民共和国大气污染防治法》第三十八条规定，制定本目录。

二、本目录所指燃料是根据产品品质、燃用方式、环境影响等因素确定的需要强化管理的燃料，仅适用于城市人民政府依法划定的高污染燃料禁燃区（以下简称禁燃区）的管理，不作为禁燃区外燃料的禁燃管理依据。

三、按照控制严格程度，将禁燃区内禁止燃用的燃料组合分为I类（一般）、II类（较严）和III类（严格）。城市人民政府根据大气环境质量改善要求、能源消费结构、经济承受能力，在禁燃区管理中，因地制宜选择其中一类（见表1）。

表1　禁燃区内禁止燃用的燃料组合类别

<table>
<tr><th>类别</th><th colspan="3">燃　料　种　类</th></tr>
<tr><td>I类</td><td>单台出力小于20蒸吨/小时的锅炉和民用燃煤设备燃用的含硫量大于0.5%、灰分大于10%的煤炭及其制品（其中，型煤、焦炭、兰炭的组分含量大于表2中规定的限值）</td><td rowspan="3">石油焦、油页岩、原油、重油、渣油、煤焦油</td><td rowspan="2">—</td></tr>
<tr><td>II类</td><td>除单台出力大于等于20蒸吨/小时锅炉以外燃用的煤炭及其制品</td></tr>
<tr><td>III类</td><td>煤炭及其制品</td><td>非专用锅炉或未配置高效除尘设施的专用锅炉燃用的生物质成型燃料</td></tr>
</table>

表2　部分煤炭制品的组分含量限值

燃料种类	含硫量（$S_{t,d}$）	灰分（A_d）	挥发分（V_{daf}）
型煤	0.5%	-	12.0%
焦炭	0.5%	10.0%	5.0%
兰炭	0.5%	10.0%	10.0%

（一）I类

1. 单台出力小于20蒸吨/小时的锅炉和民用燃煤设备燃用的含硫量大于0.5%、灰分大于10%的煤炭及其制品（其中，型煤、焦炭、兰炭的组分含量大于表2中规定的限值）。

2. 石油焦、油页岩、原油、重油、渣油、煤焦油。

（二）II 类

1. 除单台出力大于等于 20 蒸吨/小时锅炉以外燃用的煤炭及其制品。

2. 石油焦、油页岩、原油、重油、渣油、煤焦油。

（三）III 类

1. 煤炭及其制品。

2. 石油焦、油页岩、原油、重油、渣油、煤焦油。

3. 非专用锅炉或未配置高效除尘设施的专用锅炉燃用的生物质成型燃料。

四、本目录规定的是生产和生活使用的煤炭及其制品（包括原煤、散煤、煤矸石、煤泥、煤粉、水煤浆、型煤、焦炭、兰炭等）、油类等常规燃料。

五、本目录由环境保护部负责解释。

六、本目录自发布之日起实施，原国家环境保护总局 2001 年发布的《关于划分高污染燃料的规定》（环发〔2001〕37 号）同时废止。

八、产生含挥发性有机物废气的生产和服务活动，未在密闭空间或者设备中进行

案例 24 某建设工程有限公司西南分公司产生含挥发性有机物废气的生产和服务活动，未在密闭空间或者设备中进行案

【案情简介】

2020 年 4 月 16 日，接群众信访投诉，反映某建设工程有限公司西南分公司废气扰民，某市生态环境局立即安排执法人员开展现场调查。调查发现，该公司生产车间西北侧区域堆放有大量已经完成喷漆的网架杆件，表面已完全干燥，地面上有大量明显的喷漆痕迹，该区域内摆放有 1 台喷漆设备、1 个喷枪及使用的水性丙烯酸防锈漆，现场堆放有已经使用完成的和还未使用的桶装水性漆，现场无喷漆房等密闭的空间或设备。该公司的行为涉嫌违反《中华人民共和国大气污染防治法》第四十五条的规定，某市生态环境局依法对该公司进行立案查处。

【查处情况】

2020 年 7 月 6 日，按照《中华人民共和国大气污染防治法》第一百零八条第（一）项的规定，某市生态环境局对该公司下达了立即改正违法行为并处 2 万元罚款的行政处罚决定书。

【案件分析】

产生含挥发性有机物废气的生产活动，未在密闭空间或者设备中进行是本案的违法行为

《中华人民共和国大气污染防治法》第四十五条明确规定，产生含挥发性有机物废气的生产和服务活动，应当在密闭空间或者设备中进行，并按照规定安装、使用污染防治设施；无法密闭的，应当采取措施减少废气排放。本案中，某建设工程有限公司西南分公司为赶工期在车间进行网架杆件喷漆作业，生产过程中产生挥发性有机废气，针对产生的废气，该公司未在密闭的空间进行作业，也未采取收集处理措施。此外，该公司明知不能从事喷漆，仍进行喷漆作业，存在主观故意。行政机关应当依据《中华人民共和国大气污染防治法》第一百零八条第（一）项的规定进行处罚。

【问题与启示】

1. 适用《中华人民共和国大气污染防治法》第一百零八条第（一）项处罚的情形有哪些？

浙江省生态环境厅编制的《浙江省重点行业挥发性有机物无组织排放控制标准执行情况监督管理和现场检查指南》，规定了适用《中华人民共和国大气污染防治法》第一百零八条第（一）项处罚条款的六种情形：

（1）要求密闭但实际未进行密闭；要求收集处理但实际直接排放；要求密闭或采取其他控制措施，但实际既未密闭，也未采取控制措施。

（2）废气采用外部排风罩（集气罩）收集时，在距排风罩开口面最远处的 VOCs（挥发性有机物）无组织排放位置，控制风速未达到 0.3 m/s（行业相关规范有具体规定的，按相关规定执行）。

（3）废气收集系统的输送管道，未采用负压状态，或者正压状态时的泄漏检测值超过 500 μ mol/mol。

（4）对于设备与管线组件 VOCs 泄漏控制，如发现下列情况之一，属于违法行为，依照法律法规等有关规定予以处理：a）企业密封点数量超过 2000 个（含），但未开展 LDAR（泄漏检测与修复）工作的；b）未按规定的频次、时间进行 LDAR 的；c）现场随机抽查，在检测不超过 100 个密封点的情况下，发现有 2 个以上（不含）不在修复期内的密封点出现可见泄漏现象或超过泄漏认定浓度的。是否按照规定的频次和时间开展 LDAR 工作，应该根据台账资料进行认定。

（5）未按规定配置 VOCs 处理设施的（收集的废气中 NMHC[非甲烷总烃]初始排放速率=2kg/h 时，应配置 VOCs 处理设施，处理效率不应低于 80%；采用的原辅材料符合国家有关低 VOCs 含量产品规定的除外）。特别是 NMHC 初始排放速率达到 2kg/h 的企业如存在以下典型情况，可初步认定为处理效率达不到 80%：采用光催化、低温等离子等低效技术的，采用一次性活性炭吸附技术但未及时更换的，空气喷涂废气即使采用吸附浓缩—燃烧技术但仅采用水喷淋、一道初效过滤等简易方式进行漆雾预处理的，非水溶性 VOCs 废气采用喷淋吸收技术的。

（6）VOCs 废气收集处理系统未与生产工艺设备同步运行的情形（VOCs 废气收集处理系统发生故障或检修时，对应的生产工艺设备应停止运行，待检修完毕后同步投入使用；生产工艺设备不能停止运行或不能及时停止运行的，应设置废气应急处理设施或采取其他替代措施）。

2.《挥发性有机物无组织排放控制标准》（GB 37822—2019）的主要内容与意义？

2019 年 5 月 29 日生态环境部发布《挥发性有机物无组织排放控制标准》（GB 37822—2019），要求新建企业于 2019 年 7 月 1 日正式实施，现有企业于 2020 年 7 月 1 日正式执行该标准。该标准规定了 VOCs 物料储存、转移和输送无组织排放控制要求，工艺过程 VOCs 无组织排放控制要求，企业厂区内及周边污染监控要求等内容，涵盖了涂料、油墨、胶粘剂、清洗剂等生产、运输、使用企业。该标准为首次发布，对于加强对 VOCs 无组织排放的控制和管理，防治环境污染，改善环境质量具有重要意义。

【条文链接】

◆《中华人民共和国大气污染防治法》

第四十五条 产生含挥发性有机物废气的生产和服务活动，应当在密闭空间或者设备中进行，并按照规定安装、使用污染防治设施；无法密闭的，应当采取措施减少废气排放。

第一百零八条 违反本法规定，有下列行为之一的，由县级以上人民政府生态环境主管部门责令改正，处二万元以上二十万元以下的罚款；拒不改正的，责令停产整治：

（一）产生含挥发性有机物废气的生产和服务活动，未在密闭空间或者设备中进行，未按照规定安装、使用污染防治设施，或者未采取减少废气排放措施的；

（二）工业涂装企业未使用低挥发性有机物含量涂料或者未建立、保存台账的；

（三）石油、化工以及其他生产和使用有机溶剂的企业，未采取措施对管道、设备进行日常维护、维修，减少物料泄漏或者对泄漏的物料未及时收集处理的；

（四）储油储气库、加油加气站和油罐车、气罐车等，未按照国家有关规定安装并正常使用油气回收装置的；

（五）钢铁、建材、有色金属、石油、化工、制药、矿产开采等企业，未采取集中收集处理、密闭、围挡、遮盖、清扫、洒水等措施，控制、减少粉尘和气态污染物排放的；

（六）工业生产、垃圾填埋或者其他活动中产生的可燃性气体未回收利用，不具备回收利用条件未进行防治污染处理，或者可燃性气体回收利用装置不能正常作业，未及时修复或者更新的。

九、未按规定安装、使用污染防治设施

案例 25 某制盖有限公司未按照规定使用挥发性有机物废气污染防治设施案

【案情简介】

2018 年 8 月 21 日，某市环境保护局对某制盖有限公司进行现场检查时发现，该公司挥发性有机物废气污染防治设施的轴流风机损坏后被擅自拆除，设施停运。但产生挥发性有机废气的六色卡夫机依然处于生产状态，挥发性有机废气未收集至处理设施进行处置即外排。该行为涉嫌违反《中华人民共和国大气污染防治法》第四十五条的规定，某市环境保护局依法对该公司进行立案查处。

【查处情况】

某市环境保护局根据相关法律规定，责令该公司改正环境违法行为，并依据《中华人民共和国大气污染防治法》第一百零八条第（一）项的规定，对该公司未按照规定使用挥发性有机物废气污染防治设施的行为处以罚款 6 万元。

【案件分析】

1. 出现法条竞合时，应适用特别条款

根据特殊优于一般的原则，同一法律中出现了特别规定与一般规定，应适用特别规定。《中华人民共和国大气污染防治法》第二十条规定了不正常运行大气污染防治设施的情形，第四十五条规定了产生含挥发性有机物废气的生产和服务活动，未按规定安装、使用污染防治设施的情形，属于特别条款。因此本案中，针对某制盖有限公司不正常运行挥发性有机物废气污染防治设施的行为，应当以《中华人民共和国大气污染防治法》第四十五条对应的罚则《中华人民共和国大气污染防治法》第一百零八条对其进行处罚。

2. 涉案条款的主要违法情形

根据《中华人民共和国大气污染物防治法》第四十五条，违法行为主要有以下四种情形：一是产生含挥发性有机物废气的生产服务活动的，但企业未在密闭空间或设备中进行；二是企业对产生的含挥发性有机物废气未收集，也未安装污染防治设施；三是企业不正常使用挥发性有机物废气污染防治设施；四是企业生产活动虽然无法密闭，但也未依据规定采取措施减少废气排放等。

本案中，某制盖有限公司在生产活动中主要产生注塑废气等挥发性有机物废气，应当安装运行污染防治设施，但实际上该公司在污染防治设施损坏后擅自停运，产生的挥发性有机废气未收集至处理设施进行处置即外排，属于第二种违法情形，应当对其追究法律责任。

【问题与启示】

1. 何为“挥发性有机物”？

根据《挥发性有机物无组织排放控制标准》（GB 37822—2019），挥发性有机物指参与大气光化学反应的有机化合物，或者根据有关规定确定的有机化合物。

2. 何为“无组织排放”？

大气污染物不经过排气筒的无规则排放，包括开放式作业场所逸散，以及通过缝隙、通风口、敞开门窗和类似开口（孔）的排放等。

3. 何为“密闭空间”？

利用完整的围护结构将污染物质、作业场所等与周围空间阻隔所形成的封闭区域或封闭式建筑物。该封闭区域或封闭式建筑物除人员、车辆、设备、物料进出时，以及依法设立的排气筒、通风口外，门窗及其他开口（孔）部位应随时保持关闭状态。

4. 如何判断生产活动是否可以在“密闭空间”中进行？

《中华人民共和国大气污染防治法》第四十五条仅作了原则性规定，具体执行可以参照地方性法规或者地方政府规章的有关规定。

例如，《安徽省大气污染防治条例》第四十五条明确规定了石油炼制与石油化工、煤炭加工与转化等含挥发性有机物原料的生产燃油、溶剂的储存、运输和销售等行业应当按照国家规定在密闭空间或者设备中进行；《江苏省大气污染防治条例》第三十八条提到了造船属于无法在密闭空间进行的生产经营活动，应当采取有效措施，减少挥发性有机物排放。

目前四川省未对“无法密闭”的生产活动进行规定，因此生态环境主管部门在进行现场检查时，可参考环评及批复文件的要求，再结合相关标准规范进行综合判断。

【条文链接】

◆ **《中华人民共和国大气污染防治法》**

第四十五条　产生含挥发性有机物废气的生产和服务活动，应当在密闭空间或者设备中进行，并按照规定安装、使用污染防治设施；无法密闭的，应当采取措施减少废气排放。

第一百零八条 违反本法规定，有下列行为之一的，由县级以上人民政府生态环境主管部门责令改正，处二万元以上二十万元以下的罚款；拒不改正的，责令停产整治：

（一）产生含挥发性有机物废气的生产和服务活动，未在密闭空间或者设备中进行，未按照规定安装、使用污染防治设施，或者未采取减少废气排放措施的；

（二）工业涂装企业未使用低挥发性有机物含量涂料或者未建立、保存台账的；

（三）石油、化工以及其他生产和使用有机溶剂的企业，未采取措施对管道、设备进行日常维护、维修，减少物料泄漏或者对泄漏的物料未及时收集处理的；

（四）储油储气库、加油加气站和油罐车、气罐车等，未按照国家有关规定安装并正常使用油气回收装置的；

（五）钢铁、建材、有色金属、石油、化工、制药、矿产开采等企业，未采取集中收集处理、密闭、围挡、遮盖、清扫、洒水等措施，控制、减少粉尘和气态污染物排放的；

（六）工业生产、垃圾填埋或者其他活动中产生的可燃性气体未回收利用，不具备回收利用条件未进行防治污染处理，或者可燃性气体回收利用装置不能正常作业，未及时修复或者更新的。

十、工业涂装企业未建立、保存台账

案例 26 某家居有限公司未建立和保存涂料台账案

【案情简介】

2019 年 5 月 29 日，某县生态环境局执法人员对某家居有限公司进行现场调查时，发现该公司底漆喷涂车间内，底漆车间工人漆某正在进行喷漆作业，且底漆喷涂房未关闭，底漆喷涂车间内污染治理设施正常运行。同时，还发现该家居有限公司未建立喷涂原料、辅料使用情况及去向登记台账。该家居有限公司的上述行为涉嫌违反《中华人民共和国大气污染防治法》第四十五条和第四十六条的规定，某县生态环境局依法对该家居有限公司进行立案查处。

【查处情况】

某县生态环境局依据《中华人民共和国大气污染防治法》第一百零八条第（二）项、《四川省生态环境行政处罚裁量标准》（2018 年）第 38 条及《关于进一步规范适用环境行政处罚自由裁量权的指导意见》（环执法〔2019〕42 号）第十三条第三款第（二）项的规定，对该公司处以如下行政处罚：（1）对该公司未建立和保存涂料台账的违法行为实施人民币 2 万元罚款；（2）对该公司底漆喷涂车间未密闭作业的违法行为免予处罚。

【案件分析】

1. 准确认定“工业涂装”企业

《涂装技术术语》（GB/T 8264—2008）中 2.4 规定，涂装是指将涂料涂覆于基底表面形成具有防护、装饰或特定功能的涂层过程，又叫涂料施工。只要存在工业涂装工艺的企业都算是工业涂装企业，工业涂装工艺主要是指使用含有挥发性有机物的涂料等对待处理的材料或产品表面进行喷涂处理，以达到防腐、防腐蚀、装饰美观的目的而进行的工艺。本案中，执法人员现场检查时，该公司底漆车间工人正在进行喷漆作业，表明该公司存在工业涂装工艺，故该公司属于工业涂装企业。执法人员检查过程中发现该公司未建立喷涂原料、辅料使用情况及去向登记台账的违法行为，适用《中华人民共和国大气污染防治法》第四十六条：“工业涂装企业应当使用低挥发性有机物含量的涂料，并建立台账，记录生产原料、辅料的使用量、废弃量、去向以及挥发性有机物含量，台账保存期限不得少于三年。”的规定。

2. “免予处罚”的认定

本案中，根据执法人员调查和取得的证据显示，该公司底漆喷涂车间未密闭作业仅有3~5分钟左右，时间短暂，在执法人员指出问题后立即改正了违法行为；底漆漆房使用的漆属水性漆，根据《建设项目环境影响报告表》所示该水性漆产生的挥发性有机废气极少，且检查时底漆漆房VOCs治理设施都保持正常运行，现场未发现造成较明显的环境污染。根据生态环境部《关于进一步规范适用环境行政处罚自由裁量权的指导意见》（环执法〔2019〕42号）第（十三）款第3点：有以下情形之一的，可以免予处罚：违法时间较短、污染小，且当日完成整改的。因此可以对该公司未在密闭空间内从事产生含挥发性有机物废气的生产和服务活动的违法行为免予处罚，但应要求该公司对该违法行为深刻检讨，对公司相关负责人员严肃处理，杜绝同类问题再次发生。

【问题与启示】

1. 为何要建立挥发性有机物台账管理制度？

建立挥发性有机物台账管理制度有助于理清企业涉及原辅材料、生产经营、末端治理全过程挥发性有机物的“一本账”，帮助企业估算各生产环节排放挥发性有机物的量。而根据产品和排放口的挥发性有机物含量，可判断各生产环节是否有挥发性有机物的泄漏和逸散的情况发生，有效地减少企业物料损失，避免挥发性有机物污染事故发生。同时，企业建立科学、有效的台账管理制度，还有助于生态环境部门的监管。根据企业管控台账制度执行情况，生态环境部门可以判断企业所用原材料和辅料的质量是否符合规定，是否能有效地预防挥发性有机物污染事件的发生，从而增加对企业的信任，有利于改善监管与被监管的关系，切实降低污染物的排放。

2. 哪些情形可以免予行政处罚？

生态环境部《关于进一步规范适用环境行政处罚自由裁量权的指导意见》（环执法〔2019〕42号）第（十三）款第3点规定：有下列情形之一的，可以免予处罚。

（1）违法行为（如“未批先建”）未造成环境污染后果，且企业自行实施关停或者实施停止建设、停止生产等措施的；

（2）违法行为持续时间短、污染小（如“超标排放水污染物不超过2小时，且超标倍数小于0.1倍、日污水排放量小于0.1吨的”；又如“不规范贮存危险废物时间不超过24小时、数量小于0.01吨，且未污染外环境的”）且当日完成整改的；

（3）其他违法行为轻微并及时纠正，没有造成危害后果的。

3. 工业涂装企业检查要点有哪些？

现场按照源项开展检查，包括原辅料环节、涉VOCs无组织排放环节、涉VOCs有组织排放环节和台账环节，各环节主要检查内容见图2.1。

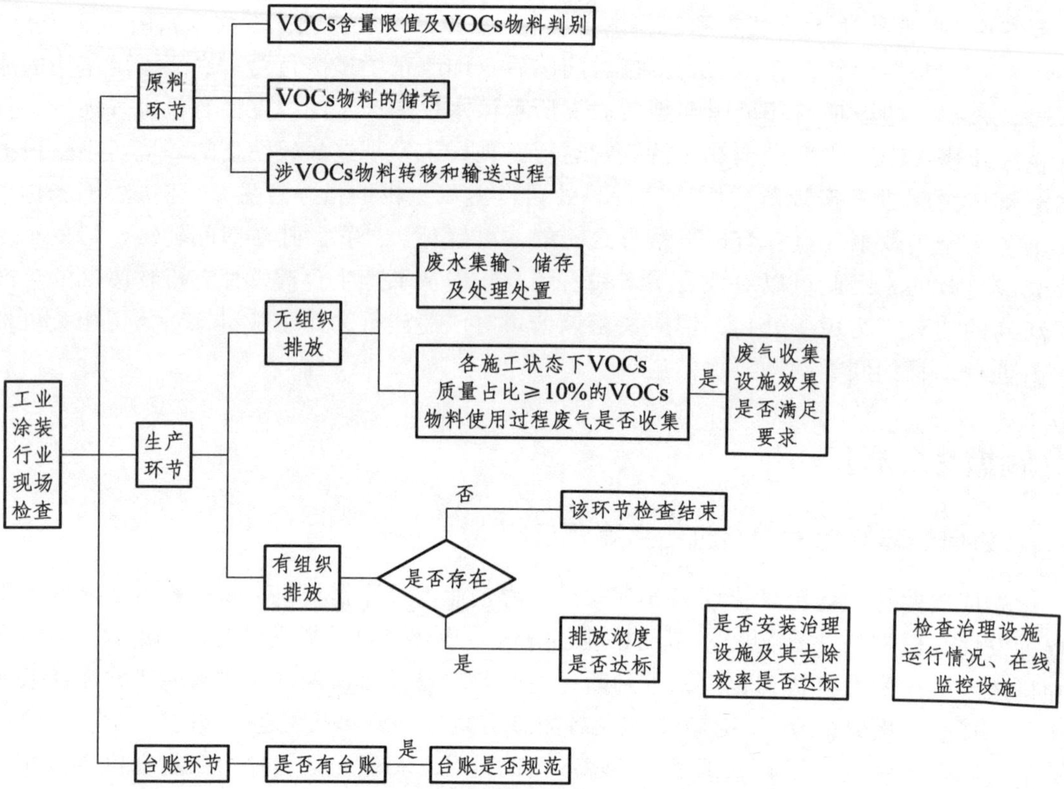

图 2.1　工业涂装主要检查环节图解

【条文链接】

◆《中华人民共和国大气污染防治法》

第四十五条　产生含挥发性有机物废气的生产和服务活动，应当在密闭空间或者设备中进行，并按照规定安装、使用污染防治设施；无法密闭的，应当采取措施减少废气排放。

第四十六条　工业涂装企业应当使用低挥发性有机物含量的涂料，并建立台账，记录生产原料、辅料的使用量、废弃量、去向以及挥发性有机物含量。台账保存期限不得少于三年。

第一百零八条　违反本法规定，有下列行为之一的，由县级以上人民政府生态环境主管部门责令改正，处二万元以上二十万元以下的罚款；拒不改正的，责令停产整治：

（一）产生含挥发性有机物废气的生产和服务活动，未在密闭空间或者设备中进行，未按照规定安装、使用污染防治设施，或者未采取减少废气排放措施的；

（二）工业涂装企业未使用低挥发性有机物含量涂料或者未建立、保存台账的；

（三）石油、化工以及其他生产和使用有机溶剂的企业，未采取措施对管道、设备进行日常维护、维修，减少物料泄漏或者对泄漏的物料未及时收集处理的；

（四）储油储气库、加油加气站和油罐车、气罐车等，未按照国家有关规定安装并正常使用油气回收装置的；

（五）钢铁、建材、有色金属、石油、化工、制药、矿产开采等企业，未采取集中收集处理、密闭、围挡、遮盖、清扫、洒水等措施，控制、减少粉尘和气态污染物排放的；

（六）工业生产、垃圾填埋或者其他活动中产生的可燃性气体未回收利用，不具备回收利用条件未进行防治污染处理，或者可燃性气体回收利用装置不能正常作业，未及时修复或者更新的。

◆《关于进一步规范适用环境行政处罚自由裁量权的指导意见》（环执法〔2019〕42号）

（十三）裁量的特殊情形。

1. 有下列情形之一的，可以从重处罚。

（1）两年内因同类环境违法行为被处罚3次（含3次）以上的；

（2）重污染天气预警期间超标排放大气污染物的；

（3）在案件查处中对执法人员进行威胁、辱骂、殴打、恐吓或者打击报复的；

（4）环境违法行为造成跨行政区域环境污染的；

（5）环境违法行为引起不良社会反响的；

（6）其他具有从重情节的。

2. 有下列情形之一的，应当依法从轻或者减轻行政处罚。

（1）主动消除或者减轻环境违法行为危害后果的；

（2）受他人胁迫有环境违法行为的；

（3）配合生态环境部门查处环境违法行为有立功表现的；

（4）其他依法从轻或者减轻行政处罚的。

3. 有下列情形之一的，可以免予处罚。

（1）违法行为（如“未批先建”）未造成环境污染后果，且企业自行实施关停或者实施停止建设、停止生产等措施的；

（2）违法行为持续时间短、污染小（如“超标排放水污染物不超过2小时，且超标倍数小于0.1倍、日污水排放量小于0.1吨的”；又如“不规范贮存危险废物时间不超过24小时、数量小于0.01吨，且未污染外环境的”）且当日完成整改的；

（3）其他违法行为轻微并及时纠正，没有造成危害后果的。

十一、未按国家规定安装并正常使用油气回收装置

案例 27
某加油站未按照国家有关规定正常使用油气回收装置案

【案情简介】

2019 年 11 月 13 日，某环境监察执法大队执法人员对某加油站进行 VOCs 专项执法检查，并由某生态环境局委托某检测技术有限公司按照技术规范对该加油站油气回收装置进行了监督性监测，监测项目为油气回收系统的液阻、密闭性、气液比。现场检查及监督性监测时，该加油站正常运营，管理人员廖某某全程陪同执法人员检查及监督性监测，并在第三方《加油站油气回收系统检测记录》上签字确认。某检测技术有限公司针对本次监督性监测出具的监测报告显示：该加油站加油枪编号 2、6、7、8 对应的油气回收装置气液比检测结果不达标，该加油站油气回收装置检测结果不合格。该加油站的上述行为涉嫌违反《中华人民共和国大气污染防治法》第四十七条第二款的规定，某生态环境局依法对该加油站进行立案查处。

【查处情况】

某生态环境局依据《中华人民共和国大气污染防治法》第一百零八条第（四）项的规定，对该加油站下达了处罚款 3 万元的行政决定。

【案件分析】

1. 油气回收装置气液比是判断加油站是否正常使用油气回收装置的指标之一

本案是一起加油站不正常使用油气回收装置的案件。加油站油气回收的气液比是指汽油加油枪出油量与加油枪回气量的比，也是衡量站内二级油气回收系统是否正常工作的重要指标，加油枪气液比不符合规定将会产生挥发性有机物等有害气体，严重污染大气环境，危害人体健康。根据《加油站大气污染物排放标准》（GB 20952—2007）的要求，加油站油气回收装置气液比应在 1.0 ~ 1.2 范围内。检测公司对该加油站进行现场采样监测，依据 GB 20952—2007 附录 C 气液比检测方法进行计算，其加油枪编号 2、6、7、8 对应的油气回收装置气液比检测结果分别为 1.41、1.50、1.22、1.22，未在 1.0 ~ 1.2 范围内，该加油站油气回收装置气液比不达标，说明该加油站未按照国家有关规定保持油气回收装置正常使用。

2. 未按照国家有关规定正常使用油气回收装置的法律适用

《中华人民共和国大气污染防治法》第四十七条第二款规定："储油储气库、加油加气站、

原油成品油码头、原油成品油运输船舶和油罐车、气罐车等，应当按照国家有关规定安装油气回收装置并保持正常使用。”违反该规定，未按照国家有关规定安装并正常使用油气回收装置的，依据《中华人民共和国大气污染防治法》第一百零八条第（四）项，由县级以上人民政府生态环境主管部门责令改正，处二万元以上二十万元以下的罚款；拒不改正的，责令停产整治。本案中，加油枪编号 2、6、7、8 对应的油气回收装置气液比检测结果不达标，油气回收装置检测结果不合格，依据《中华人民共和国大气污染防治法》第一百零八条第（四）项进行处罚，法律适用恰当。

【问题与启示】

1. 油气回收主要检测项目及标准有哪些？

一是加油站，加油机向汽车油箱加油时，将加油时挥发出来的油气回收到储油罐中，也称为二次油气回收系统。加油站油气回收检测项目主要有处置装置油气排放浓度、排放口高度及油气回收系统的管线液阻、密闭性压力、液气比等，以上项目需满足《加油站大气污染物排放标准》（GB 20952—2020）要求。

二是储油库，加油站油罐中的油气会因罐压升高等因素被排放到大气中，造成环境污染。将其在达到一定压力时由原来的泄放到大气中改为通过压力和过滤膜等技术，把油气自动压成油回到油罐，而将空气排放到大气中，从而达到环保和节能的双重功效，这也称为三次油气回收系统。储油库检测项目主要有油气密闭收集系统的气体泄露体积分数浓度、油气回收处理装置的油气排放浓度和处理效率及排放口高度、汽油泄漏量、油气收集系统压力等，以上项目需满足《储油库大气污染物排放标准》（GB 20950—2020）要求。

三是油罐车，在油罐车装卸油料的过程中，实现全封闭气体回收，限制油气向大气中排放。油罐车通过卸油管路卸油的同时，加油站油罐中的汽油通过回收管路回到油罐车内。油罐车将油气带回油库进行处理，也称一次油气回收。油罐车检测项目主要有油气回收系统密闭性检测压力变动值、油气回收管线气动阀门密闭性检测压力变动值等，以上项目需满足《汽油运输大气污染物排放标准》（GB 20951—2007）要求。

2. 如何认定加油站不正常使用油气回收装置？

针对如何确保油气回收装置的正常使用，执法人员在实践中不断摸索，总结出几种油气回收装置不正常使用违法行为的认定情况。

一是油气回收装置停用。不管是分散式还是集中式油气回收装置，必须保持开机状态，在油库卸油和加油枪加油时自动启动将油气进行回收。在执法检查中发现有 3 种停用情况：（1）回收装置未连接电源或保险丝等部件损坏无法开机。现场检查可以发现无论是否正在加油作业，真空泵都未工作。对于分散式的回收装置，一般一个汽油机配两把加油枪，配套安装一套油气回收装置，执法过程中也曾发现回收装置只随某单把加油枪自动启动，执法人员应逐一进行检查。（2）胶管、皮带等断裂。胶管、皮带等部件断裂情况下，回收泵“干转”也无法进行正常油气回收工作。（3）阀门未正常开启。分散式油气回收装置装配两个阀门，正常情况下应保持油气回收真空泵下端的阀门处于开启状态，测试液阻的堵头处阀门处于关闭状态。阀门开启状态不符，回收装置也处于空转状态。

二是油气回收装置跑冒滴漏。油气回收接头、加油枪上的集气罩等应保持完好，破裂或密封不严都直接影响回收效果。

三是未按技术规范操作。加油或卸油时应按照操作规范进行，加油枪集气罩应紧密罩住油箱口，卸油时应先连接卸油胶管和油气回收胶管，然后打开油罐车油气回收阀门和卸油口油气回收阀门，再开启油罐车卸油阀门卸油。违反操作规范属于不正常使用回收装置。

3. 社会环境监测机构出具监测报告能否作为行政执法管理依据？

2017 年，四川省环境保护厅就社会环境监测机构出具监测报告能否作为行政执法管理依据，向环境保护部进行了请示。《环境保护部办公厅关于社会环境监测机构出具监测报告能否作为行政执法管理依据的复函》（环办监测函〔2017〕1850 号）明确："社会环境监测机构受环境保护主管部门的委托开展环境监测活动，符合《中华人民共和国计量法》和《中华人民共和国计量法实施细则》，以及有关环境保护法律法规规章或相关技术规范要求出具的环境监测数据，可以作为环境保护行政管理的依据；同时满足《中华人民共和国行政处罚法》《中华人民共和国行政诉讼法》等法律以及相关司法解释规定的证据要件的，可以作为行政处罚的证据。"

【条文链接】

◆《中华人民共和国大气污染防治法》

第四十七条 石油、化工以及其他生产和使用有机溶剂的企业，应当采取措施对管道、设备进行日常维护、维修，减少物料泄漏，对泄漏的物料应当及时收集处理。

储油储气库、加油加气站、原油成品油码头、原油成品油运输船舶和油罐车、气罐车等，应当按照国家有关规定安装油气回收装置并保持正常使用。

第一百零八条 违反本法规定，有下列行为之一的，由县级以上人民政府生态环境主管部门责令改正，处二万元以上二十万元以下的罚款；拒不改正的，责令停产整治：

（一）产生含挥发性有机物废气的生产和服务活动，未在密闭空间或者设备中进行，未按照规定安装、使用污染防治设施，或者未采取减少废气排放措施的；

（二）工业涂装企业未使用低挥发性有机物含量涂料或者未建立、保存台账的；

（三）石油、化工以及其他生产和使用有机溶剂的企业，未采取措施对管道、设备进行日常维护、维修，减少物料泄漏或者对泄漏的物料未及时收集处理的；

（四）储油储气库、加油加气站和油罐车、气罐车等，未按照国家有关规定安装并正常使用油气回收装置的；

（五）钢铁、建材、有色金属、石油、化工、制药、矿产开采等企业，未采取集中收集处理、密闭、围挡、遮盖、清扫、洒水等措施，控制、减少粉尘和气态污染物排放的；

（六）工业生产、垃圾填埋或者其他活动中产生的可燃性气体未回收利用，不具备回收利用条件未进行防治污染处理，或者可燃性气体回收利用装置不能正常作业，未及时修复或者更新的。

十二、未采取集中收集处理措施，控制、减少粉尘和气态污染物排放

案例 28
某市政设施有限公司未按要求采取措施控制气态污染物案

【案情简介】

2019 年 11 月 14 日，某市生态环境局执法人员对某市政设施有限公司进行现场检查。该公司正在生产，建有 1 条铸铁井盖生产线和 1 条复合井盖生产线，铸铁井盖生产线建有 3 台熔铁炉，熔铁炉配套安装有水幕除尘+布袋除尘设施，2 台现场正在使用，1 个炉口配套的集气罩已损坏，只剩管道，1 个路口配套的集气罩未放置在炉口，除尘设施正在运行；浇注工段未配套安装废气治理设施；在该车间大门口右边窗户处设置有 3 台砂轮打磨机，现场 2 台正在使用，产生大量粉尘，打磨工位设置在窗边，未配套安装粉尘收集设施；车间西北角有一个 1.5 立方米的池子，池壁已硬化，池子里盛装有沥青漆，做好的铸铁井盖放到里面浸漆，池周围地面上滴落有一层漆渣，旁边堆放有浸漆的铸铁井盖和待浸漆的铸铁井盖，该浸漆作业点未配套安装废气治理设施。复合井盖生产线建有 4 台压力机，配套安装有 UV+活性炭废气处理设施，现场 2 台压力机正在使用，废气治理设施未运行。该市政设施有限公司的上述行为涉嫌违反《中华人民共和国大气污染防治法》第四十八条第一款的规定，某生态环境局依法对该市政设施有限公司进行立案查处。

【查处情况】

某市生态环境局依据《中华人民共和国大气污染防治法》第一百零八条第（五）项的规定，责令该市政设施有限公司立即改正违法行为，并处以 3 万元罚款。

【案件分析】

1. 企业类型属于法条规定的可以进行处罚的企业

本案中，该企业主要从事球铁金属井盖和高分子复合井盖的生产，根据工商注册信息，该企业所属行业为金属制品业，属于《中华人民共和国大气污染防治法》第一百零八条第五款规定的“钢铁、建材、有色金属、石油、化工、制药、矿产开采等企业”中的有色金属企业，可依据《中华人民共和国大气污染防治法》第一百零八条第五款规定进行处罚。

2. 未采取措施控制、减少粉尘和气态污染物排放行为的法律适用

本案中，该公司配套集气罩损坏，除尘设施仍然运行；砂轮打磨机，未配套安装粉尘收集设施，现场正在使用，产生大量粉尘，有现场检查照片（影像资料）为证，表明该企业未采取密闭、围挡、遮盖、清扫、洒水等措施，减少内部物料的堆存、传输、装卸等环节产生的粉尘和气态污染物的排放，适用《中华人民共和国大气污染防治法》第四十八条规定“钢铁、建材、有色金属、石油、化工、制药、矿产开采等企业，应当加强精细化管理，采取集中收集处理等措施，严格控制粉尘和气态污染物的排放。工业生产企业应当采取密闭、围挡、遮盖、清扫、洒水等措施，减少内部物料的堆存、传输、装卸等环节产生的粉尘和气态污染物的排放”的规定，根据《中华人民共和国大气污染防治法》第一百零八条规定“违反本法规定，有下列行为之一的，由县级以上人民政府环境保护主管部门责令改正，处二万元以上二十万元以下的罚款；拒不改正的，责令停产整治：（五）钢铁、建材、有色金属、石油、化工、制药、矿产开采等企业，未采取集中收集处理、密闭、围挡、遮盖、清扫、洒水等措施，控制、减少粉尘和气态污染物排放的；”对该公司进行处罚，法律适用准确。

【问题与启示】

1. 什么是粉尘？

《粉尘物性试验方法》（GB/T 16913—2008）中 3.1 定义粉尘是能悬浮于空气中的微小固体颗粒。国际标准化组织规定，粒径小于 75 μm 的固体悬浮物定义为粉尘。在大气中粉尘的存在是保持地球温度的主要原因之一，大气中过多或过少的粉尘将对环境产生灾难性的影响。但在生活和工作中，生产性粉尘是人类健康的天敌，是诱发多种疾病的主要原因。

2. 气态污染物包括哪些？

《固定污染源排气中颗粒物测定与气态污染物采样方法》（GB/T 16157—1996）中 2.2 规定：“气态污染物是指以气体状态分散在排放气体中的各种污染物。”气体是某些物质在常温、常压下所形成的气态形式。常见的气体污染物有：CO、SO_2、NO_2、NH_3、H_2S 等。气态污染物又可以分为一次污染物和二次污染物。一次污染物是指直接从污染源排到大气中的原始污染物质；二次污染物是指由一次污染物与大气中已有组分，或几种一次污染物之间经过一系列化学或光化学反应而生成的与一次污染物性质不同的新污染物质。在大气污染控制中受到普遍重视的一次污染物有硫氧化物、氮氧化物、碳氧化物以及有机化合物等；二次污染物有硫酸烟雾和光化学烟雾。

【条文链接】

◆ 《中华人民共和国大气污染防治法》

第四十八条　钢铁、建材、有色金属、石油、化工、制药、矿产开采等企业，应当加强精细化管理，采取集中收集处理等措施，严格控制粉尘和气态污染物的排放。

工业生产企业应当采取密闭、围挡、遮盖、清扫、洒水等措施，减少内部物料的堆存、传输、装卸等环节产生的粉尘和气态污染物的排放。

第一百零八条　违反本法规定，有下列行为之一的，由县级以上人民政府生态环境主管部门责令改正，处二万元以上二十万元以下的罚款；拒不改正的，责令停产整治：

（一）产生含挥发性有机物废气的生产和服务活动，未在密闭空间或者设备中进行，未按照规定安装、使用污染防治设施，或者未采取减少废气排放措施的；

（二）工业涂装企业未使用低挥发性有机物含量涂料或者未建立、保存台账的；

（三）石油、化工以及其他生产和使用有机溶剂的企业，未采取措施对管道、设备进行日常维护、维修，减少物料泄漏或者对泄漏的物料未及时收集处理的；

（四）储油储气库、加油加气站和油罐车、气罐车等，未按照国家有关规定安装并正常使用油气回收装置的；

（五）钢铁、建材、有色金属、石油、化工、制药、矿产开采等企业，未采取集中收集处理、密闭、围挡、遮盖、清扫、洒水等措施，控制、减少粉尘和气态污染物排放的；

（六）工业生产、垃圾填埋或者其他活动中产生的可燃性气体未回收利用，不具备回收利用条件未进行防治污染处理，或者可燃性气体回收利用装置不能正常作业，未及时修复或者更新的。

十三、伪造机动车排放检验报告

案例 29 某检验服务公司伪造机动车排放检验结果出具虚假报告案

【案情简介】

2017 年 11 月 18 日，某市环境保护局对某检验服务公司进行现场检查，发现该检验服务公司在进行机动车尾气检测时，多次采取将机动车转速仪探头挂载在电风扇上替代被检车辆发动机转速工况，采集其他合格车辆的尾气数据替代被检车辆尾气检测数据的方式伪造检验结果，并出具了 14 份虚假检验报告。

【查处情况】

2018 年 2 月 11 日，某市环境保护局依据《中华人民共和国大气污染防治法》第一百一十二条第一款的规定，对该检验服务公司处以罚款 30 万元，并没收违法所得 1 120 元。

【案件分析】

1. 执法人员需熟悉机动车尾气检测标准，方能准确识别相关违法行为

本案中，检验公司根据《汽油车污染物排放限值及测量方法（双怠速法及简易工况法）》（GB 18285—2018），对涉案 14 辆机动车应采用双怠速法检测。双怠速法的操作规程为车辆进入检测台安装转速仪，并将采样探头插入汽车排气管，测取 30 秒内高转速与低怠速时尾气排放污染物的平均值。环境保护局在查看检验公司监控视频时发现，该公司检测时全程未将尾气采样探头插入尾气筒，而是将转速仪探头一直挂在电风扇上。环境保护局结合其他证据并根据相应检测标准认定检验公司的上述行为违法。

除了检验公司这种不按规定的检验程序及方法进行检验的造假方式外，实践中还常出现对机动车尾气排放检测报告的数据和结论进行更改、未经检验直接出具检验报告、利用作弊软件从后台修改检测数据等造假方式。因此执法人员必须熟知相关检测规范，了解检测数值标准及检测方法，才能不被日益隐秘的造假手段所蒙蔽，进而准确认定违法行为。

2. 对机动车排放检验机构检查时需关注的重点

对机动车排放检验机构进行检查时，需重点检查：机动车排放检验机构的实验室计量认证（CMA）、机动车排放检验设备的检定证书是否在有效期内；检测过程中是否按照国家标准要求进行规范检测；是否存在以车辆替检等行为伪造检验数据；报告审核签字程序是否规

范、完整；是否存在通过违规操作逃避检验，恶意干扰检测设备正常运行；是否存在通过作弊软件，伪造机动车排放检验结果或者出具虚假排放检验报告等问题。

【问题与启示】

1. 机动车排放检验机构出具虚假排放检验报告需要移送行政拘留吗？

在本案案审会上，参会人员对本案是否需要移送至公安机关意见不一。争议焦点在于，检验公司是否属于《中华人民共和国环境保护法》第六十三条规定的伪造监测数据需被移送的情形。经过讨论形成一致结论：机动车排放检验机构虽出具虚假检验报告，但检验机构未进行污染物排放，不是《中华人民共和国环境保护法》第六十三条规制的违法行为主体，无需按照《行政主管部门移送适用行政拘留环境违法案件暂行办法》第六条移送。

2. 误传机动车排放检验报告并在生态环境主管部门审核通过之前自我纠正，检验机构是否构成出具虚假排放检验报告？

机动车尾气监控中心对检验机构上传报告的审核仅为形式审查，检验结果的真实性和准确性由检验机构负责。检验机构操作失误，出具虚假检验报告，在生态环境主管部门审核完毕前，自我排查及时纠正，不构成违法行为。

3. 生态环境主管部门可否要求出具虚假报告的机动车检测机构暂停检验线？

不可，现行法律法规并未作出相关规定。仅在原国家环境保护部、公安部、国家认监委发布的《关于进一步规范排放检验加强机动车环境监督管理工作的通知》(国环规大气〔2016〕2号)中规定了“(十二)强化排放检验机构主体责任，对伪造检验结果、出具虚假报告的检验机构，环保部门暂停网络联接和检验报告打印功能，并依照《大气法》(法条原文，这里指《中华人民共和国大气污染防治法》)有关条款予以处罚”。因此，生态环境主管部门在此情况下只能要求机动车检验机构暂停网络连接和检验报告打印功能，并对其依法处罚。

【条文链接】

◆《中华人民共和国大气污染防治法》

第一百一十二条　违反本法规定，伪造机动车、非道路移动机械排放检验结果或者出具虚假排放检验报告的，由县级以上人民政府生态环境主管部门没收违法所得，并处十万元以上五十万元以下的罚款；情节严重的，由负责资质认定的部门取消其检验资格。

违反本法规定，伪造船舶排放检验结果或者出具虚假排放检验报告的，由海事管理机构依法予以处罚。

违反本法规定，以临时更换机动车污染控制装置等弄虚作假的方式通过机动车排放检验或者破坏机动车车载排放诊断系统的，由县级以上人民政府生态环境主管部门责令改正，对机动车所有人处五千元的罚款；对机动车维修单位处每辆机动车五千元的罚款。

◆ **环境保护部、公安部、国家认监委《关于进一步规范排放检验加强机动车环境监督管理工作的通知》（国环规大气〔2016〕2号）**

（十一）加强排放检验机构监督管理。环保部门可通过现场检查排放检验过程、审查原始检验记录或报告等资料、审核年度工作报告、组织检验能力比对实验、检测过程及数据联网监控等方式加强检验机构监管，推进检验机构规范化运营。认证认可监管部门应加强检验机构资质认定监督管理，重点加强技术能力有效维持以及管理体系有效性的监管，确保检验数据质量。环境保护和认证认可监管部门对排放检验机构实行“双随机、一公开”（随机抽取检查对象、随机选派执法检查人员、及时公开查处结果）的监管方式，依法严肃查处违法的排放检验机构。

（十二）强化排放检验机构主体责任。排放检验机构应按照《大气法》要求通过资质认定（计量认证），使用经依法检定或校准合格的设备，定期进行设备维护保养，按照相关规范标准进行机动车排放检验，对检验结果承担法律责任，接受社会监督和责任倒查。排放检验机构应对受检车辆的污染控制装置进行查验，重点加强营运车辆及重型柴油车环保配置查验。对伪造检验结果、出具虚假报告的检验机构，环保部门暂停网络联接和检验报告打印功能，并依照《大气法》有关条款予以处罚；违反资质认定相关规定的，认证认可监管部门依据资质认定有关规定对排放检验机构进行处罚，情节严重的撤销其资质认定证书。省市环保部门应将在用车排放检验机构守法情况纳入企业征信系统，并将有关情况向社会公开。

十四、使用排放不合格的非道路移动机械

案例 30 陈某某使用排放不合格的非道路移动机械案

【案情简介】

2020 年 4 月 28 日，某市机动车及固管中心会同市城建监察支队联合对某项目工地进行检查，并对工地内正在使用的非道路移动机械排气烟度进行了排放抽测，检验结果显示一辆非道路移动机械（通用型挖掘机）排气烟度超过国家标准。该行为涉嫌违反《中华人民共和国大气污染防治法》第五十六条的规定，某市生态环境局将案件线索移交属地生态环境局，某县生态环境局依法对非道路移动机械（通用型挖掘机）车主陈某某进行立案查处。

【查处情况】

某县生态环境局依据《中华人民共和国大气污染防治法》第一百一十四条的规定，对陈某某处以如下行政处罚：（1）罚款人民币 5 000 元整；（2）责令停止使用该非道路移动机械，加装或者更换符合要求的污染控制装置，在实现达标排放前不得恢复使用。

【案件分析】

非道路移动机械排放不合格的法律适用

《中华人民共和国大气污染防治法》第五十六条规定："生态环境主管部门应当会同交通运输、住房城乡建设、农业行政、水行政等有关部门对非道路移动机械的大气污染物排放状况进行监督检查，排放不合格的，不得使用。"本案中，工地内正在使用的非道路移动机械（通用型挖掘机），发动机额定净功率为 210kW，使用的燃油为柴油，其排气烟度需符合《非道路柴油移动机械排气烟度限值及测量方法》（GB 36886—2018）要求。三次烟度测量值的平均值为 1.30 m^{-1}，超过 GB 36886—2018 规定的 0.8 m^{-1} 限值要求，该非道路移动机械排放不合格。依据《中华人民共和国大气污染防治法》第一百一十四条第一款："违反本法规定，使用排放不合格的非道路移动机械，或者在用重型柴油车、非道路移动机械未按照规定加装、更换污染控制装置的，由县级以上人民政府生态环境等主管部门按照职责责令改正，处五千元的罚款。"本案中，非道路移动机械排气烟度超过国家标准，对车主陈某某进行处罚，法律适用准确。

【问题与启示】

1. 非道路移动机械包括哪些?

《非道路移动机械用柴油机排气污染物排放限值及测量方法(中国第三、四阶段)》(GB 20891—2014)3.1 规定:"非道路移动机械指用于非道路上的各类机械,即:(1)自驱动或具有双重功能:既能自驱动又能进行其他功能操作的机械;(2)不能自驱动,但被设计成能够从一个地方移动或被移动到另一个地方的机械",包括工业钻探设备、工程机械(装载机、推土机、压路机、沥青摊铺机、非公路用卡车、挖掘机、叉车等)、农业机械(大型拖拉机、联合收割机等)、林业机械、材料装卸机械、雪犁装备、机场地勤设备等。

2. 什么是"排放不合格"?

"排放不合格的"是指排放不符合非道路移动机械相关污染物排放标准。我国于 2007 年发布了第一阶段和第二阶段排放标准,其中,国一标准 2007 年 10 月 1 日开始实施,国二标准 2009 年 10 月 1 日开始实施。2014 年 5 月,为进一步加强对非道路移动机械排放污染的控制和治理,原环境保护部发布《非道路移动机械用柴油机排气污染物排放限值及测量方法(中国第三、四阶段)》(GB 20891—2014)收严了污染物的排放限值。从国二标准到国三标准,主要降低氮氧化合物(NOx)和碳氢化合物(THC)的排放;从国三标准到国四标准,主要降低颗粒物(PM)的排放。2018 年,为贯彻《中华人民共和国环境保护法》和《中华人民共和国大气污染防治法》,防治装有柴油机的非道路移动机械排放颗粒物对环境的污染,生态环境部发布了《非道路柴油移动机械排气烟度限值及测量方法》(GB 36886—2018),对装用在非恒定转速下工作的柴油机的非道路柴油移动机械,包括工程机械(装载机、挖掘机、推土机、压路机、沥青摊铺机、叉车、非公路用卡车等)、农业机械、林业机械、材料装卸机械、工业钻探设备、雪犁装备、机场地勤装备等,排气烟度需满足 GB 36886—2018 限值要求。

3. 非道路移动机械大气污染物排放监管主体有哪些?

因非道路移动机械具有流动性强、工作周期短、工作时间和场所无规律可循、使用范围广、种类繁多等特点,其应用领域广泛,道路施工、建筑施工、水利施工、农业作业等都可能会用到非道路移动机械,《中华人民共和国大气污染防治法》第五十六条规定,生态环境主管部门应当会同交通运输、住房城乡建设、农业行政、水行政等有关部门对非道路移动机械的大气污染物排放状况进行监督检查。地方可以根据实际情况制定配套实施办法,以便更好地推动非道路移动机械的污染物排放防治工作,如《四川省〈中华人民共和国大气污染防治法〉实施办法》第五十一条规定:"县级以上地方人民政府交通运输、自然资源、住房和城乡建设、农业农村、林业和草原、水利等主管部门和非道路移动机械使用单位应当建立在用非道路移动机械管理台账,包括种类、数量、排放、使用场所等信息。县级以上地方人民政府生态环境主管部门应当会同相关部门对非道路移动机械的大气污染物排放状况进行监督检查,排放不合格的,不得使用",监管主体较上位法增加了自然资源部门,同时建立了台账制度,进一步强化了监管手段。

【条文链接】

◆《中华人民共和国大气污染防治法》

第五十六条　生态环境主管部门应当会同交通运输、住房城乡建设、农业行政、水行政等有关部门对非道路移动机械的大气污染物排放状况进行监督检查，排放不合格的，不得使用。

第一百一十四条　违反本法规定，使用排放不合格的非道路移动机械，或者在用重型柴油车、非道路移动机械未按照规定加装、更换污染控制装置的，由县级以上人民政府生态环境等主管部门按照职责责令改正，处五千元的罚款。

违反本法规定,在禁止使用高排放非道路移动机械的区域使用高排放非道路移动机械的，由城市人民政府生态环境等主管部门依法予以处罚。

◆《四川省〈中华人民共和国大气污染防治法〉实施办法》

第五十一条　县级以上地方人民政府交通运输、自然资源、住房和城乡建设、农业农村、林业和草原、水利等主管部门和非道路移动机械使用单位应当建立在用非道路移动机械管理台账，包括种类、数量、排放、使用场所等信息。县级以上地方人民政府生态环境主管部门应当会同相关部门对非道路移动机械的大气污染物排放状况进行监督检查，排放不合格的，不得使用。

十五、未采取有效措施防止扬尘污染

案例 31
某建材厂未采取有效措施防止扬尘污染案

【案情简介】

2019 年 11 月 30 日，某县生态环境局对某建材厂开展现场检查时发现，厂区内堆放了大量的碎石、砂石等物料，但未采取覆盖措施，围墙高度也远远低于物料堆放高度。某县生态环境局当日下达了《责令改正违法行为决定书》，责令某建材厂立即对堆放的砂石等易产生扬尘的物料采取密闭措施，并告知将在 30 日内对其进行复查，如拒不改正违法行为，将依法实施按日连续处罚。

2019 年 12 月 15 日，某县生态环境局执法人员对某建材厂的整改情况开展复查，发现某建材厂的物料堆场仍然没有覆盖完全，也未修建严密围挡，持续造成扬尘污染。该行为涉嫌违反《中华人民共和国大气污染防治法》第七十二条的规定，某县生态环境局依法对该建材厂进行立案查处。

【查处情况】

2019 年 12 月 8 日，某县生态环境局依据《中华人民共和国大气污染防治法》第一百一十七条第（二）项，对某建材厂处以罚款 2 万元。2019 年 12 月 15 日，某县生态环境局依据《中华人民共和国大气污染防治法》第一百二十三条，对某建材厂作出《按日连续处罚决定书》，处以罚款 30 万元。

【案件分析】

1. “易产生扬尘”是构成违法行为的客观要件之一

《中华人民共和国大气污染防治法》规定了造成扬尘污染的情形及防治措施，列举了贮存过程中易产生扬尘的物料有煤炭、煤矸石、煤渣、煤灰、水泥、石灰、石膏、砂土等。生态环境主管部门在执法过程应对贮存物料与条款中列举的物料进行比较，并对未列举的物料是否属于易产生扬尘物质作出具体判定。本案中，易产生扬尘的物料为某建材厂厂区内堆放的碎石、砂石等。

2. 是否能够“密闭”是正确适用法条的关键

对“未采取有效措施防止扬尘污染”进行处罚，需进一步确认是否具备密闭贮存条件。

根据案件实际情况，对于具备密闭贮存条件的，适用《中华人民共和国大气污染防治法》第一百一十七条第（一）项规定进行处罚；不具备密闭贮存条件，同时亦未设置不低于堆放物高度的严密围挡，或者未采取有效覆盖措施防治扬尘污染的，适用《中华人民共和国大气污染防治法》第一百一十七条第（二）项规定进行处罚。

本案中，某建材厂不具备密闭贮存碎石、砂石等物料条件，未采取覆盖等防尘措施，围墙高度也远低于物料堆。因此，应当适用《中华人民共和国大气污染防治法》第一百一十七条第（二）项对其进行处罚。

3. 贮存易产生扬尘的物料未采取有效措施防止扬尘，拒不改正的，可以实施按日连续处罚

《中华人民共和国大气污染防治法》分别对运输、贮存、装卸、施工等不同场景的扬尘防治作出了规定，并规定生态环境主管部门对“建筑施工或者贮存易产生扬尘的物料未采取有效措施防治扬尘污染的”可以实施按日连续处罚。

本案中，某建材厂在贮存易产生扬尘物料时未采取有效措施防治扬尘污染且拒不改正，生态环境主管部门依法对其实施了按日连续处罚。

【问题与启示】

1. 对“贮存易产生扬尘的固体废弃物”而引起的违法行为，如何适用法律？

产废单位既要遵守关于扬尘污染防治的规定，也要遵守固体废物“三防”措施的法定义务。因贮存、堆放或运输固体废物同时违反《中华人民共和国大气污染防治法》和《中华人民共和国固体废物污染环境防治法》的，即同一环境违法行为同时触犯了两个及以上相同位阶的法律法规，在实施行政处罚时，生态环境主管部门可依照处罚较重的规定进行处罚。

2. 何为扬尘和降尘？

扬尘就是地面上的尘土在风力或人力的带动下进入到大气环境中，形成的具有一定粒径范围的颗粒物。按照我国《防治城市扬尘污染技术规范》（HJ/T 393—2007），可以把扬尘源分为道路扬尘、施工扬尘、土壤扬尘与堆场扬尘四类。产生扬尘污染的物料，主要包括煤炭、道路浮土、耕地土壤、裸露地面、砂石、灰土、灰浆、灰膏、建筑垃圾、工程渣土等易产生粉尘颗粒物的物质。扬尘污染已经成为城市大气、环境污染的主要原因。

降尘是指地面上的尘土受风力或人为活动的影响进入空气，并在重力作用下重新落回地面的颗粒物。在漫长的历史过程中，地球的风化作用是降尘的主要来源，进入文明社会以来，人为活动成为降尘的又一重要来源。对降尘采用专业设备进行监测，其指标便是降尘量。扬尘的影响程度可以通过降尘量指标来体现，如京津冀及周边地区、汾渭平原各城市平均降尘量不得高于 9 吨/月・平方公里，长三角地区各城市平均降尘量不得高于 5 吨/月・平方公里，其中，苏北、皖北不得高于 7 吨/月・平方公里。

3. 实施按日连续处罚的要件有哪些？

实施按日连续处罚只须具备四个条件：企业事业单位和其他生产经营者违法排放污染物、受到罚款处罚、被责令改正、拒不改正。再次作出责令改正违法行为和再次复查不是实施首次按日连续处罚的必备条件。

4. 实施按日连续处罚时应注意什么问题？

按日连续处罚的启动是“可以”，不是“应当”，生态环境主管部门有自由裁量权；一般行政处罚决定书应先于按日连续处罚决定书；在《责令改正违法行为决定书》中应结合实际，要求排污者立即改正或限期改正，并注明复查时间；排污者在生态环境主管部门实施复查前，可以提交整改报告及相关材料，但不影响生态环境主管部门30日内复查的安排；按日连续处罚的次数不受限制；实施按日连续处罚与查封扣押、限产停产措施不冲突。

【条文链接】

◆ **《中华人民共和国大气污染防治法》**

第七十二条　贮存煤炭、煤矸石、煤渣、煤灰、水泥、石灰、石膏、砂土等易产生扬尘的物料应当密闭；不能密闭的，应当设置不低于堆放物高度的严密围挡，并采取有效覆盖措施防治扬尘污染。

码头、矿山、填埋场和消纳场应当实施分区作业，并采取有效措施防治扬尘污染。

第一百一十七条　违反本法规定，有下列行为之一的，由县级以上人民政府生态环境等主管部门按照职责责令改正，处一万元以上十万元以下的罚款；拒不改正的，责令停工整治或者停业整治：

（一）未密闭煤炭、煤矸石、煤渣、煤灰、水泥、石灰、石膏、砂土等易产生扬尘的物料的；

（二）对不能密闭的易产生扬尘的物料，未设置不低于堆放物高度的严密围挡，或者未采取有效覆盖措施防治扬尘污染的；

（三）装卸物料未采取密闭或者喷淋等方式控制扬尘排放的；

（四）存放煤炭、煤矸石、煤渣、煤灰等物料，未采取防燃措施的；

（五）码头、矿山、填埋场和消纳场未采取有效措施防治扬尘污染的；

（六）排放有毒有害大气污染物名录中所列有毒有害大气污染物的企业事业单位，未按照规定建设环境风险预警体系或者对排放口和周边环境进行定期监测、排查环境安全隐患并采取有效措施防范环境风险的；

（七）向大气排放持久性有机污染物的企业事业单位和其他生产经营者以及废弃物焚烧设施的运营单位，未按照国家有关规定采取有利于减少持久性有机污染物排放的技术方法和工艺，配备净化装置的；

（八）未采取措施防止排放恶臭气体的。

第一百二十三条　违反本法规定，企业事业单位和其他生产经营者有下列行为之一，受到罚款处罚，被责令改正，拒不改正的，依法作出处罚决定的行政机关可以自责令改正之日的次日起，按照原处罚数额按日连续处罚：

（一）未依法取得排污许可证排放大气污染物的；

（二）超过大气污染物排放标准或者超过重点大气污染物排放总量控制指标排放大气污染物的；

（三）通过逃避监管的方式排放大气污染物的；

（四）建筑施工或者贮存易产生扬尘的物料未采取有效措施防治扬尘污染的。

十六、未采取防燃措施存放煤矸石

案例 32 某煤矿厂未采取防燃措施案

【案情简介】

2019 年 3 月 25 日下午，某生态环境局环境监察执法人员“双随机”检查时发现，某煤矿煤矸石堆场正在燃烧，现场无防燃措施。该行为涉嫌违反《中华人民共和国大气污染防治法》第三十五条第（二）项的规定，某生态环境局依法对该煤矿厂进行立案查处。

【查处情况】

某生态环境局根据《中华人民共和国大气污染防治法》第一百一十七条第（四）项的规定，对该煤矿厂下达了处罚款 2 万元的行政处罚决定。

【案件分析】

1. 防燃措施的认定

《中华人民共和国大气污染防治法》第三十五条第二款规定：“单位存放煤炭、煤矸石、煤渣、煤灰等物料，应当采取防燃措施，防止大气污染。”本条对防燃措施仅作了原则性规定，存放单位应根据实际情况采取有效措施防止物料意外燃烧。本案中，煤矸石堆场为该煤矿厂的临时堆场，执法人员例行检查时，煤矸石因工人烤火引发了燃烧，表明是有人员携带了火种进入物料堆放地。煤矸石堆场的防燃措施除防止煤矸石自燃的措施外，还须杜绝人为引起的燃烧，禁止携带火种就是一项很重要的防燃措施，因此可以认定为该煤矿厂未采取防燃措施。

2. 单位存放煤矸石未采取防燃措施的法律适用

煤及其采矿废弃物煤矸石被氧化会产生大量热量，一旦热量聚集使温度升高到煤的燃烧点便会引起煤的自燃。按照《中华人民共和国大气污染防治法》第三十五条第二款规定：单位存放煤煤矸石，应当采取防燃措施，防止大气污染。未采取防燃措施的，依据第一百一十七条第四款规定：由县级以上人民政府生态环境等主管部门按照职责责令改正，处一万元以上十万元以下的罚款；拒不改正的，责令停工整治或者停业整治。本案中，煤矿厂未采取防燃措施，违反了《中华人民共和国大气污染防治法》第三十五条第二款规定，依据第一百一十七条第四款规定进行处罚，法律适用准确。

【问题与启示】

1. 常用的防燃措施有哪些？

单位大量堆积存放煤炭、煤矸石、煤渣、煤灰等物料，应当采取防燃措施，常用的防燃措施有：定期翻垛、喷水，降低物料温度；严禁携带火种进入物料堆放地；定期测温；定期巡查，注意有无异常气味、冒气、冒烟现象等。

2. 物料堆场为何规定采取防燃措施？

一方面煤炭、煤矸石、煤渣、煤灰等物料堆场存在着煤炭自燃、粉尘爆炸等安全问题，堆放管理不当，容易自燃，危及人身财产安全。另一方面，煤自燃时生成的气体中含有大量的二氧化碳、氮氧化合物等，燃料的不完全燃烧还会产生粉尘和一氧化碳，这些粉尘和气态污染物排放到空气中，将严重污染大气环境。

【条文链接】

◆ **《中华人民共和国大气污染防治法》**

第三十五条　国家禁止进口、销售和燃用不符合质量标准的煤炭，鼓励燃用优质煤炭。

单位存放煤炭、煤矸石、煤渣、煤灰等物料，应当采取防燃措施，防止大气污染。

第一百一十七条　违反本法规定，有下列行为之一的，由县级以上人民政府生态环境等主管部门按照职责责令改正，处一万元以上十万元以下的罚款；拒不改正的，责令停工整治或者停业整治：

（一）未密闭煤炭、煤矸石、煤渣、煤灰、水泥、石灰、石膏、砂土等易产生扬尘的物料的；

（二）对不能密闭的易产生扬尘的物料，未设置不低于堆放物高度的严密围挡，或者未采取有效覆盖措施防治扬尘污染的；

（三）装卸物料未采取密闭或者喷淋等方式控制扬尘排放的；

（四）存放煤炭、煤矸石、煤渣、煤灰等物料，未采取防燃措施的；

（五）码头、矿山、填埋场和消纳场未采取有效措施防治扬尘污染的；

（六）排放有毒有害大气污染物名录中所列有毒有害大气污染物的企业事业单位，未按照规定建设环境风险预警体系或者对排放口和周边环境进行定期监测、排查环境安全隐患并采取有效措施防范环境风险的；

（七）向大气排放持久性有机污染物的企业事业单位和其他生产经营者以及废弃物焚烧设施的运营单位，未按照国家有关规定采取有利于减少持久性有机污染物排放的技术方法和工艺，配备净化装置的；

（八）未采取措施防止排放恶臭气体的。

十七、未采取措施防止排放恶臭气体

案例 33 某蛋白粉厂（普通合伙）未采取措施防止排放恶臭气体案

【案情简介】

2019 年 12 月 4 日，某市环境监察执法大队执法人员对某蛋白粉厂（普通合伙）进行现场检查时，该厂水解车间、破碎车间破损严重，废气收集处理设施未安装集气罩等措施防止排放恶臭气体。据查，该厂经营范围为动物源性饲料的生产、销售，生产过程会产生废气（恶臭）及少量废水，对废气（恶臭）通过冷却、喷淋、光解处理后排空，且该厂有环评手续，建设了废气（恶臭）收集处理设施。但是执法人员在现场检查时，发现该厂未建设有集气罩，废气（恶臭）收集处理设施也不能有效收集废气（恶臭）。上述行为涉嫌违反《中华人民共和国大气污染防治法》第八十条的规定，某区生态环境局依法对该厂进行立案查处。

【查处情况】

2020 年 3 月 6 日，根据《中华人民共和国大气污染防治法》第一百一十七条第（八）项的规定，某区生态环境局对该厂下达了处罚款 9 500 元的行政处罚决定。

【案件分析】

恶臭气体污染防治的主要内容

根据《中华人民共和国大气污染防治法》第八十条规定，恶臭气体污染防治的主要内容体现在三方面：

其一，防治责任主体是向大气排放恶臭气体的所有企业事业单位和其他生产经营者，包括垃圾堆放场。其二，防治措施要多管齐下。科学选址、设置合理的防护距离，是被动防治手段。借助长距离的空气自然稀释，降低恶臭气体的浓度，并最大限度地控制在人的感知浓度以下。这种被动防治手段的效果正在受到挑战，以往建在远离市区的处理设施已经越来越接近新市区，接近人们工作及生活场所。安装净化装置或者采取其他措施，是主动防治手段。目前，常规的恶臭气体处理方法有燃烧法、氧化法、吸收法、吸附法、中和法和生物法等。如氨类、胺类、低脂肪酸类等恶臭，其恶臭成分在水中溶解度较大，用水洗涤法净化效果很好，通过酸碱脱臭装置可使不同的恶臭物质均得到净化，干净气体排入大气。其三，防治目的是防止排放恶臭气体，减少对公众健康的影响。

本案中，某蛋白粉厂作为生产动物源性饲料的生产经营者，是恶臭气体污染防治的责任主体，有采取主动或者被动防治手段防治恶臭气体污染的义务。但该企业并未安装净化装置或者采取其他措施主动防治污染，生产过程中产生臭味和废水，对周围环境以及居民的健康构成了极大威胁。上述行为违反了《中华人民共和国大气污染防治法》第八十条规定，某区生态环境局依据《中华人民共和国大气污染防治法》第一百一十七条第（八）项的规定进行处罚，体现了"环境有价、损害担责"的理念。

【问题与启示】

1. 恶臭气体的概念及其分类

根据《恶臭污染物排放标准》（GB 14554—93），恶臭指一切刺激嗅觉器官引起人们不愉快感觉及损害生活环境的异味气体。

迄今为止，人类可以感知的恶臭物质可达数千种，其中对人类危害较大的有几十种。从来源上看，可大致分为三类，一是农牧业恶臭，二是工业恶臭，三是城市公共设施恶臭。恶臭气体以其组成分为五类：一是卤素及其衍生物，如氯气、卤代烃；二是烃类，如烷、烯、炔、芳香烃；三是含氧有机物，如酚、醇、醛、酮；四是含氮化合物，如氨、胺、酰胺、硝基化合物；五是含硫化合物，如硫化氢、硫醇类、硫醚类等。

2. 恶臭污染物排放标准的具体内容

我国 1993 年制定《恶臭污染物排放标准》（GB 14554—93），规定了 8 种恶臭污染物的一次最大排放限值、复合恶臭物质的臭气浓度限值及无组织排放源的厂界浓度限值，在我国固定源恶臭污染物排放管理、改善人居空气质量等方面发挥了重大的作用。随着人民对美好生活环境要求不断提高，GB 14554—93 已经不能完全适应我国当前与今后生态环境保护工作的需要，生态环境部于 2018 年对 GB 14554—93 进行了修改，并形成了《恶臭污染物排放标准（征求意见稿）》。

与 GB 14554—93 相比，拟修订的具体内容包括以下几个方面：一是明确了《恶臭污染物排放标准》与行业排放标准的关系。针对部分已颁布的行业标准中涉及恶臭污染物排放控制要求的情况，规定固定污染源大气污染物排放标准（即行业标准）中规定的恶臭污染物排放控制要求按其规定执行，未规定的恶臭污染物排放控制要求执行《恶臭污染物排放标准》。二是依据《中华人民共和国大气污染防治法》第四章第五节第八十条修改了《恶臭污染物排放标准》的适用范围，从适用于"全国所有向大气排放恶臭气体单位及垃圾堆放场"修改为"生产经营活动中产生恶臭气体的企业事业单位和其他生产经营者"。三是取消了标准分级，所有区域执行统一的浓度限值。四是加严了 8 种恶臭污染物的排放限值和周界浓度限值。五是不再根据排气筒高度执行不同的臭气浓度排放限值，统一执行 1 000 的标准。六是调整了排气筒最高允许排放速率的计算方法，使用内插法计算排气筒最高允许排放速率。七是完善了污染物排放控制要求和监测要求，强化了恶臭污染物排放单位的主体责任。

3. “科学选址，设置合理的防护距离，并安装净化装置或者采取其他措施”与“防止排放恶臭气体”的关系

据上述分析，“科学选址，设置合理的防护距离”是恶臭气体污染防治的被动手段，“安装净化装置或者采取其他措施”是恶臭气体污染防治的主动手段，而防治排放恶臭气体是目的。所以，二者是恶臭气体污染防治手段与目的的关系。

4. 恶臭气体超标排放的法律适用

《中华人民共和国大气污染防治法》第十八条、第九十九条对大气污染物超标排放进行了规定，《中华人民共和国大气污染防治法》第八十条和第一百一十七条对未采取措施防止排放恶臭气体进行了规定。若企业事业单位和其他生产经营者未采取措施防止排放恶臭气体，导致恶臭气体超标排放的，同时违反了《中华人民共和国大气污染防治法》第十八条和第八十条的规定，属于当事人一个违法行为同时违反两个以上法律条款的情形。根据《环境行政处罚办法》第九条的规定，“当事人的一个违法行为同时违反两个以上环境法律、法规或者规章条款，应当适用效力等级较高的法律、法规或者规章；效力等级相同的，可以适用处罚较重的条款。”应当适用处罚较重的条款，即适用《中华人民共和国大气污染防治法》第九十九条第（二）项的规定予以处罚。

【条文链接】

◆《中华人民共和国大气污染防治法》

第八十条　企业事业单位和其他生产经营者在生产经营活动中产生恶臭气体的，应当科学选址，设置合理的防护距离，并安装净化装置或者采取其他措施，防止排放恶臭气体。

第一百一十七条　违反本法规定，有下列行为之一的，由县级以上人民政府生态环境等主管部门按照职责责令改正，处一万元以上十万元以下的罚款；拒不改正的，责令停工整治或者停业整治：

（一）未密闭煤炭、煤矸石、煤渣、煤灰、水泥、石灰、石膏、砂土等易产生扬尘的物料的；

（二）对不能密闭的易产生扬尘的物料，未设置不低于堆放物高度的严密围挡，或者未采取有效覆盖措施防治扬尘污染的；

（三）装卸物料未采取密闭或者喷淋等方式控制扬尘排放的；

（四）存放煤炭、煤矸石、煤渣、煤灰等物料，未采取防燃措施的；

（五）码头、矿山、填埋场和消纳场未采取有效措施防治扬尘污染的；

（六）排放有毒有害大气污染物名录中所列有毒有害大气污染物的企业事业单位，未按照规定建设环境风险预警体系或者对排放口和周边环境进行定期监测、排查环境安全隐患并采取有效措施防范环境风险的；

（七）向大气排放持久性有机污染物的企业事业单位和其他生产经营者以及废弃物焚烧设施的运营单位，未按照国家有关规定采取有利于减少持久性有机污染物排放的技术方法和工艺，配备净化装置的；

（八）未采取措施防止排放恶臭气体的。

十八、排放油烟的餐饮服务业经营者未安装油烟净化设施

案例 34　某杆塔有限公司未安装油烟净化设施案

【案情简介】

2017 年 8 月 31 日，接中央环保督察组信访件交办后，某县环境保护局当天立即对某杆塔有限公司进行了现场检查。检查时该公司未生产，但该公司员工食堂使用的燃煤灶排气烟囱正在向大气排放废气，有刺鼻气味，且未建设配套的废气处理设施。经查，某杆塔有限公司主要生产、销售水泥电杆，根据《某杆塔有限公司水泥电杆系列产品生产项目环境影响评价报告表》，该公司食堂应采用清洁能源液化气做燃料，同时安装油烟净化器。上述行为涉嫌违反《中华人民共和国大气污染防治法》第八十一条第一款的规定，某县环境保护局依法对该公司进行立案查处。

【查处情况】

某县环境保护局根据《中华人民共和国行政处罚法》第二十三条、《中华人民共和国大气污染防治法》第一百一十八条第一款的规定，责令该公司严格按照环评要求采用清洁能源液化气做燃料，安装油烟净化器，并下达了处罚款 5 000 元的行政处罚决定。

【案件分析】

1. 企事业单位员工食堂是否属于餐饮服务业经营者？

《中华人民共和国大气污染防治法》第八十一条规范的对象是“排放油烟的餐饮服务业经营者”，本案中，该公司主要生产、销售水泥电杆等水泥制品，销售钢材、建筑装饰材料、五金、日杂，从经营范围上看不属于餐饮服务业。

2018 年 7 月，国家市场监督管理总局发布的《餐饮服务食品安全操作规范》，明确了“餐饮服务提供者包括餐饮服务经营者和单位食堂等主体”。根据 2010 年颁布的《餐饮服务许可管理办法》三十九条之规定，“餐饮服务提供者的业态，指各种餐饮服务经营形态，包括餐馆、快餐店、小吃店、饮品店、食堂等”。《关于做好〈餐饮服务许可证〉启用及发放工作的通知》（国食药监许〔2009〕257 号）中把食堂作为餐饮服务经营者类别的一种，并指出“食堂是指设于机关、学校、企事业单位、工地等地点（场所），供内部职工、学生等就餐的单位”。综上，企事业单位员工食堂属于餐饮服务业经营者，本案中某杆塔有限公司的食堂也应按照《中

华人民共和国大气污染防治法》第八十一条的规定安装油烟净化设施并保持正常使用，或者采取其他油烟净化措施，保证油烟达标排放。

2. 法条竞合时的法律适用问题？

《中华人民共和国大气污染防治法》第八十条、第一百一十七条对未采取措施排放恶臭气体的行为进行了规定，属于一般条款。《中华人民共和国大气污染防治法》第八十一条、第一百一十八条对餐饮服务业经营者未安装油烟净化设施、不正常使用油烟净化设施或者未采取其他油烟净化措施，超过排放标准排放油烟的行为进行了规定，属于特殊规定。实践中，若超标排放油烟的行为同时触犯了以上两个条款，按照特别条款优于一般条款的原则，应适用第八十一条和第一百一十八条的规定作出处罚。

本案中，某杆塔有限公司未安装油烟净化设施排放油烟的违法行为，虽然也触犯了《中华人民共和国大气污染防治法》第八十条、第一百一十七条关于违法排放恶臭气体的规定，但是油烟属于特殊的恶臭气体，应适用特别条款进行处罚，即适用《中华人民共和国大气污染防治法》第八十一条第一款和第一百一十八条第一款的规定进行处罚。

【问题与启示】

1. 异味的判断标准

依据《饮食业油烟排放标准（试行）》（GB 18483—2001）第 5.5 部分规定，饮食业产生特殊气味时，参照《恶臭污染物排放标准》臭气浓度指标执行。根据《恶臭污染物排放标准》（GB 14554—93），净化设施高于 15 米属于有组织排放，应在净化设施采样位置监测臭气浓度，达标判定参照臭气浓度排放标准值执行；净化设施高度低于 15 米或者逸散的无组织排放的特殊气味，应在餐饮服务项目法定边界进行监测臭气浓度，达标判定参照《恶臭污染物排放标准》（GB 14554—93）中臭气浓度厂界标准值执行。

2. 油烟达标排放的具体要求及标准？

餐饮服务业经营者应当严格按照国家标准达标排放。目前执法实践中，安装并正常运行符合“标准限值”要求的油烟净化设施视同达标。县级以上环保部门可视情况，对饮食业单位油烟排放状况进行监督监测。另外，油烟排放达标并非最终目标，考虑到餐饮油烟对居民生活的影响程度较高，实践中争议较大，因此，《中华人民共和国大气污染防治法》第八十一条，还明确油烟在达标排放的同时，还要防止对附近居民的正常生活环境造成污染。

为进一步加强餐饮业油烟污染物排放控制和管理，改善环境质量，生态环境部决定对《饮食业油烟排放标准》（GB 18483—2001）进行修订，2019 年进行了意见征求，此次修订的主要内容为：将标准名称调整为《餐饮业油烟污染物排放标准》，收紧了油烟排放浓度限值，增设了非甲烷总烃排放浓度限值，将油烟净化设施去除效率要求调整为资料性附录。新标准对油烟排放限值的确定作出了详细规定，为餐饮业油烟污染物达标排放提供具体标准。

【条文链接】

◆《中华人民共和国行政处罚法》(2017 修正)

第二十三条　行政机关实施行政处罚时，应当责令当事人改正或者限期改正违法行为。

◆《中华人民共和国行政处罚法》(2021 修订)

第二十八条　行政机关实施行政处罚时，应当责令当事人改正或者限期改正违法行为。

当事人有违法所得，除依法应当退赔的外，应当予以没收。违法所得是指实施违法行为所取得的款项。法律、行政法规、部门规章对违法所得的计算另有规定的，从其规定。

◆《中华人民共和国大气污染防治法》

第八十一条　排放油烟的餐饮服务业经营者应当安装油烟净化设施并保持正常使用，或者采取其他油烟净化措施，使油烟达标排放，并防止对附近居民的正常生活环境造成污染。

禁止在居民住宅楼、未配套设立专用烟道的商住综合楼以及商住综合楼内与居住层相邻的商业楼层内新建、改建、扩建产生油烟、异味、废气的餐饮服务项目。

任何单位和个人不得在当地人民政府禁止的区域内露天烧烤食品或者为露天烧烤食品提供场地。

第一百一十八条　违反本法规定，排放油烟的餐饮服务业经营者未安装油烟净化设施、不正常使用油烟净化设施或者未采取其他油烟净化措施，超过排放标准排放油烟的，由县级以上地方人民政府确定的监督管理部门责令改正，处五千元以上五万元以下的罚款；拒不改正的，责令停业整治。

违反本法规定，在居民住宅楼、未配套设立专用烟道的商住综合楼、商住综合楼内与居住层相邻的商业楼层内新建、改建、扩建产生油烟、异味、废气的餐饮服务项目的，由县级以上地方人民政府确定的监督管理部门责令改正；拒不改正的，予以关闭，并处一万元以上十万元以下的罚款。

违反本法规定，在当地人民政府禁止的时段和区域内露天烧烤食品或者为露天烧烤食品提供场地的，由县级以上地方人民政府确定的监督管理部门责令改正，没收烧烤工具和违法所得，并处五百元以上二万元以下的罚款。

十九、在当地人民政府禁止的区域内露天烧烤食品

案例 35
赵某在禁止区域内露天烧烤案

【案情简介】

2019 年 3 月 2 日 21 时 35 分，某区综合行政执法局某街道办事处综合行政执法中队执法人员在巡查中发现，当事人赵某在某小区门口从事露天烧烤经营活动。根据《某市人民政府关于划定本市露天烧烤禁止区域的通告》，某区全面禁止露天烧烤。因此，其行为涉嫌违反《中华人民共和国大气污染防治法》第八十一条第三款的规定，某区综合行政执法局依法对涉事人员进行立案查处。

【查处情况】

执法人员当即责令赵某立即停止露天烧烤食品行为，并对现场检查情况进行拍照取证，制作相关执法文书，同时对烧烤工具进行证据先行登记保存。鉴于当事人赵某经营体量不大、持续时间不长、造成的污染和影响较轻，且在执法人员查处违法行为时配合调查整改态度诚恳并积极清理污染现场，依照《中华人民共和国大气污染防治法》第一百一十八条第三款之规定，某区综合行政执法局给予当事人赵某没收烧烤工具及罚款 500 元的行政处罚。

【案件分析】

本案中对露天烧烤食品行为的处罚不要求发生危害结果

根据《中华人民共和国大气污染防治法》第八十一条第三款的规定，露天烧烤的主体范围特别广泛，包括任何单位和个人。该款的客体是两个行为，即在当地人民政府禁止的区域内露天烧烤食品或者为露天烧烤食品提供场地。根据一般的处罚原理，需要有主体、行为、结果，而该款的规定并未对危害结果有要求。究其原因，这与生态环境的脆弱性有关，生态环境一经破坏则很难恢复，如果等损害行为造成的结果发生，将难以补救。因此，有的生态环境保护法律对某些破坏生态环境的行为并不要求导致一定的危害后果才进行处罚，只要发生相应破坏环境的行为即违法。

本案中，当事人赵某在小区门口从事露天烧烤经营活动，主体上属于个人，客体上属于在当地人民政府禁止的区域内露天烧烤食品，该行为违法了《中华人民共和国大气污染防治法》第八十一条第三款的规定，执法人员综合考虑到赵某经营体量不大、持续时间不长、造成的污染和影响较轻，且在执法人员查处违法行为时配合调查整改态度诚恳并积极清理污染

现场等情节，对赵某从轻处罚，处以罚款 500 元。

【问题与启示】

1. 各地人民政府对露天烧烤的规制

露天烧烤并非全部禁止，在当地人民政府划定的区域内禁止露天烧烤，在划定区域外露天烧烤需要符合相应的规范。各地政府主要通过制定规范性文件、发布通告划定露天烧烤禁止的区域。如《北京市禁止露天烧烤食品的规定》中划定了禁止露天烧烤区域，“禁止在本市城区和近郊区城镇地区的街道、胡同、广场、居住小区、公共绿地等公共场所露天烧烤食品”，“生活消费品、生产资料市场的开办单位应当加强监督检查，制止在市场内露天烧烤食品”。《厦门市生态环境保护条例（草案）》第三十四条规定：“禁止在思明区、湖里区露天烧烤食品或者为露天烧烤食品提供场地；其他各区禁止露天烧烤食品的区域由各区人民政府划定并向社会公布。”贵州省盘州市城市管理综合行政执法局在 2020 年 12 月 5 日发布的《关于划定城区禁止露天烧烤区域的通告》中，明确了盘州市城区禁止露天烧烤区域为：政务服务中心以南、西环线以东、胜境大道（市人民医院段）以北、环东线以东所围成区域，划定的夜市疏导区域不在禁止范围内。2020 年 8 月，广东省惠州市惠阳区人民政府发布的《关于划定惠阳城区禁止露天烧烤区域的公告》，确定以淡水立交桥为中心，坪山河以东、淡水河以南、淡澳河以西、惠阳大亚湾行政界线以北所包含区域全面禁止露天烧烤。

此外，各地对露天烧烤的处罚标准主要在《中华人民共和国大气污染防治法》第一百一十八条规定“由县级以上地方人民政府确定的监督管理部门责令改正，没收烧烤工具和违法所得，并处五百元以上二万元以下的罚款”的限度内予以裁量规定。如《北京市禁止露天烧烤食品的规定》明确“由城市管理综合执法部门责令停止违法行为，没收烧烤工具和违法所得，处 500 元以上 2 万元以下罚款”；《厦门市生态环境保护条例（草案）》规定由城市管理执行执法部门“责令改正，没收烧烤工具和违法所得，并对提供场地的和露天烧烤经营者分别处五百元以上二万元以下罚款”。

2. 露天烧烤带来的危害有哪些？

露天烧烤由于缺乏规范化的管理以及排烟设备不够正规，有的甚至没有配备排烟设施，烧烤过程中会向空气中排放大量浓烟，既影响城市形象，还存在许多环境污染和卫生方面的问题，其主要危害有：

一是污染环境。露天烧烤使用的燃料多为木炭或焦炭，会产生大量的煤烟、煤渣、煤灰，对空气产生严重污染，且在烧烤过程中，油脂、肉渣、调味品在燃烧时也会产生大量随烟气排放的污染物，使摊点周围弥漫着危害身体健康的气体。同时，烧烤过程中产生的油脂、煤灰污染地面，影响市容环境。此外，通过检测实验发现，夜市烧烤摊烧烤时 PM2.5 的数值几乎比开烤之前翻倍，而亲自操作烧烤的人员是受 PM2.5 影响最大的。

二是存在安全隐患。露天烧烤，由于店主把摊点摆在外面，大量的桌椅会挤占人行道，也有部分占据人行道上的绿地，更有甚者摆在马路上。同时，来吃烧烤的客人把车停在马路边上，造成人车混杂，严重影响了行人通行和交通畅通，造成了严重的安全隐患。

三是卫生问题。除了对周围环境造成污染，露天烧烤本身的卫生状况也让人十分担忧，主要体现在以下几方面：条件所限导致清洗条件差；露天导致扬尘直入，防护功能低；菜品质量没保证，无法得知菜品的新鲜度与洁净度。

【条文链接】

◆ **《中华人民共和国大气污染防治法》**

第八十一条　排放油烟的餐饮服务业经营者应当安装油烟净化设施并保持正常使用，或者采取其他油烟净化措施，使油烟达标排放，并防止对附近居民的正常生活环境造成污染。

禁止在居民住宅楼、未配套设立专用烟道的商住综合楼以及商住综合楼内与居住层相邻的商业楼层内新建、改建、扩建产生油烟、异味、废气的餐饮服务项目。

任何单位和个人不得在当地人民政府禁止的区域内露天烧烤食品或者为露天烧烤食品提供场地。

第一百一十八条　违反本法规定，排放油烟的餐饮服务业经营者未安装油烟净化设施、不正常使用油烟净化设施或者未采取其他油烟净化措施，超过排放标准排放油烟的，由县级以上地方人民政府确定的监督管理部门责令改正，处五千元以上五万元以下的罚款；拒不改正的，责令停业整治。

违反本法规定，在居民住宅楼、未配套设立专用烟道的商住综合楼、商住综合楼内与居住层相邻的商业楼层内新建、改建、扩建产生油烟、异味、废气的餐饮服务项目的，由县级以上地方人民政府确定的监督管理部门责令改正；拒不改正的，予以关闭，并处一万元以上十万元以下的罚款。

违反本法规定，在当地人民政府禁止的时段和区域内露天烧烤食品或者为露天烧烤食品提供场地的，由县级以上地方人民政府确定的监督管理部门责令改正，没收烧烤工具和违法所得，并处五百元以上二万元以下的罚款。

二十、露天焚烧产生烟尘污染的物质

案例 36　郭某在禁烧区域内露天焚烧杂草案

【案情简介】

2020 年 3 月 10 日，某环境监察执法大队执法人员接到某镇人民政府电话，反映某村村委会工作人员于 3 月 8 日进行秸秆禁烧巡查工作时，发现该村村民郭某露天焚烧杂草。该环境监察执法大队执法人员于 2020 年 3 月 12 日下午对郭某进行了调查，确认其于 3 月 8 日傍晚在自家的一块田地旁边露天焚烧杂草。其行为涉嫌违反《中华人民共和国大气污染防治法》第七十七条的规定，某生态环境局依法对郭某进行立案查处。

【查处情况】

鉴于郭某积极配合调查并立即改正了违法行为，且该行为未造成较大的环境影响，某生态环境局依据《中华人民共和国大气污染防治法》第一百一十九条第一款、《某市人民政府关于划定秸秆禁烧区域的通告》和《四川省生态环境行政处罚裁量标准（2019 年版）》的规定，对该人员进行了罚款 500 元的处罚，并责令其立即改正行为。

【案件分析】

1. 法律的适用范围应当为“焚烧区域”内

2015 年，某市人民政府根据《中华人民共和国大气污染防治法》《四川省灰霾污染防治办法》等法律法规，印发了《关于划定秸秆禁烧区域的通告》，明确规定将该市范围内包括城镇、风景名胜区、自然保护区等需特殊保护的区域以及干线道路、敏感设施等周边区域划为秸秆禁烧区域。在秸秆禁烧区域禁止露天焚烧水稻、玉米、薯类、油料、小麦、棉花、甘蔗等农作物收获籽实后的剩余部分以及落叶、杂草等生物废弃物，对秸秆禁烧区域违法焚烧秸秆的，由县（市、区）环境保护主管部门责令停止违法行为并依法处以罚款。本案中，郭某露天焚烧区域为主城区，属于通告中明令禁烧区域。

2. 露天焚烧秸秆的法律适用

2000 年《中华人民共和国大气污染防治法》修订时，首次将秸秆禁烧列入了立法范畴，规定：禁止在人口集中地区、机场周围、交通干线附近以及当地人民政府划定的区域露天焚烧秸秆、落叶等产生烟尘污染的物质。2018 年修订时规定：省、自治区、直辖市人民政府应当划定区域，禁止露天焚烧秸秆、落叶等产生烟尘污染的物质。为防止大气污染，禁止焚烧秸秆杂草，各级政府主管部门做了大量的工作，广泛宣传焚烧杂草秸秆的危害性和秸秆综合利用的效益，提高公众对杂草秸秆禁烧的认识水平和参与程度。

本案中，郭某明知该区域是禁止露天焚烧秸秆等易产生烟尘污染的物质的，仍露天焚烧杂草，依据《中华人民共和国大气污染防治法》第一百一十九条第一款，应当由县级以上地方人民政府确定的监督管理部门责令改正，并可以处五百元以上二千元以下的罚款。

【问题与启示】

1. 哪些物质禁止露天焚烧？

《中华人民共和国大气污染防治法》第七十七条规定："省、自治区、直辖市人民政府应当划定区域，禁止露天焚烧秸秆、落叶等产生烟尘污染的物质。"《四川省〈中华人民共和国大气污染防治法〉实施办法》第六十一条规定，"市（州）人民政府应当划定禁烧区。禁止在禁烧区及人口集中地区、机场周围、交通干线、高压电线路等区域露天焚烧秸秆、落叶、杂草等产生烟尘污染的物质"，秸秆、落叶、杂草等产生烟尘污染的物质被列为禁止露天焚烧物质。《中华人民共和国大气污染防治法》第八十二条规定，"禁止在人口集中地区和其他依法需要特殊保护的区域内焚烧沥青、油毡、橡胶、塑料、皮革、垃圾以及其他产生有毒有害烟尘和恶臭气体的物质"，在特殊保护区域内沥青、油毡、橡胶、塑料、皮革、垃圾以及其他产生有毒有害烟尘和恶臭气体的物质同样属于禁止露天焚烧的物质。

2. 哪些区域应当被划定为"禁烧区"？

《中华人民共和国大气污染防治法》第七十七条规定："省、自治区、直辖市人民政府应当划定区域，禁止露天焚烧秸秆、落叶等产生烟尘污染的物质。"《秸秆禁烧和综合利用管理办法》第四条规定"以机场为中心 15 公里为半径的区域；沿高速公路、铁路两侧各 2 公里和国道、省道公路干线两侧各 1 公里的地带"为秸秆禁烧区范围，省级政府可以根据实际情况，来划定禁烧区，如自然保护区、风景名胜区、林场、油库、粮库、通讯设施、疗养胜地等周边地区，以及其他区域，并向社会予以公布。

《四川省〈中华人民共和国大气污染防治法〉实施办法》第六十一条规定："市（州）人民政府应当划定禁烧区。禁止在禁烧区及人口集中地区、机场周围、交通干线、高压电线路等区域露天焚烧秸秆、落叶、杂草等产生烟尘污染的物质。" 2015 年，经四川省人民政府同意，原四川省环境保护厅联合四川省农业厅印发了《关于农作物秸秆禁烧和综合利用工作的意见》（川环发〔2015〕27 号）明确提出："成都市、德阳市、绵阳市、眉山市、资阳市行政区域内实行全域禁烧；城市建成区行政区域内实行全域禁烧；其余各地要将以下区域划为禁烧重点区域：县城区周围 10 公里，林场为中心、15 公里为半径的地区，沿高速公路两侧各 1 公里，以及旅游景区、自然保护区、文物保护区、油库、粮库、林地和重要通信、电力设施周围 1 公里等，各县级以上农业产业化龙头企业农业生产基地；各市（州）人民政府需要禁烧的其他区域。"

3. 露天焚烧秸秆的危害有哪些？

一是污染大气环境。农作物秸秆中含有氮、磷、钾、碳氢元素及有机硫等。特别是刚收割的秸秆尚未干透，经不完全燃烧会产生大量氮氧化物、二氧化硫、碳氢化合物及烟尘，在阳光作用下还可能产生二次污染物臭氧等。

二是影响身心健康。露天焚烧产生的烟雾中含有大量的氮氧化物、光化学氧化剂和悬浮颗粒等物质。当可吸入颗粒物浓度达到一定程度时，对人的眼睛、鼻子和咽喉含有黏膜的部分刺激较大，轻则造成咳嗽、胸闷、流泪，严重时可能导致支气管炎发生。秸秆焚烧区域、时段均相对集中，大量烟雾对中老年和儿童及患有呼吸道疾病的人造成很大影响。

三是影响交通安全。露天焚烧秸秆、垃圾、树叶、杂草带来的一个最突出的问题就是焚烧过程中产生滚滚浓烟，直接影响民航、铁路、高速公路的正常运营，对交通安全构成潜在威胁。

四是破坏土壤结构。农作物秸秆是农业生产主要的有机肥原料，也是生产有机农产品必不可少的资源，一把火烧掉非常可惜；同时，焚烧秸秆影响作物对土壤养分的充分吸收，直接影响农田作物的产量和质量，影响农业收益。在农田焚烧秸秆使地面温度急剧升高，能直接烧死、烫死土壤中的有益微生物，会使土壤的自然肥力和保水性能大大下降，土壤水分损失 65%~80%，板结不耐旱。

五是火灾隐患重重。焚烧秸秆、垃圾、树叶、杂草，极易引燃周围的易燃物，尤其是在村庄附近，一旦引发火灾，后果将不堪设想。

【条文链接】

◆《中华人民共和国大气污染防治法》

第七十七条　省、自治区、直辖市人民政府应当划定区域，禁止露天焚烧秸秆、落叶等产生烟尘污染的物质。

第一百一十九条　违反本法规定，在人口集中地区对树木、花草喷洒剧毒、高毒农药，或者露天焚烧秸秆、落叶等产生烟尘污染的物质的，由县级以上地方人民政府确定的监督管理部门责令改正，并可以处五百元以上二千元以下的罚款。

违反本法规定，在人口集中地区和其他依法需要特殊保护的区域内，焚烧沥青、油毡、橡胶、塑料、皮革、垃圾以及其他产生有毒有害烟尘和恶臭气体的物质的，由县级人民政府确定的监督管理部门责令改正，对单位处一万元以上十万元以下的罚款，对个人处五百元以上二千元以下的罚款。

违反本法规定，在城市人民政府禁止的时段和区域内燃放烟花爆竹的，由县级以上地方人民政府确定的监督管理部门依法予以处罚。

◆《四川省〈中华人民共和国大气污染防治法〉实施办法》

第六十一条 市（州）人民政府应当划定禁烧区。

禁止在禁烧区及人口集中地区、机场周围、交通干线、高压电线路等区域露天焚烧秸秆、落叶、杂草等产生烟尘污染的物质。

第八十二条 违反本实施办法第六十一条第二款规定的，由县级以上地方人民政府确定的监督管理部门责令改正，并可以处五百元以上二千元以下的罚款。

二十一、在人口集中地区焚烧产生恶臭气体的物质

案例 37
某建设有限公司工人在人口集中地区焚烧废旧塑料案

【案情简介】

2020 年 8 月 3 日，某生态环境局执法人员现场检查发现该县县级干部职工周转宿舍建设项目工地内正在焚烧塑料、垃圾等，焚烧产生大量恶臭气体和烟尘，涉事人为该建设项目工地施工人员唐某某。该行为涉嫌违反《中华人民共和国大气污染防治法》第八十二条的规定，某生态环境局依法对涉事人员及该建设有限公司进行立案查处。

【查处情况】

某生态环境局根据《中华人民共和国大气污染防治法》第一百一十九条第二款的规定，对该建设有限公司进行了罚款 1 万元的处罚。

【案件分析】

1. 在人口集中地区焚烧产生恶臭气体的物质的法律适用

《中华人民共和国大气污染防治法》第八十二条第一款规定："禁止在人口集中地区和其他依法需要特殊保护的区域内焚烧沥青、油毡、橡胶、塑料、皮革、垃圾以及其他产生有毒有害烟尘和恶臭气体的物质。"违反本规定的，依据《中华人民共和国大气污染防治法》第一百一十九条第二款的规定，由县级人民政府确定的监督管理部门责令改正，对单位处一万元以上十万元以下的罚款，对个人处五百元以上二千元以下的罚款。

本案中，县级干部职工周转宿舍建设项目工地紧邻前街商户和住户，建筑工地另一侧临公路，属于人口集中区（有现场勘验图为证）。唐某某在工地内焚烧塑料、垃圾等，违反了《中华人民共和国大气污染防治法》第八十二条第一款的规定，依据《中华人民共和国大气污染防治法》第一百一十九条第二款的规定进行处罚，法律适用恰当。

2. 处罚主体的认定

本案中，涉事工地项目业主单位县住房和城乡建设局与承建公司（建设有限公司）施工合同中约定了承包人的义务和环境保护责任，明确了施工过程中的环保责任一律由建设有限公司负责。涉事人唐某某（乙方）与建设有限公司（甲方）签订的劳动合同第十四条约定甲方有义务负责对乙方进行业务技术、劳动安全卫生及其有关规章制度的教育和培训，合同未

约定乙方相关环保方面的责任。调查中，涉事人唐某某也反映公司没有对其进行环保相关的培训，不知道不能焚烧安全网。建设有限公司在施工过程中需要承担环保责任，有义务对其员工进行环保方面的教育和培训，但其未履行相关义务，因此，认定本案处罚主体为建设有限公司。

【问题与启示】

1. 哪些是“人口集中地区”和“其他依法需要特殊保护的区域”？

《中华人民共和国畜牧法》第四十条第（二）项规定，“城镇居民区、文化教育科学研究区等人口集中区域”；《最高人民法院、最高人民检察院关于办理环境污染刑事案件适用法律若干问题的解释（2016）》第四条第（二）项规定，“在医院、学校、居民区等人口集中地区及其附近，违反国家规定排放、倾倒、处置有放射性的废物、含传染病病原体的废物、有毒物质或者其他有害物质的”；《畜禽养殖污染防治管理办法》第七条第（二）项规定“禁止在城市和城镇中居民区、文教科研区、自然保护区、医疗区等人口集中地区建设畜禽养殖场”；《畜禽养殖业污染防治技术规范》（HJ/T 81—2001）3.1.2 规定，“禁止在城市和城镇居民区，包括文教科研区、医疗区、商业区、工业区、游览区等人口集中地区建设畜禽养殖场”。因此，人口集中地区除了法律列明的“城市和城镇中居民区、文教科研区、自然保护区、医疗区”之外，还应当包括“商业区、工业区、游览区”等区域。

其他依法需要特殊保护的区域为国家法律、法规、行政规章及规划确定或经县级以上人民政府批准的需要特殊保护的地区，如饮用水水源保护区、自然保护区、风景名胜区、基本农田保护区、水土流失重点防治区、森林公园、世界遗产地、国家重点文物保护单位、历史文化保护地等。

2. 焚烧后产生有毒有害烟尘和恶臭气体的物质包括哪些？

有毒有害烟尘，是指有毒性或者危害性的固体颗粒气溶胶。恶臭气体，是指一切刺激嗅觉器官引起人们不愉快及损坏生活环境的气体物质。《中华人民共和国大气污染防治法》第八十二条第一款规定：“禁止在人口集中地区和其他依法需要特殊保护的区域内焚烧沥青、油毡、橡胶、塑料、皮革、垃圾以及其他产生有毒有害烟尘和恶臭气体的物质。”《漳州市大气污染防治条例》第三十四条规定：“禁止露天焚烧沥青、油毡、橡胶、塑料、皮革、电子废弃物、垃圾以及其他产生有毒有害烟尘和恶臭气体的物质。”《汉中市大气污染防治条例》第三十六条规定：“禁止露天焚烧沥青、油毡、废油、橡胶、塑料、皮革、垃圾等产生有毒有害烟尘和恶臭气体的物质。”《珠海市环境保护条例》第四十九条规定：“禁止在非指定场所焚烧沥青、油毡、橡胶、塑胶、塑料、皮革、建筑废料、垃圾、电线电缆、电子废物以及其他产生有毒有害烟尘、恶臭的物质。”

因此，焚烧后产生有毒有害烟尘和恶臭气体的物质除《中华人民共和国大气污染防治法》中列明的沥青、油毡、橡胶、塑料、皮革、垃圾外，根据管理需求，可进一步将电子废弃物、废油、建筑废料、电线电缆等物质列为管理对象。

3. 有毒有害烟尘和恶臭气体的物质焚烧的危害有哪些？

沥青是由不同分子量的碳氢化合物及其非金属衍生物组成的黑褐色复杂混合物，油毡、橡胶、塑料等制品都含有沥青成分。这些物质在焚烧过程中，会产生含有大量的多环芳香烃和少量的氧、氮、硫等的混合物，对皮肤黏膜具有刺激性，有光毒作用和致肿瘤作用。闻及沥青嗅味后，可出现头昏、头胀、头痛、胸闷、乏力、恶心或咳嗽、心悸、耳鸣等不适，严重时可伴发热。皮革的主要成分是胶原纤维蛋白角质、蛋白质、脂肪，燃烧后会产生氯气、氮气、二氧化碳等有害而刺鼻的气体。垃圾是人类日常生活和生产中产生的固体废弃物，由于排出量大，成分复杂多样，且具有污染性、资源性和社会性，需要无害化、资源化、减量化和社会化处理。上述物质在焚烧过程中都会产生大量有毒有害烟尘及恶臭气体物质，使植物叶片变黑、枯萎甚至死亡，并使人体发生急性或者慢性中毒。特别是在人口稠密或者集中地区，其危害将更大，轻则使人们恶心、头痛、不安、忧郁、失眠、食欲减退等，重则刺激人体引起眼结膜炎、记忆力减退、胸痛、咳嗽、呼吸道病变，严重中毒甚至使人昏迷、死亡。

【条文链接】

◆《中华人民共和国大气污染防治法》

第八十二条　禁止在人口集中地区和其他依法需要特殊保护的区域内焚烧沥青、油毡、橡胶、塑料、皮革、垃圾以及其他产生有毒有害烟尘和恶臭气体的物质。

禁止生产、销售和燃放不符合质量标准的烟花爆竹。任何单位和个人不得在城市人民政府禁止的时段和区域内燃放烟花爆竹。

第一百一十九条　违反本法规定，在人口集中地区对树木、花草喷洒剧毒、高毒农药，或者露天焚烧秸秆、落叶等产生烟尘污染的物质的，由县级以上地方人民政府确定的监督管理部门责令改正，并可以处五百元以上二千元以下的罚款。

违反本法规定，在人口集中地区和其他依法需要特殊保护的区域内，焚烧沥青、油毡、橡胶、塑料、皮革、垃圾以及其他产生有毒有害烟尘和恶臭气体的物质的，由县级人民政府确定的监督管理部门责令改正，对单位处一万元以上十万元以下的罚款，对个人处五百元以上二千元以下的罚款。

违反本法规定，在城市人民政府禁止的时段和区域内燃放烟花爆竹的，由县级以上地方人民政府确定的监督管理部门依法予以处罚。

◆《四川省〈中华人民共和国大气污染防治法〉实施办法》

第六十二条 任何单位和个人不得在城市建成区、人口集中地区和其他依法需要特殊保护的区域焚烧沥青、油毡、橡胶、塑料、皮革、垃圾以及其他产生有毒有害烟尘和恶臭气体的物质。

第八十三条 违反本实施办法第六十二条规定的，由县级以上地方人民政府确定的监督管理部门责令改正，对单位处二万元以上十万元以下的罚款，对个人处五百元以上二千元以下的罚款。

二十二、未设置异味和废气处理装置等污染防治设施并保持正常使用影响周边环境

案例 38
某汽车美容店未设置异味和废气处理装置案

【案情简介】

2020 年 6 月 17 日，接群众匿名投诉，某生态环境综合执法大队执法人员对马某所经营的汽车美容店进行现场调查，发现该汽车美容店内有调漆、喷漆设施设备，无相关废气收集，处理装置。该行为涉嫌违反《中华人民共和国大气污染防治法》第八十四条的规定，某生态环境局依法对马某（汽车美容店）进行立案查处。

【查处情况】

某生态环境局根据《中华人民共和国大气污染防治法》第一百二十条及《四川省生态环境行政处罚裁量标准（2019 年版）》的规定，对马某（汽车美容店）下达了处罚款人民币 2 000 元的行政处罚决定。

【案件分析】

1. 法律适用性的认定

《中华人民共和国大气污染防治法》第八十四条规定："从事服装干洗和机动车维修等服务活动的经营者，应当按照国家有关标准或者要求设置异味和废气处理装置等污染防治设施并保持正常使用，防止影响周边环境。"本案中，马某所经营的汽车美容店主要从事机动车维修中的敲补、喷漆等，按照《汽车维修业开业条件 第 2 部分：汽车综合小修及专项维修业户》（GBT 16739.2—2014）要求，其作业环境以及按生产工艺配置的处理废油、废液、废气、废水及采光、通风、吸尘、净化、消声等设施，均应符合环境保护的有关规定。马某未遵守国家有关标准设置异味和废气处理装置，进行汽车维修活动，违反了《中华人民共和国大气污染防治法》第八十四条的规定，应当依据《中华人民共和国大气污染防治法》第一百二十条的规定进行处罚，法律适用准确。

2. 处罚主体的认定

《中华人民共和国大气污染防治法》第八十四条规定："从事服装干洗和机动车维修等服

务活动的经营者，应当按照国家有关标准或者要求设置异味和废气处理装置等污染防治设施并保持正常使用，防止影响周边环境。”第一百二十条规定：“违反本法规定，从事服装干洗和机动车维修等服务活动，未设置异味和废气处理装置等污染防治设施并保持正常使用，影响周边环境的，由县级以上地方人民政府生态环境主管部门责令改正，处二千元以上二万元以下的罚款；拒不改正的，责令停业整治。”虽第一百二十条未明确“从事服装干洗和机动车维修等服务活动”的行为主体，但从第八十四条规定的经营者和第一百二十条“拒不改正的，责令停业整治”可以看出，处罚主体应当为从事服装干洗和机动车维修等服务活动的经营者。本案中，马某为汽车美容店的经营者，依法应当对其进行处罚。

【问题与启示】

1. 机动车维修服务活动管理要求有哪些？

2014 年，交通运输部组织修订出台了国家标准《汽车维修业开业条件》，包括《汽车维修业开业条件 第 1 部分：汽车整车维修企业》（GB/T 16739.1—2014）和《汽车维修业开业条件 第 2 部分：汽车专项维修业户》（GB/T 16739.2—2014），是汽车维修行业的重要基础性标准。交通运输部根据《中华人民共和国道路运输条例》及有关法律、行政法规的规定，制定了《机动车维修管理规定》，2019 年进行了修正，其第十二条第（五）项规定：从事汽车维修经营业务或者其他机动车维修经营业务的，应当有必要的环境保护措施。具体要求按照国家标准《汽车维修业开业条件》（GB/T 16739）相关条款的规定执行。第五十条规定：违反本规定，由县级以上道路运输管理机构责令改正；情节严重的，由县级以上道路运输管理机构责令停业整顿。

《汽车维修业开业条件》规定，汽车维修业开业应当具备的环境保护条件主要有：（1）废油、废液、废气、废水、废蓄电池、废轮胎、含石棉废料及有害垃圾等物质集中收集、有效处理和保持环境整洁的环境保护管理制度，并有效执行。有害物质存储区域应界定清楚，必要时应有隔离、控制措施。（2）作业环境以及按生产工艺配置的处理废油、废液、废气、废水及采光、通风、吸尘、净化、消声等设施，均应符合环境保护的有关规定。（3）涂漆车间应设有专用的废水排放及处理设施，采用干打磨工艺的，应有粉尘收集装置和除尘设备，并应设有通风设备。（4）调试车间或调试工位应设置汽车尾气收集净化装置。

2. 服装干洗服务活动管理要求有哪些？

《中华人民共和国大气污染防治法》第八十四条除了对机动车维修服务活动提出设置异味和废气处理装置等污染防治设施外，还对服装干洗服务活动提出了要求。干洗机本身产生的污染主要有：（1）干洗机在干洗过程中的泄漏引起污染；（2）残存气体污染；（3）残渣污染。《洗染业管理办法》第八条规定：“洗染业污染物的排放应当达到国家或地方规定的污染物排放标准的要求。新的行业污染物排放标准出台后，应执行新的行业排放标准。”服装干洗作为洗染业之一，应当遵守《洗染业管理办法》的规定。

【条文链接】

◆ **《中华人民共和国大气污染防治法》**

第八十四条　从事服装干洗和机动车维修等服务活动的经营者，应当按照国家有关标准或者要求设置异味和废气处理装置等污染防治设施并保持正常使用，防止影响周边环境。

第一百二十条　违反本法规定，从事服装干洗和机动车维修等服务活动，未设置异味和废气处理装置等污染防治设施并保持正常使用，影响周边环境的，由县级以上地方人民政府生态环境主管部门责令改正，处二千元以上二万元以下的罚款；拒不改正的，责令停业整治。

◆ **《机动车维修管理规定》**

第十二条 从事汽车维修经营业务或者其他机动车维修经营业务的，应当符合下列条件：

（一）有与其经营业务相适应的维修车辆停车场和生产厂房。租用的场地应当有书面的租赁合同，且租赁期限不得少于1年。停车场和生产厂房面积按照国家标准《汽车维修业开业条件》（GB/T 16739）相关条款的规定执行。

（二）有与其经营业务相适应的设备、设施。所配备的计量设备应当符合国家有关技术标准要求，并经法定检定机构检定合格。从事汽车维修经营业务的设备、设施的具体要求按照国家标准《汽车维修业开业条件》（GB/T 16739）相关条款的规定执行；从事其他机动车维修经营业务的设备、设施的具体要求，参照国家标准《汽车维修业开业条件》（GB/T 16739）执行，但所配备设施、设备应与其维修车型相适应。

（三）有必要的技术人员：

1. 从事一类和二类维修业务的应当各配备至少1名技术负责人员、质量检验人员、业务接待人员以及从事机修、电器、钣金、涂漆的维修技术人员。技术负责人员应当熟悉汽车或者其他机动车维修业务，并掌握汽车或者其他机动车维修及相关政策法规和技术规范；质量检验人员应当熟悉各类汽车或者其他机动车维修检测作业规范，掌握汽车或者其他机动车维修故障诊断和质量检验的相关技术，熟悉汽车或者其他机动车维修服务收费标准及相关政策法规和技术规范，并持有与承修车型种类相适应的机动车驾驶证；从事机修、电器、钣金、涂漆的维修技术人员应当熟悉所从事工种的维修技术和操作规范，并了解汽车或者其他机动车维修及相关政策法规。各类技术人员的配备要求按照《汽车维修业开业条件》（GB/T 16739）相关条款的规定执行。

2. 从事三类维修业务的，按照其经营项目分别配备相应的机修、电器、钣金、涂漆的维修技术人员；从事汽车综合小修、发动机维修、车身维修、电气系统维修、自动变速器维修的，还应当配备技术负责人员和质量检验人员。各类技术人员的配备要求按照国家标准《汽车维修业开业条件》（GB/T 16739）相关条款的规定执行。

（四）有健全的维修管理制度。包括质量管理制度、安全生产管理制度、车辆维修档案管理制度、人员培训制度、设备管理制度及配件管理制度。具体要求按照国家标准《汽车维修业开业条件》（GB/T 16739）相关条款的规定执行。

（五）有必要的环境保护措施。具体要求按照国家标准《汽车维修业开业条件》（GB/T 16739）相关条款的规定执行。

第五十条 违反本规定，从事机动车维修经营业务不符合国务院交通运输主管部门制定的

机动车维修经营业务标准的，由县级以上道路运输管理机构责令改正；情节严重的，由县级以上道路运输管理机构责令停业整顿。

◆ 《洗染业管理办法》

第八条 洗染业污染物的排放应当达到国家或地方规定的污染物排放标准的要求。新的行业污染物排放标准出台后，应执行新的行业排放标准。

干洗中产生的含有干洗溶剂的残渣、废水应进行妥善收集、处理，属于危险废物的，应依法委托持有危险废物经营许可证的单位进行处理、处置。

外排废水排入城市污水管网进行集中处理的，应当符合相应污水处理厂对进水水质的要求。有废水处理设施的，应对产生的污泥进行无害化处理。

不得将不符合排放标准的废水直接排放到河流、湖泊、雨水管线、渗坑、渗井等。

洗染店、水洗厂的厂界噪声应当符合《工业企业厂界噪声标准》（GB 12348—90）相应区域的规定标准。

第二十二条 经营者违反本办法规定，法律法规有规定的，从其规定；没有规定的，由商务、工商、环保部门依据本办法第三条规定的职能责令改正，有违法所得的，可处违法所得3倍以下罚款，但最高不超过3万元；没有违法所得的，可处1万元以下罚款；并可予以公告。

第三部分

PART THREE

噪声污染典型案例及其要点解析

一、拒报规定的环境噪声排放申报事项

案例 39 某集团有限责任公司拒报噪声排放事项案

【案情简介】

2020 年 7 月，某市生态环境局收到某区环督办环境问题案件交办单。某市生态环境局执法人员对某集团有限责任公司进行了现场检查，检查时该项目正在施工。该项目开工时间是 2020 年 4 月中旬，某集团有限责任公司作为施工单位。施工面积 114 785 平方米。目前进行到基础开挖及基础施工阶段，现场当时有四台挖掘机、两台装载机、六台塔吊、四台振动棒、两台台锯等产噪设备，已取得施工许可证。该施工单位现场未能提供向区生态环境局的申报材料。该项目没有在开工前 15 日向某区生态环境局申报该工程的项目名称、施工场所和期限、可能产生的环境噪声值以及所采取的环境噪声污染防治措施的情况。上述行为涉嫌违反《中华人民共和国环境噪声污染防治法》第二十九条的规定，某市生态环境局依法对该公司进行立案查处。

【查处情况】

某市生态环境局依据《中华人民共和国环境噪声污染防治法》第四十九条的规定，对该单位处罚款 3 万元。

【案件分析】

1. 某集团有限公司使用了产生噪声污染的机械设备

现场检查发现，某集团有限责任公司作为施工单位，现场有四台挖掘机、两台装载机、六台塔吊、四台振动棒、两台台锯等设备。上述设备均属于可能产生环境噪声污染的产噪设备，某集团有限公司使用了产生噪声污染的机械设备行为成立。

2. 某集团有限公司拒报噪声排放事项

按照《中华人民共和国环境噪声污染防治法》第二十九条规定，在城市市区范围内，建筑施工过程中使用机械设备，可能产生环境噪声污染的，施工单位必须在工程开工十五日以前向工程所在地县级以上地方人民政府生态环境主管部门申报该工程的项目名称、施工场所和期限、可能产生的环境噪声值以及所采取的环境噪声污染防治措施的情况。某集团有限责任公司在开工前 15 日未向某区生态环境局申报该工程的项目名称、施工场所和期限、可能产生的环境噪声值以及所采取的环境噪声污染防治措施，虽然在调查询问中该公司现场负责人表示是在调查询问中才“阅读到该法律并清楚”，但某集团有限责任公司的行为是否违法并不取决于当事人的主观意图，具有客观性。因此，该公司未向某区生态环境局申报噪声排放事项的行为违法。

3. 某集团有限公司施工扰民严重

按照《中华人民共和国环境噪声污染防治法》第四十九条规定，拒报或者谎报规定的环境噪声排放申报事项的，县级以上地方人民政府生态环境主管部门可以根据不同情节，给予警告或者处以罚款。某市生态环境局作为处罚的适格主体，考虑到群众投诉某集团有限责任公司建设的片区棚户区自主改造项目施工扰民严重，对某集团有限责任公司处罚款 3 万元，处罚合法、适当。

【问题与启示】

1. “施工许可证”与“环境噪声排放申报”有什么区别？

施工许可证是建筑施工单位符合各种施工条件、允许开工的批准文件，是建设单位进行工程施工的法律凭证，也是房屋权属登记的主要依据之一。没有施工许可证的建设项目均属违章建筑，不受法律保护。根据《中华人民共和国建筑法》第七条规定，建筑工程开工前，建设单位应当按照国家有关规定向工程所在地县级以上人民政府建设行政主管部门申请领取施工许可证；但是，国务院建设行政主管部门确定的限额以下的小型工程除外。按照国务院规定的权限和程序批准开工报告的建筑工程，不再领取施工许可证。

环境噪声排放申报是根据《中华人民共和国环境噪声污染防治法》第二十九条规定，在城市市区范围内，建筑施工过程中使用机械设备，可能产生环境噪声污染的施工单位，应当在工作开工十五日前向工程所在地县级以上地方人民政府生态环境主管部门申报。申报内容包括项目名称、施工场所和期限、可能产生的环境噪声值以及所采取的环境噪声污染防治措施的情况等。

2. 什么是“环境行政执法约谈”？

环境行政执法约谈是指依据《环境监察办法》第十三条规定，从事现场执法工作的环境监察人员进行现场检查时，有权依法采取约见、询问有关人员，要求说明相关事项，提供相关材料等措施。其中，环境监察是指生态环境主管部门依据环境保护法律、法规、规章和其他规范性文件实施的行政执法活动。

3. 什么是“环境保护督察”？

环保督察这一制度设计，出自中央全面深化改革领导小组，是党中央、国务院关于推进生态文明建设和环境保护工作的一项重大制度安排。2015 年 7 月，中央深改组第十四次会议审议通过了《环境保护督察方案（试行）》，明确建立环保督察机制，规定督察工作将以中央环保督察组的组织形式，对省区市党委和政府及其有关部门开展，并下沉至部分地市级党委政府部门。

环保督察的重点是：在具体督察中，坚持问题导向，重点盯住中央高度关注、群众反映强烈、社会影响恶劣的突出环境问题及其处理情况；重点检查环境质量呈现恶化趋势的区域流域及整治情况；重点督察地方党委和政府及其有关部门环保不作为、乱作为的情况；重点了解地方落实环境保护党政同责和一岗双责、严格责任追究等情况。

环保督察重点由以往的“督企”转向“督政”，督察对象包括了省级、市级党委、政府及有关部门和地方企业，实现了对“党政企”的全覆盖。

环保督察主要包括三方面内容：一是党委、政府对国家和省环境保护重大决策部署贯彻落实情况；二是突出环境问题及处理情况；三是环境保护责任落实情况。工作方式有：听取汇报、调阅资料、个别谈话、走访问询、受理举报、现场抽查、下沉督察。

环保督察有6个工作步骤：督察准备、督察进驻、形成督察报告、督察反馈、移交移送问题及线索、整改落实。

其中，下沉市级督察是指中央环保督察组在下沉市级督察阶段将分组对第一阶段梳理出的问题线索进行核实，并实地调查取证，其中正式下沉4～6个地市，其他地市可能组织抽查。下沉地市督察时，主要听取各地工作汇报，并与各地党政领导个别谈话，谈话主要以问题为导向。针对下沉督察准备和省级层面督察梳理出的问题和线索，通过交流座谈、调阅资料、现场抽查和重点约谈等方式进行调查取证核实。通过下沉督察，核实有关情况，完善证据链，并厘清各级各部门责任，必要时开展补充督察，部分问题将再回到省直有关单位进行取证。

【条文链接】

◆《中华人民共和国环境噪声污染防治法》

第二十九条 在城市市区范围内，建筑施工过程中使用机械设备，可能产生环境噪声污染的，施工单位必须在工程开工十五日以前向工程所在地县级以上地方人民政府生态环境主管部门申报该工程的项目名称、施工场所和期限、可能产生的环境噪声值以及所采取的环境噪声污染防治措施的情况。

第四十九条 违反本法规定，拒报或者谎报规定的环境噪声排放申报事项的，县级以上地方人民政府生态环境主管部门可以根据不同情节，给予警告或者处以罚款。

二、擅自闲置环境噪声污染防治设施，致使排放超标

案例 40 某煤炭有限责任公司未经批准，擅自闲置环境噪声污染防治设施案

【案情简介】

2019 年 6 月下旬，某区生态环境局对某煤炭有限责任公司进行检查时发现，该厂噪声超标，存在未向生态环境局报告同意批准擅自将噪声污染治理设施闲置，致使环境噪声排放超过规定标准。4 天后督察整改，发现该厂未在规定时间内完成整改要求。上述行为涉嫌违反《中华人民共和国环境噪声污染防治法》第十五条之规定，某区生态环境局依法对该公司进行立案查处。

【查处情况】

某区生态环境局依据《中华人民共和国环境噪声污染防治法》第五十条和《中华人民共和国环境保护法》第五十九条第一款的规定，启动了按日连续处罚程序，并对该单位处罚款 8 万元。

【案件分析】

1. 某煤炭有限责任公司闲置环境噪声污染防治设施

首先，某煤炭有限责任公司实行了闲置环境噪声污染防治设施的行为，该行为有现场检查（勘察）笔录为证，经现场负责人签字确认，属实。其次，某煤炭有限责任公司闲置环境噪声污染防治设施的行为未经生态环境主管部门批准，属于擅自闲置环境噪声污染防治设施，该行为同样有现场检查（勘察）笔录为证，经现场负责人签字确认，属实。

2. 某煤炭有限责任公司超标排放环境噪声

现场监测发现，某煤炭有限责任公司环境噪声排放三个点位均超过了《工业企业厂界噪声排放标准》（GB 12348—2008）规定的标准。换言之，某煤炭有限责任公司未经生态环境主管部门批准，擅自拆除或者闲置环境噪声污染防治设施，致使环境噪声排放超过规定标准，该行为违反了《中华人民共和国环境噪声污染防治法》第十五条的规定，“产生环境噪声污染的企业事业单位，必须保持防治环境噪声污染的设施的正常使用；拆除或者闲置环境噪声污染防治设施的，必须事先报经所在地的县级以上地方人民政府生态环境主管部门批准”。

3. 某煤炭有限责任公司未在规定时间内完成整改要求

某煤炭有限责任公司厂界噪声超标，存在未报经生态环境局批准擅自将噪声污染治理设施闲置的行为，致使环境噪声排放超过规定标准，并且 4 天后督察整改，该厂未在规定时间内完成整改要求。该厂的行为违反了《中华人民共和国环境噪声污染防治法》第十五条的规定，按照该法第五十条的规定，未经生态环境主管部门批准，擅自拆除或者闲置环境噪声污染防治设施，致使环境噪声排放超过规定标准的，由县级以上地方人民政府生态环境主管部门责令改正，并处罚款。某区生态环境局作为适格主体，责令某煤炭有限责任公司改正违法行为，但该公司未在规定时间内完成整改要求，按照《中华人民共和国环境保护法》第五十九条第一款规定，企业事业单位和其他生产经营者违法排放污染物，受到罚款处罚，被责令改正，拒不改正的，依法作出处罚决定的行政机关可以自责令改正之日的次日起，按照原处罚数额按日连续处罚。因此，某区生态环境局启动按日连续处罚程序，在某煤炭有限责任公司执行到位后并处 8 万元罚款，符合法律规定，处罚合法、适当。

【问题与启示】

1. “拆除或者闲置环境噪声污染防治设施”需经批准

按照相关规定，产生环境噪声污染的企事业单位，拆除或者闲置环境噪声污染防治设施，必须事先报经所在地的县级以上地方人民政府生态环境主管部门批准。企事业单位需要将环境噪声污染防治设施拆除或者闲置的申请报告和环境噪声污染防治设施拆除或者闲置申请表提交审批。一般而言，生态环境主管部门会对满足以下条件的予以审批：（1）因工艺改变，产生的噪声源强发生变化，噪声污染防治设施不再适用的，拟拆除原有噪声污染防治设施；（2）噪声污染防治设施需更新、改造、更换，拟拆除原有噪声污染防治设施；（3）产生噪声污染的设施易地改造、搬迁，配套的噪声污染防治设施需拆除、迁移的；（4）因停产，需将噪声污染防治设施闲置的；（5）其它需将噪声污染防治设施拆除或者闲置的情况。

2. “监测报告”是确认环境违法的重要证据

“超标排污”是被按日连续处罚违法行为种类之一。超标排放环境噪声应属于“超标排污”。环境执法部门应同步开展“测管协同”，依法进行环境监测，及时出具环境监测报告，根据监测结果判定是否超标排污，为按日连续处罚提供重要证据。否则，难以启动按日连续处罚程序。

3. “责令改正”是按日连续处罚的必要条件

“拒不改正”是实施按日连续处罚的构成要件之一。环境执法部门发现企业违法排污，应及时下达责令改正执法文书，并依法予以复查，对未整改、假整改、敷衍整改等拒不改正行为，方可启动按日连续处罚程序。否则，无法实施按日连续处罚。

【条文链接】

◆《中华人民共和国环境噪声污染防治法》

第十五条 产生环境噪声污染的企业事业单位，必须保持防治环境噪声污染的设施的正常使用；拆除或者闲置环境噪声污染防治设施的，必须事先报经所在地的县级以上地方人民政府生态环境主管部门批准。

第五十条 违反本法第十五条的规定，未经生态环境主管部门批准，擅自拆除或者闲置环境噪声污染防治设施，致使环境噪声排放超过规定标准的，由县级以上地方人民政府生态环境主管部门责令改正，并处罚款。

◆《中华人民共和国环境保护法》

第五十九条 企业事业单位和其他生产经营者违法排放污染物，受到罚款处罚，被责令改正，拒不改正的，依法作出处罚决定的行政机关可以自责令改正之日的次日起，按照原处罚数额按日连续处罚。

前款规定的罚款处罚，依照有关法律法规按照防治污染设施的运行成本、违法行为造成的直接损失或者违法所得等因素确定的规定执行。

地方性法规可以根据环境保护的实际需要，增加第一款规定的按日连续处罚的违法行为的种类。

三、在城市市区噪声敏感建筑物集中区域内从事禁止夜间进行的建筑施工作业

案例 41
某房地产开发有限公司夜间施工噪音扰民案

【案情简介】

2017 年 8 月，接到中央环保督察组交办的反映“某县医院旁的商品房建筑工地夜间施工噪声严重扰民”的信访案件后，某县环境保护局工作人员立即赶到现场进行调查核实。经调查询问得知，群众投诉当日，因浇筑 4 号楼筏板基础，需要大量的混凝土，筏板混凝土浇筑施工工艺要求必须一次性连续浇筑完成，施工预计为 10 小时完成，从下午 13:00 至 22:00 浇筑完成。因商品混凝土供应商的机械出现故障，供应量减少，因此无法按时完成浇筑，所以筏板基础浇筑施工时间延迟到次日凌晨 5:30 分左右才完成。在凌晨该公司派协调人员到县医院进行协调，医院值班人员表示理解，但未向县级以上人民政府或者其有关主管部门申报。上述行为涉嫌违反《中华人民共和国环境噪声污染防治法》第三十条的规定，某县环境保护局依法对该公司进行立案查处。

【查处情况】

某县环境保护局依据《中华人民共和国环境噪声污染防治法》第五十六条及《四川省环境保护条例》第四十六条的规定，对该公司处罚款 1 万元。

【案件分析】

1. 某房地产开发有限公司在城市市区噪声敏感建筑物集中区域夜间施工

某房地产开发有限公司在城市市区噪声敏感建筑物集中区域施工。该公司施工区域位于市区内，居住、教育科研、医疗卫生、机关办公等为主的区域，且施工时间超过了预估时间，从下午 13:00 延迟到次日凌晨 5:30 分左右才完成，属于夜间施工。该房地产开发有限公司承认于夜间进行商住楼筏板基础浇筑施工作业，夜间施工行为事实清楚，证据充分。

2. 某房地产开发有限公司夜间施工未进行申报

某房地产开发有限公司公司称“由于临时的问题，公司没有申报，只是向县医院值班人员协调过”。由于未向县级以上人民政府或者其有关主管部门申报，违反了《中华人民共和国

环境噪声污染防治法》第三十条规定，在城市市区噪声敏感建筑物集中区域内，禁止夜间进行产生环境噪声污染的建筑施工作业，但抢修、抢险作业和因生产工艺上要求或者特殊需要必须连续作业的除外。因特殊需要必须连续作业的，必须有县级以上人民政府或者其有关主管部门的证明。

3. 行政处罚合法、适当

某县环境保护局向某房地产开发有限公司下达了《责令改正违法行为决定书》，责令该公司禁止夜间进行产生环境噪声污染的建筑施工作业，但抢修、抢险作业除外。因生产工艺上要求或者特殊需要必须连续作业的，必须有县级以上人民政府或者其有关主管部门的证明。同时明确，若该单位拒不改正上述环境违法行为，将按照《中华人民共和国环境保护法》第六十三条的规定移送公安机关给予行政拘留。

因《中华人民共和国环境噪声污染防治法》第五十六条无明确处罚额度，故按照《四川省环境保护条例》相关规定予以罚款。由于当时《四川省环境保护条例》（2017 修订）尚未生效，故依照《四川省环境保护条例》（2004 修正）第四十六条规定，“县级人民政府环境保护行政主管部门可处 10 000 元以下罚款，市、州人民政府环境保护行政主管部门可处 50 000 元以下罚款。超过罚款限额的，须报上级人民政府环境保护行政主管部门批准。省人民政府环境保护行政主管部门可处 200 000 元以下罚款。法律、法规另有规定的除外。”对该房地产开发有限公司处罚款 10 000 元人民币，该处罚合法、适当。

【问题与启示】

1. 敏感区域内夜间建筑施工作业的调查取证内容应围绕哪些方面？

第一，违法主体须为建筑施工单位。根据施工现场公示牌可以初步确认所公示的建筑施工单位调查对象。按照《住房和城乡建设部办公厅关于进一步加强建筑工程施工许可管理工作的通知》规范：建设单位要在施工现场显著位置设置施工许可公告牌，公告牌内容应与施工许可证内容一致，主动接受社会监督；再通过对调查对象的调查询问，查阅《建设工程中标通知书》《施工合同》《建设用地规划许可证》等证据确认违法主体（调查过程中如遇中标施工单位将工程转包、分包情形，当转换调查对象）。

第二，违法行为是在城市市区噪声敏感建筑物集中区域内，夜间进行产生环境噪声污染的建筑施工作业。逐步拆解违法行为构成要素分析：（1）违法地点须为城市市区噪声敏感建筑物集中区域内。（2）违法时间须为夜间，询问笔录应注意调查违法行为的其他时间问题，如施工单位有无在其他日期有类似行为、当夜施工的持续时间等。（3）违法表现行为须为建筑施工，且不存在因抢险、抢修作业和因生产工艺上要求或者特殊需要必须连续作业的情况。（4）危害结果须为环境噪声污染。（5）行为和结果之间的因果关系，即确认因施工产生噪声污染。该项事实可通过现场勘查、当事人询问笔录、环境监测站监测报告等证据证明。

值得注意的是，并非每一件行政违法行为都会产生危害结果，所以只有对产生危害结果的行政违法行为调查其因果关系才有意义，而对那些没有产生直接危害结果的违法行为，不必研究因果关系，当事人依然要承担相应的行政责任。

2. 什么是“建筑施工”？

根据《建筑施工场界环境噪声排放标准》（GB 12523—2011）3.1 规定，建筑施工是指工程建设实施阶段的生产活动，是各类建筑物的建造过程，包括基础工程施工、主体结构施工、屋面工程施工、装饰工程施工（已竣工交付使用的住宅楼进行室内装修活动除外）等。

3. 什么属于“环境噪声污染”？

根据《中华人民共和国环境噪声污染防治法》第二条第二款规定：“本法所称环境噪声污染，是指所产生的环境噪声超过国家规定的环境噪声排放标准，并干扰他人正常生活、工作和学习的现象。”

4. 什么是“城市市区噪声敏感建筑物集中区域”？

噪声敏感建筑物集中区域是指市区内，居住、教育科研、医疗卫生、机关办公等为主的区域。

【条文链接】

◆《中华人民共和国环境噪声污染防治法》

第三十条 在城市市区噪声敏感建筑物集中区域内，禁止夜间进行产生环境噪声污染的建筑施工作业，但抢修、抢险作业和因生产工艺上要求或者特殊需要必须连续作业的除外。

因特殊需要必须连续作业的，必须有县级以上人民政府或者其有关主管部门的证明。

前款规定的夜间作业，必须公告附近居民。

第五十六条 建筑施工单位违反本法第三十条第一款的规定，在城市市区噪声敏感建筑的集中区域内，夜间进行禁止进行的产生环境噪声污染的建筑施工作业的，由工程所在地县级以上地方人民政府生态环境主管部门责令改正，可以并处罚款。

◆《四川省环境保护条例》（2004 修正）

第四十六条 县级人民政府环境保护行政主管部门可处 10 000 元以下罚款，市、州人民政府环境保护行政主管部门可处 50 000 元以下罚款。超过罚款限额的，须报上级人民政府环境保护行政主管部门批准。省人民政府环境保护行政主管部门可处 200 000 元以下罚款。法律、法规另有规定的除外。

罚款按环境保护执法部门的隶属关系一律交同级财政，并出具财政部门统一印制的罚没物专用收据。

四、在商业经营活动中使用空调器造成环境噪声污染

案例 42
某健康管理有限公司噪声扰民案

【案情简介】

2018 年 12 月，接某市市长公开电话办理转办单，投诉人反映某药房空调外机整天发出异响，噪声扰民。某区环境监察执法人员立即会同某区环境监测人员对某药房进行现场检查，现场检查发现：该药房实际是某健康管理有限公司，该公司取得营业执照。某区环境监测站监测人员对正在运行的八台空调外机（产噪设备）进行现场噪声监测。环境监测站监测报告显示该公司 1 号测点昼间噪声噪声测量值为 64.8 分贝，背景噪声为 52.0 分贝，噪声测量值修正结果为 65 分贝，监测结果不符合《社会生活环境噪声排放标准》（GB 22337—2008）二类标准限值要求。上述行为涉嫌违反《中华人民共和国环境噪声污染防治法》第四十四条第二款的规定，某区环境保护局依法对该公司进行立案查处。

【查处情况】

某区环境保护局依据《中华人民共和国环境噪声污染防治法》第五十九条之规定，对该公司处罚款 3 000 元。

【案件分析】

1. 某健康管理有限公司在商业经营活动中使用空调器

《中华人民共和国环境噪声污染防治法》第四十四条第二款明确规定，空调器属于可能产生环境噪声污染的设备，某健康管理有限公司使用空调属于使用可能产生环境噪声污染的设备。同时，被投诉噪声扰民的药房在经营时间段内使用空调，属于在商业经营活动中使用空调，该药房实际为某健康管理有限公司，因此，该健康有限公司在商业经营活动中使用空调器行为成立。

2. 某健康管理有限公司空调外机噪声超标排放

监测当日，某健康管理有限公司 8 台空调外机正常运行，运行时间为昼间，项目厂界外 1 米点位噪声测量值为 65 分贝，超过了《社会生活环境噪声排放标准》（GB 22337—2008）中规定的二类标准限值 60 分贝，属于超标排放。该行为属于在商业经营活动中使用空调器，违反了《中华人民共和国环境噪声污染防治法》第四十四条第二款规定，“在商业经营活动中

使用空调器、冷却塔等可能产生环境噪声污染的设备、设施的，其经营管理者应当采取措施，使其边界噪声不超过国家规定的环境噪声排放标准”。故，某健康管理有限公司空调外机噪声超标排放违法行为成立。

3. 某健康管理有限公司存在从轻处罚情形

某区环境保护局于 2018 年 12 月向某健康管理有限公司下达了《责令改正违法行为决定书》，责令该公司接到决定书之日起 24 日内停止环境违法行为，确保噪声达到国家排放标准限值要求。如该公司拒不改正上述环境违法行为，逾期不申请行政复议，不提起行政诉讼，又不履行本决定的，某区环境保护局将依法申请人民法院强制执行。某区环境保护局将在 30 日内对该公司改正违法行为的情况进行暗查。鉴于该公司已经整改达标，且公司加强了噪声管控，某区环境保护局根据《中华人民共和国环境噪声污染防治法》第五十九条的规定，对该公司并处罚款 3 000 元。该处罚合法、适当。

【问题与启示】

1. 商业经营活动噪声扰民该如何处置？

按照《中华人民共和国环境噪声污染防治法》和《中华人民共和国治安管理处罚法》相关规定，第一，在商业活动中使用高音广播喇叭或者其他发出高噪声的方法招揽顾客的行为，由公安机关处理。第二，经营中的文化娱乐场所制造的边界噪声，以及在商业经营活动中使用空调器、冷却塔等设备、设施产生的边界噪声，由生态环境主管部门处理。第三，在城市市区街道、公园等公共场所组织娱乐、集会等活动，使用音响器材产生的噪声，由公安机关管辖。第四，对路边喝酒猜拳产生噪声的合法摊点，可以向设立单位或者街道办事处、政府反映；对非法摊点，可以要求城管、工商部门予以取缔。第五，对晨练噪声，在广场跳舞产生的噪声，要合理引导，以说服教育为主，避免激化矛盾。

2. 为什么监测报告可以作为执法依据？

根据《中华人民共和国环境噪声污染防治法》，环境监测机构负责日常环境监测工作；另根据原环保部《环境行政处罚办法》第三十七条规定，环境保护主管部门在对排污单位进行监督检查时，可以现场即时采样，监测结果可以作为判定污染物排放是否超标的证据。

3. 什么是“噪声测量值修正”？

按照《社会生活环境噪声排放标准》（GB 22337—2008）5.7 测量结果修正有关规定，一是噪声测量值与背景噪声值相差大于 10 dB（A）时，噪声测量值不做修正。二是噪声测量值与背景噪声值相差在 3dB（A）~10 dB（A）之间时，噪声测量值与背景噪声值的差值取整后，差值为 3 的，修正值 – 3；差值为 4~5 的，修正值 – 2；差值为 6~10 的，修正值 – 1。三是噪声测量值与背景噪声值相差小于 3 dB（A）时，应采取措施降低背景噪声后，视情况按前两款执行；仍无法满足前二款要求的，应按环境噪声监测技术规范的有关规定执行。

4. 什么是“行政处罚事先告知程序”？

行政处罚事先告知程序的内涵是指行政主体在作出行政处罚决定之前，将据以作出行政处罚决定的事实、理由及依据告诉当事人，并告知当事人依法享有的权利的一种程序性法律行为。按照《中华人民共和国行政处罚法》第三十一条和第三十二条规定，行政机关在作出行政处罚决定之前，应当告知当事人作出行政处罚决定的事实、理由及依据，并告知当事人依法享有的权利。当事人有权进行陈述和申辩。行政机关必须充分听取当事人的意见，对当事人提出的事实、理由和证据，应当进行复核；当事人提出的事实、理由或者证据成立的，行政机关应当采纳。

行政处罚事先告知书是告知当事人对处罚决定（包括罚款金额）有陈述权和申辩权，如对处罚理由不服可向处罚机构进行陈述和申辩，如涉及听证的需下达听证告知书，当事人要求听证应组织听证会。如果当事人放弃陈述申辩权和听证权，或者陈述或陈述申辩、听证理由不成立，告知书到期后做出行政处罚决定。如果处罚机关对当事人的陈述和申辩、听证理由予以采信，就可能减少处罚或不予处罚。这一过程也是与当事人进行沟通宣传法律规定的过程，有利于当事人理解和积极配合行政机关履行处罚内容，减少行政诉讼成本。

【条文链接】

◆《中华人民共和国环境噪声污染防治法》

第四十四条 禁止在商业经营活动中使用高音广播喇叭或者采用其他发出高噪声的方法招揽顾客。

在商业经营活动中使用空调器、冷却塔等可能产生环境噪声污染的设备、设施的，其经营管理者应当采取措施，使其边界噪声不超过国家规定的环境噪声排放标准。

第五十九条 违反本法第四十三条第二款、第四十四条第二款的规定，造成环境噪声污染的，由县级以上地方人民政府生态环境主管部门责令改正，可以并处罚款。

五、超标排放

案例 43 某科技有限公司噪声超标排放案

【案情简介】

2019 年 11 月，某县生态环境局对某科技公司开展检查。现场检查时，该公司正在生产，生态环境局环境监测人员在该公司员工陪同下对厂界环境噪声进行了现场监测，监测结果显示该公司 4#厂界外西 1 米噪声为 76 分贝，超过《工业企业厂界噪声排放标准》（GB 12348—2008）昼间 3 类标准。上述行为涉嫌违反《中华人民共和国环境噪声污染防治法》第二十三条及《四川省环境保护条例》第六十五条第一款的规定，某县生态环境局依法对该公司进行立案查处。

【查处情况】

某县生态环境局依据《四川省环境保护条例》第八十七条第一款的规定，对该公司处罚款 2 万元。

【案件分析】

1．某科技有限公司超标排放

按照《声环境功能区划分技术规范》（GB/T 15190—2014）规定，该科技公司属于 3 类声环境功能区，即以工业生产、仓储物流为主要功能，需要防止工业噪声对周围环境产生严重影响的区域。按照《工业企业厂界噪声排放标准》（GB 12348—2008）要求，昼间 3 类标准为 65dB（A）。该公司在接受检查时，监测报告显示 4#厂界外西 1 米噪声为 76 分贝，超过《工业企业厂界噪声排放标准》（GB 12348—2008）昼间 3 类标准，即不符合国家规定的工业企业厂界环境噪声排放标准。上述行为违反了《中华人民共和国环境噪声污染防治法》第二十三条规定的“在城市范围内向周围生活环境排放工业噪声的，应当符合国家规定的工业企业厂界环境噪声排放标准”和《四川省环境保护条例》第六十五条规定的“排放环境噪声的单位和个人应当采取有效措施，使其排放的噪声符合环境噪声排放标准”，属违法行为。

2. 行政处罚合法、适当

科技公司的上述行为违反了相关法律规定，按照《四川省环境保护条例》第八十七条规定，工业企业排放噪声超过环境噪声排放标准的，由县级以上地方人民政府环境保护主管部门责令改正，处二万元以上十万元以下罚款。按照规定，某县生态环境局属于适格主体。该科技公司不位于噪声敏感建筑物周围区域，故该科技公司行为不适用第八十七条第二款、第三款和第四款。且该公司属初次违法，某县生态环境局按照第八十七条第一款规定，对该科技公司处罚款 2 万元，处罚合法、适当。

【问题与启示】

1. 什么是“厂界”？

厂界，指法律文书（如土地使用证、房产证、租赁合同等）中确定的业主所拥有使用权（或所有权）的场所或建筑物边界。各种产生噪声的固定设备的厂界为其实际占地的边界。

2. 声环境功能区如何分类？

根据《声环境质量标准》（GB 3096—2008）的规定，声环境功能区分为以下五种类型：

0 类声环境功能区，指康复疗养区等特别需要安静的区域。

1 类声环境功能区，指以居民住宅、医疗卫生、文化教育、科研设计、行政办公为主要功能，需要保持安静的区域。

2 类声环境功能区，指以商业金融、集市贸易为主要功能，或者居住、商业、工业混杂，需要维护住宅安静的区域。

3 类声环境功能区，指以工业生产、仓储物流为主要功能，需要防止工业噪声对周围环境产生严重影响的区域。

4 类声环境功能区，指交通干线两侧一定距离之内，需要防止交通噪声对周围环境产生严重影响的区域，包括 4a 类和 4b 类两种类型。4a 类为高速公路、一级公路、二级公路、城市快速路、城市主干路、城市次干路、城市轨道交通（地面段）、内河航道两侧区域；4b 类为铁路干线两侧区域。

3. 什么是“厂界环境噪声排放标准”？

按照《工业企业厂界噪声排放标准》（GB 12348—2008）规定：厂界外声环境功能区类别 0 类昼间噪声排放限值为 50 dB（A），夜间噪声排放限值为 40 dB（A）；厂界外声环境功能区类别 1 类昼间噪声排放限值为 55 dB（A），夜间噪声排放限值为 45 dB（A）；厂界外声环境功能区类别 2 类昼间噪声排放限值为 60 dB（A），夜间噪声排放限值为 50 dB（A）；厂界外声环境功能区类别 3 类昼间噪声排放限值为 65 dB（A），夜间噪声排放限值为 55 dB（A）；厂界外声环境功能区类别 4 类昼间噪声排放限值为 70 dB（A），夜间噪声排放限值为 55 dB（A）。

4. 什么是“dB（A）”？

A 声级，用 A 计权网络测得的声压级，用 LA 表示，单位 dB（A）。

5. “昼间”和“夜间”如何区分？

根据《中华人民共和国环境噪声污染防治法》，“昼间”是指 6:00 至 22:00 之间的时段；“夜间”是指 22:00 至次日 6:00 之间的时段。县级以上人民政府为环境噪声污染防治的需要（如考虑时差、作息习惯差异等）而对昼间、夜间的划分另有规定的，应按其规定执行。

6. 什么是“噪声敏感建筑物”？

噪声敏感建筑物，指医院、学校、机关、科研单位、住宅等需要保持安静的建筑物。

7. 厂界环境噪音排放需注意什么？

一是厂界噪音控制要求，必须符合《工业企业厂界噪音标准》（GB 12348—2008）中有关规定。二是在噪音的控制和防护方面，由于噪声源主要是各类机器的设备，各使用部门在设备选型时，应考虑噪音的影响，并注意安装、维护、保养；吸风机、空调机、空压机等工作时可采取适当措施，如采用隔离、减震等方法控制噪音。三是应对产生或控制噪声污染岗位的人员根据培训计划定期进行有关噪声污染控制的培训，提高环境保护和自我保护意识，增强其操作能力。

【条文链接】

◆ **《中华人民共和国环境噪声污染防治法》**

第二十三条 在城市范围内向周围生活环境排放工业噪声的，应当符合国家规定的工业企业厂界环境噪声排放标准。

◆ **《四川省环境保护条例》**

第六十五条 排放环境噪声的单位和个人应当采取有效措施，使其排放的噪声符合环境噪声排放标准。

在噪声敏感建筑物集中区域，禁止新建、改建、扩建产生环境噪声污染的工业企业，禁止从事金属加工、石材加工、木材加工等产生环境噪声污染的活动。

在居民楼、博物馆、图书馆和被核定为文物保护单位的建筑物内以及居民住宅区、学校、医院、机关等噪声敏感建筑物周围，禁止从事产生社会生活噪声污染的活动。

除抢修、抢险作业外，禁止高考、中考期间在噪声敏感集中区域从事产生环境噪声污染的活动。

第八十七条 工业企业排放噪声超过环境噪声排放标准的，由县级以上地方人民政府环境保护主管部门责令改正，处二万元以上十万元以下罚款。

在噪声敏感建筑物集中区域从事金属加工、石材加工、木材加工等活动产生的环境噪声超过排放标准的，由县级以上地方人民政府环境保护主管部门责令限期改正；逾期不改正的，对单位处一万元以上三万元以下罚款，对个人处五千元以上一万元以下罚款。

在居民楼、博物馆、图书馆和被核定为文物保护单位的建筑物内以及居民住宅区、学校、医院、机关等噪声敏感建筑物周围从事产生社会生活噪声污染活动的，由县级以上地方人民政府依法确定的主管部门责令改正，予以警告；拒不改正的，对个人处二百元以上五百元以下罚款，对单位处一万元以上三万元以下罚款。

高考、中考期间在噪声敏感区域从事产生环境噪声污染活动的，由所在地县级人民政府依法确定的主管部门责令改正，予以警告；拒不改正的，对个人处五百元的罚款，对单位处二万元以上五万元以下罚款。

第四部分

PART FOUR

土壤、固危废污染典型案例及其要点解析

一、擅自转移固体废物出省贮存、处置

案例 44 某实业有限公司擅自转移固体废物出省贮存、处置案

【案情简介】

2020 年 3 月，某县生态环境局接群众信访反映：某市污泥非法跨省转移。经执法人员调查：某实业有限公司委托某运输有限公司自 2020 年 1 月起，陆续将在某市 7 个污水处理厂接收的污泥直接转运至某县某农业发展有限公司的厂区内贮存、处置，该污泥转运行为未通过转出地环保部门批准。执法人员采样检测发现，该项目沉积物（底质）检测指标达到《农用污泥污染物控制标准》（GB 4284—2018）中 B 级污泥产物标准。上述行为涉嫌违反《中华人民共和国固体废物污染环境防治法》（2016 年）第二十三条的规定，某县生态环境局依法对该公司进行立案查处。

【查处情况】

某县生态环境局依据《中华人民共和国固体废物污染环境防治法》（2016 年）第六十八条第六项和《四川省生态环境行政处罚裁量标准（2019 年版）》的规定，对某实业有限公司处罚款 61 700 元。

【案件分析】

1. 某实业有限公司运输的半成品属于固体废物

某实业有限公司承认将该公司生产的半成品运往某农业发展有限公司，虽辩称该半成品不是污泥，但经采样取证检测显示，该项目沉积物（底质）检测指标达到《农用污泥污染物控制标准》（GB 4284—2018）中 B 级污泥产物标准，换言之，该半成品属于污泥。

根据现行环境统计制度要求，目前纳入统计的一般工业固体废物种类包括了 SW07 污泥。同时，按照原环境保护部 2010 年发布的《关于加强城镇污水处理厂污泥污染防治工作的通知》，参照危险废物管理是指，城镇污水处理厂污泥不属于危险废物，但是要提高管理层级。因此，某实业有限公司运输的半成品属于固体废物。

2. 某实业有限公司未办理固体废物跨省转移手续

有某市排水有限公司《关于请求协助办理主城区生活污泥运输车辆通行证的紧急报告》，某实业有限公司接收污泥的 7 个污水处理厂及各污水处理厂至某县和某市的距离统计单，某

运输有限公司污泥运输统计表，城镇生活污水厂污泥无害化处置转移联单，某市排水有限公司应急污泥处置合同、某市排水有限公司廉政建设合同、某市排水有限公司环保安全合同，生化污泥运输服务协议打印件，运输车辆GPS（全球定位系统）运行轨迹视频为证，表明某实业有限公司跨省转移了污泥，但并未办理固体废物跨省转移手续。

3. 某实业有限公司提供虚假证词，拒不配合调查以及未在规定期限内制定有效整改方案属于加重裁量因子

根据《四川省生态环境行政处罚裁量标准（2019 年版）》的规定，共性裁量因子中，用数值表示裁量因子不同的裁量等级，1～5代表了违法行为从轻微到严重的不同程度，拒不配合调查的属于4或5裁量等级。修正裁量因子中，用数值表示裁量因子不同的裁量等级，－2～2代表了可予减轻或者加重处罚的不同情形，无整改措施或拒不改正的属于1或2裁量等级，主观过错为故意的属于1或2裁量等级，均属于加重处罚情形。按照公式计算，对某实业有限公司处罚款61 700元合法、适当。

【问题与启示】

1. 什么是“固体废物”？

一般工业固体废物系指企业在工业生产过程中产生且不属于危险废物的工业固体废物。根据现行环境统计制度要求，目前纳入统计的一般工业固体废物种类主要包括：SW01 冶炼废渣、SW02 粉煤灰，SW03 炉渣、SW04 煤矸石、SW05 尾矿、SW06 脱硫石膏、SW07 污泥、SW08 放射性废物、SW09 赤泥、SW10 磷石膏和 SW99 其它废物。

2. 转移固体废物出省、自治区、直辖市行政区域贮存、处置应履行哪些手续？

按照《中华人民共和国固体废物污染环境防治法》的规定：第一，转移固体废物出省、自治区、直辖市行政区域贮存、处置的，应当向固体废物移出地的省、自治区、直辖市人民政府生态环境主管部门提出申请。第二，移出地的省、自治区、直辖市人民政府生态环境主管部门应当商经接受地的省、自治区、直辖市人民政府生态环境主管部门同意后，方可批准转移该固体废物出省、自治区、直辖市行政区域。第三，未经批准的，不得转移。

3. 城镇污水处理厂污泥污染防治有哪些要求？

根据原环境保护部2010年发布的《关于加强城镇污水处理厂污泥污染防治工作的通知》的规定，一方面，要建立污泥管理台账和转移联单制度。污水处理厂、污泥处理处置单位应当建立污泥管理台账，详细记录污泥产生量、转移量、处理处置量及其去向等情况，定期向所在地县级以上地方环保部门报告。参照危险废物管理，建立污泥转移联单制度。污水处理厂转出污泥时应如实填写转移联单；禁止污泥运输单位、处理处置单位接收无转移联单的污泥。另一方面，规范污泥运输。从事污泥运输的单位应当具有相关的道路货物运营资质，禁止个人和没有获得相关运营资质的单位从事污泥运输。污泥运输车辆应当采取密封、防水、防渗漏和防遗撒等措施。

【条文链接】

◆《中华人民共和国固体废物污染环境防治法》(2016年)

第二十三条 转移固体废物出省、自治区、直辖市行政区域贮存、处置的，应当向固体废物移出地的省、自治区、直辖市人民政府环境保护行政主管部门提出申请。移出地的省、自治区、直辖市人民政府环境保护行政主管部门应当商经接受地的省、自治区、直辖市人民政府环境保护行政主管部门同意后，方可批准转移该固体废物出省、自治区、直辖市行政区域。未经批准的，不得转移。

第六十八条 违反本法规定，有下列行为之一的，由县级以上人民政府环境保护行政主管部门责令停止违法行为，限期改正，处以罚款：

(一)不按照国家规定申报登记工业固体废物，或者在申报登记时弄虚作假的；

(二)对暂时不利用或者不能利用的工业固体废物未建设贮存的设施、场所安全分类存放，或者未采取无害化处置措施的；

(三)将列入限期淘汰名录被淘汰的设备转让给他人使用的；

(四)擅自关闭、闲置或者拆除工业固体废物污染环境防治设施、场所的；

(五)在自然保护区、风景名胜区、饮用水水源保护区、基本农田保护区和其他需要特别保护的区域内，建设工业固体废物集中贮存、处置的设施、场所和生活垃圾填埋场的；

(六)擅自转移固体废物出省、自治区、直辖市行政区域贮存、处置的；

(七)未采取相应防范措施，造成工业固体废物扬散、流失、渗漏或者造成其他环境污染的；

(八)在运输过程中沿途丢弃、遗撒工业固体废物的。

有前款第一项、第八项行为之一的，处五千元以上五万元以下的罚款；有前款第二项、第三项、第四项、第五项、第六项、第七项行为之一的，处一万元以上十万元以下的罚款。

◆《中华人民共和国固体废物污染环境防治法》(2020年)

第二十二条 转移固体废物出省、自治区、直辖市行政区域贮存、处置的，应当向固体废物移出地的省、自治区、直辖市人民政府生态环境主管部门提出申请。移出地的省、自治区、直辖市人民政府生态环境主管部门应当及时商经接受地的省、自治区、直辖市人民政府生态环境主管部门同意后，在规定期限内批准转移该固体废物出省、自治区、直辖市行政区域。未经批准的，不得转移。

转移固体废物出省、自治区、直辖市行政区域利用的，应当报固体废物移出地的省、自治区、直辖市人民政府生态环境主管部门备案。移出地的省、自治区、直辖市人民政府生态环境主管部门应当将备案信息通报接受地的省、自治区、直辖市人民政府生态环境主管部门。

第一百一十二条 违反本法规定，有下列行为之一，由生态环境主管部门责令改正，处以罚款，没收违法所得；情节严重的，报经有批准权的人民政府批准，可以责令停业或者关闭：

(一)未按照规定设置危险废物识别标志的；

(二)未按照国家有关规定制定危险废物管理计划或者申报危险废物有关资料的；

(三)擅自倾倒、堆放危险废物的；

（四）将危险废物提供或者委托给无许可证的单位或者其他生产经营者从事经营活动的；

（五）未按照国家有关规定填写、运行危险废物转移联单或者未经批准擅自转移危险废物的；

（六）未按照国家环境保护标准贮存、利用、处置危险废物或者将危险废物混入非危险废物中贮存的；

（七）未经安全性处置，混合收集、贮存、运输、处置具有不相容性质的危险废物的；

（八）将危险废物与旅客在同一运输工具上载运的；

（九）未经消除污染处理，将收集、贮存、运输、处置危险废物的场所、设施、设备和容器、包装物及其他物品转作他用的；

（十）未采取相应防范措施，造成危险废物扬散、流失、渗漏或者其他环境污染的；

（十一）在运输过程中沿途丢弃、遗撒危险废物的；

（十二）未制定危险废物意外事故防范措施和应急预案的；

（十三）未按照国家有关规定建立危险废物管理台账并如实记录的。

有前款第一项、第二项、第五项、第六项、第七项、第八项、第九项、第十二项、第十三项行为之一，处十万元以上一百万元以下的罚款；有前款第三项、第四项、第十项、第十一项行为之一，处所需处置费用三倍以上五倍以下的罚款，所需处置费用不足二十万元的，按二十万元计算。

◆《四川省生态环境行政处罚裁量标准（2019 年版）》

二、共性裁量因子表

下列表格用数值表示裁量因子不同的裁量等级，1～5 代表了违法行为从轻微到严重的不同程度。

裁量因素	裁量因子	裁量等级
两年内生态环境违法次数	未受过生态环境行政处罚的	1
	1 次	2
	2 次	3
	3 次及以上	4 或 5
配合调查情况	积极配合调查	1
	基本配合调查	2 或 3
	拒不配合调查	4 或 5

注：1. 两年内是指本次案件立案之日起追溯两年（例 2019 年 8 月 6 日立案，应当追溯至 2017 年 8 月 7 日）。

2. 环境违法次数以下达的行政处罚决定书确定，不要求为同一类或同一种违法行为；同一行政处罚决定书含多个生态环境违法行为的，以行为个数计算违法次数。

三、修正裁量因子表

下列表格用数值表示裁量因子不同的裁量等级，-2～2 代表了可予减轻或者加重处罚的不同情形。

修正因素	裁量因子	裁量等级
改正情况	整改措施已落实	－2 或－1
	整改措施正在落实中	0
	无整改措施或拒不改正的	1 或 2
社会影响力	个体工商户及一般自然人	－2 或－1
	一般企事业单位	0
	央企或上市公司	1 或 2
主观过错程度	过失	－1 或－2
	故意	1 或 2

四、裁量处罚金额的计算

（一）计算公式：$X=N+(M-N)\times[(A-1)/4]\times(1+B)$

X：裁量处罚金额

M：法定处罚上限

N：法定处罚下限

A：裁量系数

B：修正系数

◆《关于加强城镇污水处理厂污泥污染防治工作的通知》（环办〔2010〕157 号）

四、建立污泥管理台账和转移联单制度。污水处理厂、污泥处理处置单位应当建立污泥管理台账，详细记录污泥产生量、转移量、处理处置量及其去向等情况，定期向所在地县级以上地方环保部门报告。

参照危险废物管理，建立污泥转移联单制度。污水处理厂转出污泥时应如实填写转移联单；禁止污泥运输单位、处理处置单位接收无转移联单的污泥。

二、未采取相应防范措施造成工业固体废物渗漏

案例 45
某投资开发有限责任公司未采取相应防范措施造成工业固体废物渗漏案

【案情简介】

某工业园区工业渣场已于 2017 年 8 月经某县人民政府同意封场并停止使用，现正在办理封场环境影响评价手续。2017 年 9 月初，某市环境监察执法支队执法人员依法亮证对某投资开发有限责任公司运营的某工业园区工业渣场开展现场检查，发现某工业园区工业渣场渗滤液处理设施中和、絮凝沉淀、过滤等环节正在运行；板框压滤机已停运较长时间，企业现场未能提供板框压滤机向某县环境保护局的书面报停文件。检查当日，某市环境监测中心站组织对某工业园区工业渣场渗滤液处理设施进口、出口及渣场地下水监测井开展了监测。监测结果显示：该工业渣场 1#—6#地下水监测井分别不同程度出现 pH 值、氨氮、高锰酸盐指数、硫酸盐等指标超标。现场检查时，该渣场固体废物填埋量约 158 万吨，折合约 119 万立方米。上述行为涉嫌违反《中华人民共和国固体废物污染环境防治法》（2016 年）第三十三条第二款的规定，某市环境保护局依法对该公司进行立案查处。

【查处情况】

某市环境保护局按照《中华人民共和国固体废物污染环境防治法》（2016 年）第六十八条第一款第（七）项和第二款的规定，对某投资开发有限责任公司处罚款 10 万元。

【案件分析】

1. 某投资开发有限责任公司未按规定建设固体废物贮存设施

某投资开发有限责任公司相关人员承认，该公司板框压滤机因液压装置损坏于 2017 年 2 月停止使用，没有向县环境保护局书面报告，同时，局部防渗膜热熔接缝部位出现老化，导致防渗膜热熔接缝部位出现轻微脱落现象。根据执法人员现场检查，该项目库区防渗系统、地下水导排系统、地下水监测井等污染防治设施未按照环评要求建设。检查当日，填埋区内仍有地表积水。因此，某投资开发有限责任公司未按规定建设固体废物贮存设施事实清楚，证据充分。

2. 某投资开发有限责任公司造成工业固体废物渗漏导致地下水污染

根据某市环境监测中心站出具的监测报告显示，该工业渣场 1#—6#地下水监测井分别不

同程度出现 pH 值、氨氮、高锰酸盐指数、硫酸盐等指标超标。现场检查时，该渣场固体废物填埋量约 158 万吨，折合约 119 万立方米。换言之，某投资开发有限责任公司填埋了大量工业固体废物，但未按规定建设贮存设施，导致了地下水污染，违反了《中华人民共和国固体废物污染环境防治法》（2016 年）第三十三条规定的建设工业固体废物贮存、处置的设施、场所，必须符合国家环境保护标准，属违法行为。

3. 某投资开发有限责任公司违法情形严重

根据《中华人民共和国固体废物污染环境防治法》（2016 年）第六十八条之规定，对照《四川省环境保护行政处罚自由裁量权细化标准》中规定的“未采取相应防范措施，造成工业固体废物扬散、流失、渗漏或者造成其他环境污染，实际贮存容积在 5 000 立方米以上，或有其它情节特别严重情形的，责令停止违法行为，限期改正，处以 8 万元以上 10 万元以下罚款”，某投资开发有限责任公司未采取相应防范措施，造成地下水污染，且渣场实际贮存容积已达 120 万立方米左右，远超 5 000 立方米，属于特别严重情形，因此，某市生态环境局对某投资开发有限责任公司处罚款 10 万元，处罚合法、适当。

【问题与启示】

1. 什么是“一般工业固体废物”？

根据《一般工业固体废物贮存和填埋污染控制标准》（GB 18599—2020），一般工业固体废物系指企业在工业生产过程中产生且不属于危险废物的工业固体废物。具体可分为第 I 类一般工业固体废物和第 II 类一般工业固体废物，前者指按照 HJ 557 规定方法获得的浸出液中任何一种特征污染物浓度均未超过 GB 8978 最高允许排放浓度（第二类污染物最高允许排放浓度按照一级标准执行），且 pH 值在 6～9 范围之内的一般工业固体废物。后者指按照 HJ 557 规定方法获得的浸出液中有一种或一种以上的特征污染物浓度超过 GB 8978 最高允许排放浓度（第二类污染物最高允许排放浓度按照一级标准执行），或 pH 值在 6～9 范围之外的一般工业固体废物。

2. 一般工业固体废物的贮存、填埋场封场及土地复垦要求有哪些要求？

根据《一般工业固体废物贮存和填埋污染控制标准》（GB 18599—2020），要求如下：

（1）当贮存场、填埋场服务期满或不再承担新的贮存、填埋任务时，应在 2 年内启动封场作业，并采取相应的污染防治措施，防止造成环境污染和生态破坏。封场计划可分期实施。尾矿库的封场时间和封场过程还应执行闭库的相关行政法规和管理规定。

（2）贮存场、填埋场封场时应控制封场坡度，防止雨水侵蚀。

（3）I 类场封场一般应覆盖土层，其厚度视固体废物的颗粒度大小和拟种植物种类确定。

（4）II 类场的封场结构应包括阻隔层、雨水导排层、覆盖土层。覆盖土层的厚度视拟种植物种类及其对阻隔层可能产生的损坏确定。

（5）封场后，仍需对覆盖层进行维护管理，防止覆盖层不均匀沉降、开裂。

（6）封场后的贮存场、填埋场应设置标志物，注明封场时间以及使用该土地时应注意的事项。

（7）封场后渗滤液处理系统、废水排放监测系统应继续正常运行，直到连续2年内没有渗滤液产生或产生的渗滤液未经处理即可稳定达标排放。

（8）封场后如需对一般工业固体废物进行开采再利用，应进行环境影响评价。

（9）贮存场、填埋场封场完成后，可依据当地地形条件、水资源及表土资源等自然环境条件和社会发展需求并按照相关规定进行土地复垦。土地复垦实施过程应满足TD/T 1036规定的相关土地复垦质量控制要求。土地复垦后用作建设用地的，还应满足GB 36600的要求；用作农用地的，还应满足GB 15618的要求。

（10）历史堆存一般工业固体废物场地经评估确保环境风险可以接受时，可进行封场或土地复垦作业。

【条文链接】

◆ 《中华人民共和国固体废物污染环境防治法》（2016年）

第三十三条　企业事业单位应当根据经济、技术条件对其产生的工业固体废物加以利用；对暂时不利用或者不能利用的，必须按照国务院环境保护行政主管部门的规定建设贮存设施、场所，安全分类存放，或者采取无害化处置措施。

建设工业固体废物贮存、处置的设施、场所，必须符合国家环境保护标准。

第六十八条　违反本法规定，有下列行为之一的，由县级以上人民政府环境保护行政主管部门责令停止违法行为，限期改正，处以罚款：

（一）不按照国家规定申报登记工业固体废物，或者在申报登记时弄虚作假的；

（二）对暂时不利用或者不能利用的工业固体废物未建设贮存的设施、场所安全分类存放，或者未采取无害化处置措施的；

（三）将列入限期淘汰名录被淘汰的设备转让给他人使用的；

（四）擅自关闭、闲置或者拆除工业固体废物污染环境防治设施、场所的；

（五）在自然保护区、风景名胜区、饮用水水源保护区、基本农田保护区和其他需要特别保护的区域内，建设工业固体废物集中贮存、处置的设施、场所和生活垃圾填埋场的；

（六）擅自转移固体废物出省、自治区、直辖市行政区域贮存、处置的；

（七）未采取相应防范措施，造成工业固体废物扬散、流失、渗漏或者造成其他环境污染的；

（八）在运输过程中沿途丢弃、遗撒工业固体废物的。

有前款第一项、第八项行为之一的，处五千元以上五万元以下的罚款；有前款第二项、第三项、第四项、第五项、第六项、第七项行为之一的，处一万元以上十万元以下的罚款。

◆ 《中华人民共和国固体废物污染环境防治法》（2020年）

第四十条　产生工业固体废物的单位应当根据经济、技术条件对工业固体废物加以利用；对暂时不利用或者不能利用的，应当按照国务院生态环境等主管部门的规定建设贮存设施、场所，安全分类存放，或者采取无害化处置措施。贮存工业固体废物应当采取符合国家环境保护标准的防护措施。

建设工业固体废物贮存、处置的设施、场所，应当符合国家环境保护标准。

第一百零二条 违反本法规定，有下列行为之一，由生态环境主管部门责令改正，处以罚款，没收违法所得；情节严重的，报经有批准权的人民政府批准，可以责令停业或者关闭：

（一）产生、收集、贮存、运输、利用、处置固体废物的单位未依法及时公开固体废物污染环境防治信息的；

（二）生活垃圾处理单位未按照国家有关规定安装使用监测设备、实时监测污染物的排放情况并公开污染排放数据的；

（三）将列入限期淘汰名录被淘汰的设备转让给他人使用的；

（四）在生态保护红线区域、永久基本农田集中区域和其他需要特别保护的区域内，建设工业固体废物、危险废物集中贮存、利用、处置的设施、场所和生活垃圾填埋场的；

（五）转移固体废物出省、自治区、直辖市行政区域贮存、处置未经批准的；

（六）转移固体废物出省、自治区、直辖市行政区域利用未报备案的；

（七）擅自倾倒、堆放、丢弃、遗撒工业固体废物，或者未采取相应防范措施，造成工业固体废物扬散、流失、渗漏或者其他环境污染的；

（八）产生工业固体废物的单位未建立固体废物管理台账并如实记录的；

（九）产生工业固体废物的单位违反本法规定委托他人运输、利用、处置工业固体废物的；

（十）贮存工业固体废物未采取符合国家环境保护标准的防护措施的；

（十一）单位和其他生产经营者违反固体废物管理其他要求，污染环境、破坏生态的。

有前款第一项、第八项行为之一，处五万元以上二十万元以下的罚款；有前款第二项、第三项、第四项、第五项、第六项、第九项、第十项、第十一项行为之一，处十万元以上一百万元以下的罚款；有前款第七项行为，处所需处置费用一倍以上三倍以下的罚款，所需处置费用不足十万元的，按十万元计算。对前款第十一项行为的处罚，有关法律、行政法规另有规定的，适用其规定。

◆《四川省环境保护行政处罚自由裁量权细化标准》

§3.7 违法行为（7）未采取相应防范措施，造成工业固体 废物扬散、流失、渗漏或者造成其他环境污染的；

§3.7.2.4 未采取相应防范措施，造成工业固体废物扬散、流失、渗漏或者造成其他环境污染，实际贮存容积在 5 000 立方米以上，或有其它情节特别严重情形的，责令停止违法行为，限期改正，处以 8 万元以上 10 万元以下罚款。

三、在运输过程中沿途丢弃工业固体废物

案例 46 某环保科技有限公司丢弃一般工业固体废物案

【案情简介】

2020 年 1 月上旬，某县生态环境局接群众举报，反映工业垃圾倾倒在林盘内。经查，群众反映的倾倒地点位于某市某村地界（铁路高架桥下及附近林盘内两处），倾倒物为工业固体废物压板贴皮边角余料。某环保科技有限公司经理称，该公司于 2019 年 11 月下旬从某板材有限公司回收压板贴皮边角余料，运输过程中，将其倾倒、丢弃在某市某村地界上。该经理对倾倒、丢弃点位进行了现场指认。上述行为涉嫌违反《中华人民共和国固体废物污染环境防治法》（2016 年）第十七条第一款的规定，某县生态环境局依法对该公司进行立案查处。

【查处情况】

某县生态环境局依据《中华人民共和国固体废物污染环境防治法》（2016 年）第六十八条第八项的规定，责令该公司停止违法行为，立即整改，并处罚款 5 000 元。

【案件分析】

1. 擅自倾倒固体废物行为成立不因主观意志而转移

虽然某环保科技有限公司的经理称，公司驾驶员将贴皮边角余料倾倒在某村地界后并未向公司报告过，但公司是否知情并不影响擅自倾倒固体废物行为的成立。公司驾驶员属于公司员工，因此驾驶员的行为违法后果应归由公司承担。因此，某环保科技有限公司成立擅自倾倒固体废物的违法行为。

2. 某环保科技有限公司及时纠正了违法行为

某环保科技有限公司在被立案查处后，配合执法人员调查，主动承认违法事实，并于当日纠正了该违法行为，把倾倒的贴皮清理、装袋，运往某发电厂焚烧处理。考虑到上述减轻情形，某市生态环境局对该公司处罚款 5 000 元，处罚合法、适当。

【问题与启示】

生态环境主管部门发现倾倒固体废物应当如何处理？

第一，行政立案。生态环境主管部门遇到有人倾倒固体废物，首先应当按照行政案件立

案并进行调查取证，然后确定当事人涉及的违法行为。第二，检测鉴定。生态环境主管部门应当对固体废物进行取样，并检测或鉴定，确定固体废物属于一般工业固废、生活垃圾，还是危险废物。第三，作出处理。如果固废属于工业固废，生态环境主管部门应当依据《中华人民共和国固体废物污染环境防治法》等法律的规定作出处理；如果属于生活垃圾或建筑垃圾，则应当移送环境卫生主管部门处理；如果属于危险废物，原则上由生态环境主管部门处理，造成严重后果的，由公安机关处理。第四，固废处理。如果应当移送案件，生态环境主管部门应当将固体废物作为证物一并移送有关部门。案件如果应当由生态环境主管部门处理，生态环境主管部门则应当按照有关规定对固废进行处理。

【条文链接】

◆《中华人民共和国固体废物污染环境防治法》(2016年)

第十七条　收集、贮存、运输、利用、处置固体废物的单位和个人，必须采取防扬散、防流失、防渗漏或者其他防止污染环境的措施；不得擅自倾倒、堆放、丢弃、遗撒固体废物。

禁止任何单位或者个人向江河、湖泊、运河、渠道、水库及其最高水位线以下的滩地和岸坡等法律、法规规定禁止倾倒、堆放废弃物的地点倾倒、堆放固体废物。

第六十八条　违反本法规定，有下列行为之一的，由县级以上人民政府环境保护行政主管部门责令停止违法行为，限期改正，处以罚款：

(一)不按照国家规定申报登记工业固体废物，或者在申报登记时弄虚作假的；

(二)对暂时不利用或者不能利用的工业固体废物未建设贮存的设施、场所安全分类存放，或者未采取无害化处置措施的；

(三)将列入限期淘汰名录被淘汰的设备转让给他人使用的；

(四)擅自关闭、闲置或者拆除工业固体废物污染环境防治设施、场所的；

(五)在自然保护区、风景名胜区、饮用水水源保护区、基本农田保护区和其他需要特别保护的区域内，建设工业固体废物集中贮存、处置的设施、场所和生活垃圾填埋场的；

(六)擅自转移固体废物出省、自治区、直辖市行政区域贮存、处置的；

(七)未采取相应防范措施，造成工业固体废物扬散、流失、渗漏或者造成其他环境污染的；

(八)在运输过程中沿途丢弃、遗撒工业固体废物的。

有前款第一项、第八项行为之一的，处五千元以上五万元以下的罚款；有前款第二项、第三项、第四项、第五项、第六项、第七项行为之一的，处一万元以上十万元以下的罚款。

◆《中华人民共和国固体废物污染环境防治法》(2020年)

第二十条　产生、收集、贮存、运输、利用、处置固体废物的单位和其他生产经营者，应当采取防扬散、防流失、防渗漏或者其他防止污染环境的措施，不得擅自倾倒、堆放、丢弃、遗撒固体废物。

禁止任何单位或者个人向江河、湖泊、运河、渠道、水库及其最高水位线以下的滩地和岸坡以及法律法规规定的其他地点倾倒、堆放、贮存固体废物。

第一百零二条　违反本法规定，有下列行为之一，由生态环境主管部门责令改正，处以罚款，没收违法所得；情节严重的，报经有批准权的人民政府批准，可以责令停业或者关闭：

（一）产生、收集、贮存、运输、利用、处置固体废物的单位未依法及时公开固体废物污染环境防治信息的；

（二）生活垃圾处理单位未按照国家有关规定安装使用监测设备、实时监测污染物的排放情况并公开污染排放数据的；

（三）将列入限期淘汰名录被淘汰的设备转让给他人使用的；

（四）在生态保护红线区域、永久基本农田集中区域和其他需要特别保护的区域内，建设工业固体废物、危险废物集中贮存、利用、处置的设施、场所和生活垃圾填埋场的；

（五）转移固体废物出省、自治区、直辖市行政区域贮存、处置未经批准的；

（六）转移固体废物出省、自治区、直辖市行政区域利用未报备案的；

（七）擅自倾倒、堆放、丢弃、遗撒工业固体废物，或者未采取相应防范措施，造成工业固体废物扬散、流失、渗漏或者其他环境污染的；

（八）产生工业固体废物的单位未建立固体废物管理台账并如实记录的；

（九）产生工业固体废物的单位违反本法规定委托他人运输、利用、处置工业固体废物的；

（十）贮存工业固体废物未采取符合国家环境保护标准的防护措施的；

（十一）单位和其他生产经营者违反固体废物管理其他要求，污染环境、破坏生态的。

有前款第一项、第八项行为之一，处五万元以上二十万元以下的罚款；有前款第二项、第三项、第四项、第五项、第六项、第九项、第十项、第十一项行为之一，处十万元以上一百万元以下的罚款；有前款第七项行为，处所需处置费用一倍以上三倍以下的罚款，所需处置费用不足十万元的，按十万元计算。对前款第十一项行为的处罚，有关法律、行政法规另有规定的，适用其规定。

四、未及时处置养殖过程中产生的畜禽粪污

案例 47 某家庭农场未及时处置养殖过程中产生的畜禽粪污案

【案情简介】

2019 年 12 月底，某县生态环境局接到群众举报称某家庭农场通过沟渠排放养殖废水还田过程中养殖废水泄漏污染河水，影响群众生活后，立即组织执法人员对该养殖场进行现场调查。现场检查发现，该养殖场污染防治设施下方泄洪沟渠上方有一养殖粪污排放管道，该养殖场通过该粪污管道排口将养殖废水排入下方未经硬化的泄洪沟渠并导入消纳土地。在检查中发现泄洪沟渠内残留有从养殖场排放出的粪污，同时在该养殖场的消纳土地内残留有大量未被消纳完全的粪污。通过现场调查未发现有养殖场的粪污通过沟渠和消纳土地进入旁边河流的痕迹，对周边环境影响较小。县环境监测站工作人员在泄洪沟渠内采集水样 2 份，监测结果显示，基地后方沟渠内两处水样化学需氧量均超过《农田灌溉水质标准》（GB 5084—2005）规定的化学需氧量浓度标准，同时也超过了《畜禽养殖业污染物排放标准》（GB 18596—2001）规定的集约化畜禽养殖业水污染物最高允许日均排放浓度。上述行为涉嫌违反《中华人民共和国固体废物污染环境防治法》（2016 年）第二十条第一款之规定，某县生态环境局依法对该公司进行立案查处。

【查处情况】

某县生态环境局依据《中华人民共和国固体废物污染环境防治法》（2016 年）第七十一条和《四川省生态环境行政处罚裁量标准（2019 年版）》第四条的规定，对该养殖场主处 5 000 元罚款。

【案件分析】

1. 某家庭农场属于规模化养殖场

某家庭农场具有 1 100 头养殖规模，达到原四川省农业厅和四川省环境保护厅《关于印发畜禽养殖场（小区）规模标准的通知》中规定的，生猪养殖场常年出栏量为 500 头及以上的规模化认定标准，为规模化畜禽养殖场，适用《中华人民共和国固体废物污染环境防治法》（2016 年）及《畜禽养殖污染防治条例》关于畜禽规模养殖的相关规定。

2. 某家庭农场未按照国家有关规定处置畜禽粪便

依据《中华人民共和国固体废物污染环境防治法》(2016 年)第二十条的规定，从事畜禽规模养殖应当及时收集、贮存、利用或者处置养殖过程中产生的畜禽粪污等固体废物，避免造成环境污染。某家庭农场通过该粪污管道排口将养殖废水排入下方未经硬化的泄洪沟渠并导入消纳土地，没有按照有关规定及时处置养殖过程中产生的畜禽粪便。同时，在泄洪沟渠内采集的水样监测报告显示，两处水样化学需氧量均超过《农田灌溉水质标准》(GB 5084—2005)规定的化学需氧量浓度标准(旱作化学需氧量标准为 200 mg/L)，同时也超过了《畜禽养殖业污染物排放标准》(GB 18596—2001)规定的集约化畜禽养殖业水污染物最高允许日均排放浓度(化学需氧量标准为 400 mg/L)。换言之，某家庭农场存在畜禽养殖粪污处置方式不当、造成外环境污染的行为，违反了相关规定。

3. 某家庭农场存在从轻处罚情形

依据《四川省生态环境行政处罚裁量标准(2019 年版)》的规定，处罚金额按“百”取整的规定，该养殖场两年内未受过生态环境行政处罚属于共性裁量等级 1；基本配合调查属于共性裁量等级 2；接到责令整改通知后整改措施已落实属于修正裁量因子等级 - 2；一般个体工商户属于修正裁量因子等级 - 1；主观过错行为为过失属于修正裁量因子等级 - 1。根据计算公式计算并按“百”取整得到处罚金额 5000 元整。行政处罚合法、适当。

【问题与启示】

1. 什么是“畜禽粪污还田利用”？

依据农业农村部办公厅和生态环境部办公厅联合发布的《关于进一步明确畜禽粪污还田利用要求强化养殖污染监管的通知》规定，鼓励畜禽粪污还田利用。国家支持畜禽养殖场户建设畜禽粪污无害化处理和资源化利用设施，鼓励采取粪肥还田、制取沼气、生产有机肥等方式进行资源化利用。同时，明确还田利用标准规范。

2. 畜禽粪污的还田利用有什么要求？

畜禽粪污的处理应根据排放去向或利用方式的不同执行相应的标准规范。对配套土地充足的养殖场户，粪污经无害化处理后还田利用具体要求及限量应符合《畜禽粪便无害化处理技术规范》(GB/T 36195)和《畜禽粪便还田技术规范》(GB/T 25246)，配套土地面积应达到《畜禽粪污土地承载力测算技术指南》要求的最小面积。对配套土地不足的养殖场户，粪污经处理后向环境排放的，应符合《畜禽养殖业污染物排放标准》(GB 18596—2001)和地方有关排放标准。用于农田灌溉的，应符合《农田灌溉水质标准》(GB 5084—2021)。

【条文链接】

◆ 《中华人民共和国固体废物污染环境防治法》(2016 年)

第二十条 从事畜禽规模养殖应当按照国家有关规定收集、贮存、利用或者处置养殖过

程中产生的畜禽粪便，防止污染环境。

禁止在人口集中地区、机场周围、交通干线附近以及当地人民政府划定的区域露天焚烧秸秆。

第七十一条　从事畜禽规模养殖未按照国家有关规定收集、贮存、处置畜禽粪便，造成环境污染的，由县级以上地方人民政府环境保护行政主管部门责令限期改正，可以处五万元以下的罚款。

◆《中华人民共和国固体废物污染环境防治法》(2020 年)

第六十五条　产生秸秆、废弃农用薄膜、农药包装废弃物等农业固体废物的单位和其他生产经营者，应当采取回收利用和其他防止污染环境的措施。

从事畜禽规模养殖应当及时收集、贮存、利用或者处置养殖过程中产生的畜禽粪污等固体废物，避免造成环境污染。

禁止在人口集中地区、机场周围、交通干线附近以及当地人民政府划定的其他区域露天焚烧秸秆。

国家鼓励研究开发、生产、销售、使用在环境中可降解且无害的农用薄膜。

第一百零七条　从事畜禽规模养殖未及时收集、贮存、利用或者处置养殖过程中产生的畜禽粪污等固体废物的，由生态环境主管部门责令改正，可以处十万元以下的罚款；情节严重的，报经有批准权的人民政府批准，责令停业或者关闭。

◆《畜禽养殖污染防治条例》

第十九条　从事畜禽养殖活动和畜禽养殖废弃物处理活动，应当及时对畜禽粪便、畜禽尸体、污水等进行收集、贮存、清运，防止恶臭和畜禽养殖废弃物渗出、泄漏。

◆《四川省生态环境行政处罚裁量标准(2019 年版)》

第四条 本标准采用二维叠加函数计算处罚金额。根据违法行为构成要素和情节，设定个性、共性和修正裁量因子，裁量因子的设定主要考虑以下因素：

(一)违法行为所造成的环境污染、生态破坏及社会影响程度；

(二)违法行为人的主观过错程度；

(三)违法行为的具体表现形式；

(四)违法行为危害的具体对象；

(五)违法行为人是初犯还是再犯；

(六)改正违法行为的态度、所采取的改正措施及效果。

办理本标准中列举的十四类生态环境违法案件时，应当通过个性、共性和修正裁量因子计算处罚金额；办理其他生态环境违法案件时通过共性和修正裁量因子计算处罚金额。确实无法收集到的裁量因子证据除外。

处罚金额按“百”取整。

五、未设置危险废物识别标志

案例 48
某家具有限责任公司未设置危险废物识别标志案

【案情简介】

2019 年 1 月下旬，某区环境保护局执法人员在对位于某街道的社区检查时发现，位于该街道的某家具有限责任公司危废暂存间未按规定设置危险废物识别标志。上述行为涉嫌违反《中华人民共和国固体废物污染环境防治法》（2016 年）第五十二条的规定，某区环境保护局依法对该公司进行立案查处。

【查处情况】

某区环境保护局依据《中华人民共和国固体废物污染环境防治法》（2016 年）第七十五条第一款第（一）项和第二款的规定，结合四川省生态环境厅制定的《四川省生态环境行政处罚裁量标准》（2018 年），对该公司处罚款 12 000 元。

【案件分析】

1. 某家具有限责任公司存有危险废物

某家具有限责任公司主要从事家具加工、销售，存在使用后的废油漆桶、废胶水桶，按照《国家危险废物名录》规定，废油漆桶、废胶水桶均属于危险废物中的 HW49 其他废物，且不属于危险废物豁免管理清单中的规定内容。某家具有限责任公司也承认，本企业使用后的废油漆桶、废胶水桶都是危险废物。因此，某家具有限责任公司装废油漆桶的暂存间属于危险废物暂存间。

2. 某家具有限责任公司没有按规定设置危险废物识别标识

某家具有限责任公司展柜车间中，有一个装废油漆桶的暂存间没有设置危险废物识别标识。按照《中华人民共和国固体废物污染环境防治法》（2016 年）第五十二条的规定，对危险废物的容器和包装物以及收集、贮存、运输、处置危险废物的设施、场所，必须设置危险废物识别标志。某家具有限责任公司在暂时贮存危险废物的场所没有按规定设置危险废物识别标识，属违法行为。

【问题与启示】

1. 什么是“危险废物”？

根据《中华人民共和国固体废物污染环境防治法》的规定，危险废物是指列入国家危险废物名录或者根据国家规定的危险废物鉴别标准和鉴别方法认定的具有危险特性的固体废物。根据《国家危险废物名录》规定，危险废物是指具有毒性、腐蚀性、易燃性、反应性或者感染性一种或者几种危险特性的；或者不排除具有危险特性，可能对生态环境或者人体健康造成有害影响，需要按照危险废物进行管理的。

2. “危险废物贮存”有哪些类型？

按照《危险废物收集贮存运输技术规范》（HJ 2025—2012），危险废物贮存可分为产生单位内部贮存、中转贮存及集中性贮存。所对应的贮存设施分别为：产生危险废物的单位用于暂时贮存的设施；拥有危险废物收集经营许可证的单位用于临时贮存废矿物油、废镍镉电池的设施；以及危险废物经营单位所配置的贮存设施。

3. 什么是“危险废物识别标识”？

产生、贮存危险废物的单位及盛装危险废物的容器和包装物要按照《危险废物贮存污染控制标准》（GB 18597—2001）附录A的规定设置危险废物标志；收集、运输、处置危险废物的设施、场所要按照《环境保护图形标志 固体废物贮存（处置）场》（GB 15562.2—1995）要求，设置危险废物警告标志。图形符号分为提示图形符号和警告图形符号两种；标志牌应设在与之功能相应的醒目处，标志牌制作由国家生态环境局统一监制。标志牌必须保持清晰、完整，当发现形象损坏、颜色污染或有变化、退色等不符合标准的情况。应及时修复或更换。检查时间至少每年一次。

4. 什么是“危险废物管理豁免”？

列入《国家危险废物名录》附录《危险废物豁免管理清单》中的危险废物，在所列的豁免环节，且满足相应的豁免条件时，可以按照豁免内容的规定实行豁免管理。《国家危险废物名录（2021年版）》共规定了21项危险废物豁免管理清单，其中每一项都必须同时满足规定的废物类别/代码、危险废物、豁免环节、豁免条件、豁免内容的规定，缺一不可。

【条文链接】

◆《中华人民共和国固体废物污染环境防治法》（2016年）

第五十二条　对危险废物的容器和包装物以及收集、贮存、运输、处置危险废物的设施、场所，必须设置危险废物识别标志。

第七十五条　违反本法有关危险废物污染环境防治的规定，有下列行为之一的，由县级以上人民政府环境保护行政主管部门责令停止违法行为，限期改正，处以罚款：

（一）不设置危险废物识别标志的；

（二）不按照国家规定申报登记危险废物，或者在申报登记时弄虚作假的；

（三）擅自关闭、闲置或者拆除危险废物集中处置设施、场所的；

（四）不按照国家规定缴纳危险废物排污费的；

（五）将危险废物提供或者委托给无经营许可证的单位从事经营活动的；

（六）不按照国家规定填写危险废物转移联单或者未经批准擅自转移危险废物的；

（七）将危险废物混入非危险废物中贮存的；

（八）未经安全性处置，混合收集、贮存、运输、处置具有不相容性质的危险废物的；

（九）将危险废物与旅客在同一运输工具上载运的；

（十）未经消除污染的处理将收集、贮存、运输、处置危险废物的场所、设施、设备和容器、包装物及其他物品转作他用的；

（十一）未采取相应防范措施，造成危险废物扬散、流失、渗漏或者造成其他环境污染的；

（十二）在运输过程中沿途丢弃、遗撒危险废物的；

（十三）未制定危险废物意外事故防范措施和应急预案的。

有前款第一项、第二项、第七项、第八项、第九项、第十项、第十一项、第十二项、第十三项行为之一的，处一万元以上十万元以下的罚款；有前款第三项、第五项、第六项行为之一的，处二万元以上二十万元以下的罚款；有前款第四项行为的，限期缴纳，逾期不缴纳的，处应缴纳危险废物排污费金额一倍以上三倍以下的罚款。

◆《中华人民共和国固体废物污染环境防治法》(2020年)

第七十七条　对危险废物的容器和包装物以及收集、贮存、运输、利用、处置危险废物的设施、场所，应当按照规定设置危险废物识别标志。

第一百一十二条　违反本法规定，有下列行为之一，由生态环境主管部门责令改正，处以罚款，没收违法所得；情节严重的，报经有批准权的人民政府批准，可以责令停业或者关闭：

（一）未按照规定设置危险废物识别标志的；

（二）未按照国家有关规定制定危险废物管理计划或者申报危险废物有关资料的；

（三）擅自倾倒、堆放危险废物的；

（四）将危险废物提供或者委托给无许可证的单位或者其他生产经营者从事经营活动的；

（五）未按照国家有关规定填写、运行危险废物转移联单或者未经批准擅自转移危险废物的；

（六）未按照国家环境保护标准贮存、利用、处置危险废物或者将危险废物混入非危险废物中贮存的；

（七）未经安全性处置，混合收集、贮存、运输、处置具有不相容性质的危险废物的；

（八）将危险废物与旅客在同一运输工具上载运的；

（九）未经消除污染处理，将收集、贮存、运输、处置危险废物的场所、设施、设备和容器、包装物及其他物品转作他用的；

（十）未采取相应防范措施，造成危险废物扬散、流失、渗漏或者其他环境污染的；

（十一）在运输过程中沿途丢弃、遗撒危险废物的；

（十二）未制定危险废物意外事故防范措施和应急预案的；

（十三）未按照国家有关规定建立危险废物管理台账并如实记录的。

有前款第一项、第二项、第五项、第六项、第七项、第八项、第九项、第十二项、第十三项行为之一，处十万元以上一百万元以下的罚款；有前款第三项、第四项、第十项、第十一项行为之一，处所需处置费用三倍以上五倍以下的罚款，所需处置费用不足二十万元的，按二十万元计算。

六、在危险废物申报登记时弄虚作假

案例 49 某汽车销售服务有限公司在危险废物申报登记时弄虚作假案

【案情简介】

2020 年 5 月 9 日，根据工作安排，某区环境监察执法大队执法人员对某汽车销售服务有限公司某区分公司开展现场执法检查。执法人员现场查看该公司维修车间，发现该公司设置有两个喷漆房，其中一个闲置未使用，一个正常使用，使用的喷漆房采用活性炭吸附工艺进行废气处理。执法人员通过对现场危险废物暂存间内活性炭暂存量的查看，及对照现场资料核算后发现该公司 2019 年度危险废物申报登记表填报中废活性炭 2019 年贮存量为 20kg，与实际不符。该公司最近一次废活性炭的转运时间为 2019 年 5 月，其 2019 年 6 月至 12 月产生的废活性炭均贮存于公司危废间。但该公司 2019 年废气污染防治设施耗材更换记录中 6 月至 12 月的废活性炭数量与其危险废物申报登记表中填报的废活性炭贮存数量不一致。上述行为涉嫌违反《中华人民共和国固体废物污染环境防治法》（2016 年）第五十三条第一款的规定，某市生态环境局依法对该公司进行立案查处。

【查处情况】

某市生态环境局依据《中华人民共和国固体废物污染环境防治法》（2016 年）第七十五条第一款第（二）项和第二款的规定，对该单位处罚款 19 000 元。

【案件分析】

1. 某汽车销售服务有限公司危险废物申报弄虚作假

某汽车销售服务有限公司最近一次废活性炭的转运时间为 2019 年 5 月，其 2019 年 6 月至 12 月产生的废活性炭均贮存于公司危废间。在 2019 年填报的危废申报表中，废活性炭贮存情况为 20kg，但公司内部管理台账登记显示更换废活性炭 41.5kg，该公司售后服务经理也承认该事实存在。因此，该公司 2019 年废气污染防治设施耗材更换记录中 6 月至 12 月的废活性炭数量与其危险废物申报登记表中填报的废活性炭贮存数量不一致，违反了《中华人民共和国固体废物污染环境防治法》（2016 年）第五十三条规定的产生危险废物的单位，必须向所在地县级以上地方人民政府环境保护行政主管部门申报危险废物的种类、产生量、流向、贮存、处置等有关资料，属违法行为。

2. 危险废物申报弄虚作假不要求主观故意

依据询问调查记录，某汽车销售服务有限公司 2019 年废气污染防治设施耗材更换记录中，6 月至 12 月的废活性炭数量与其危险废物申报登记表中填报的废活性炭贮存数量不一致是由于该公司的危险废物申报表与管理台账的填写不是由同一个人进行，现场车间主管填写台账方式不规范，采取估算方式填写，而售后服务经理填写危险废物申报表是根据危废间贮存量进行填写，该公司售后服务经理称上述行为属于公司管理细节把握不到位。但相关规定中违法行为的成立并未要求主观故意，该公司所述理由不能阻止危险废物申报弄虚作假行为的成立，过失行为仅能成为从轻处罚的考量因素之一。

3. 某汽车销售服务有限公司存在从轻处罚情形

依据《四川省生态环境行政处罚裁量标准（2019 年版）》及调查情况，某汽车销售服务有限公司 2019 年危险废物年产生量 1 吨以上不足 10 吨，之前未见该公司受过生态环境行政处罚，作为一般企事业单位，因其过失导致违法行为，且积极配合调查，整改已落实，均属于裁量因子的减轻情形。因此，某生态环境局在法律规定的 1 万元以上 10 万元以下的罚款区间内对其处 19 000 元罚款，处罚合法、适当。

【问题与启示】

1. 什么是“危险废物申报登记”？

产生危险废物的单位需要向所在地县级以上地方人民政府环境保护行政主管部门如实申报危险废物的种类、产生量、流向、贮存、处置等有关资料。申报事项有重大改变时，应及时申报。

申报登记的范围不仅包括工业生产活动中产生的危险废物，还包括在其他的非工业生产活动中产生的危险废物，如在科研、教学、医疗等活动中所产生的危险废物。在人们日常生活活动中产生的数量较少或危害极小的危险废物，不属于《中华人民共和国固体废物污染环境防治法》中规定的申报登记的范围。

2. 为什么危险废物产生单位需要申报登记危险废物的产生情况？

申报登记对危险废物的管理具有十分重要的作用。一是有利于规范危险废物管理。通过申报登记能够掌握各行业危险废物管理现状，为管理好危险废物的产生、转移以及处理处置工作奠定基础，从而真正实现“抓住源头、管住贮存与流动、确保无害化最终处置”的全过程控制方针。二是有利于完善申报内容，丰富决策支持信息。通过开展申报登记工作，可摸清危险废物底数，有利于建立危险废物数据库和现代化管理信息系统，实现危险废物信息动态传输，提高信息交换能力，实现信息资源共享。三是有利于完善国家危险废物名录。我国危险废物的认定采取危险废物名录与危险特性鉴别标准相结合的方法。生态环境主管部门可根据申报登记情况，分析汇总危险废物类别，进一步完善危险废物名录。

【条文链接】

◆《中华人民共和国固体废物污染环境防治法》(2016年)

第五十三条　产生危险废物的单位，必须按照国家有关规定制定危险废物管理计划，并向所在地县级以上地方人民政府环境保护行政主管部门申报危险废物的种类、产生量、流向、贮存、处置等有关资料。

前款所称危险废物管理计划应当包括减少危险废物产生量和危害性的措施以及危险废物贮存、利用、处置措施。危险废物管理计划应当报产生危险废物的单位所在地县级以上地方人民政府环境保护行政主管部门备案。

本条规定的申报事项或者危险废物管理计划内容有重大改变的，应当及时申报。

第七十五条　违反本法有关危险废物污染环境防治的规定，有下列行为之一的，由县级以上人民政府环境保护行政主管部门责令停止违法行为，限期改正，处以罚款：

(一)不设置危险废物识别标志的；

(二)不按照国家规定申报登记危险废物，或者在申报登记时弄虚作假的；

(三)擅自关闭、闲置或者拆除危险废物集中处置设施、场所的；

(四)不按照国家规定缴纳危险废物排污费的；

(五)将危险废物提供或者委托给无经营许可证的单位从事经营活动的；

(六)不按照国家规定填写危险废物转移联单或者未经批准擅自转移危险废物的；

(七)将危险废物混入非危险废物中贮存的；

(八)未经安全性处置，混合收集、贮存、运输、处置具有不相容性质的危险废物的；

(九)将危险废物与旅客在同一运输工具上载运的；

(十)未经消除污染的处理将收集、贮存、运输、处置危险废物的场所、设施、设备和容器、包装物及其他物品转作他用的；

(十一)未采取相应防范措施，造成危险废物扬散、流失、渗漏或者造成其他环境污染的；

(十二)在运输过程中沿途丢弃、遗撒危险废物的；

(十三)未制定危险废物意外事故防范措施和应急预案的。

有前款第一项、第二项、第七项、第八项、第九项、第十项、第十一项、第十二项、第十三项行为之一的，处一万元以上十万元以下的罚款；有前款第三项、第五项、第六项行为之一的，处二万元以上二十万元以下的罚款；有前款第四项行为的，限期缴纳，逾期不缴纳的，处应缴纳危险废物排污费金额一倍以上三倍以下的罚款。

◆《中华人民共和国固体废物污染环境防治法》(2020年)

第七十八条　产生危险废物的单位，应当按照国家有关规定制定危险废物管理计划；建立危险废物管理台账，如实记录有关信息，并通过国家危险废物信息管理系统向所在地生态环境主管部门申报危险废物的种类、产生量、流向、贮存、处置等有关资料。

前款所称危险废物管理计划应当包括减少危险废物产生量和降低危险废物危害性的措施以及危险废物贮存、利用、处置措施。危险废物管理计划应当报产生危险废物的单位所在地生态环境主管部门备案。

产生危险废物的单位已经取得排污许可证的，执行排污许可管理制度的规定。

第一百一十二条　违反本法规定，有下列行为之一，由生态环境主管部门责令改正，处以罚款，没收违法所得；情节严重的，报经有批准权的人民政府批准，可以责令停业或者关闭：

（一）未按照规定设置危险废物识别标志的；

（二）未按照国家有关规定制定危险废物管理计划或者申报危险废物有关资料的；

（三）擅自倾倒、堆放危险废物的；

（四）将危险废物提供或者委托给无许可证的单位或者其他生产经营者从事经营活动的；

（五）未按照国家有关规定填写、运行危险废物转移联单或者未经批准擅自转移危险废物的；

（六）未按照国家环境保护标准贮存、利用、处置危险废物或者将危险废物混入非危险废物中贮存的；

（七）未经安全性处置，混合收集、贮存、运输、处置具有不相容性质的危险废物的；

（八）将危险废物与旅客在同一运输工具上载运的；

（九）未经消除污染处理，将收集、贮存、运输、处置危险废物的场所、设施、设备和容器、包装物及其他物品转作他用的；

（十）未采取相应防范措施，造成危险废物扬散、流失、渗漏或者其他环境污染的；

（十一）在运输过程中沿途丢弃、遗撒危险废物的；

（十二）未制定危险废物意外事故防范措施和应急预案的；

（十三）未按照国家有关规定建立危险废物管理台账并如实记录的。

有前款第一项、第二项、第五项、第六项、第七项、第八项、第九项、第十二项、第十三项行为之一，处十万元以上一百万元以下的罚款；有前款第三项、第四项、第十项、第十一项行为之一，处所需处置费用三倍以上五倍以下的罚款，所需处置费用不足二十万元的，按二十万元计算。

七、将危险废物提供或者委托给无经营许可证的单位从事经营活动

案例 50
某工业有限公司将危险废物提供给无经营许可证的单位处置案

【案情简介】

2019 年 9 月 19 日，某区生态环境局环境监察执法人员对某工业有限公司进行现场检查时发现，该公司原辅料废包装桶部分由厂家回收，少量原辅料包装桶以出售的方式交由无经营许可证的单位从事经营活动。经查，该公司与某化工包装有限公司签订了《危险废物安全处置服务合同》，处理废油漆包装桶，而油漆过滤废渣则暂存于危废暂存间。此外，该公司的原辅料废包装桶部分由厂家回收，少量原辅料包装桶以出售的方式交由无资质公司处置。

某工业有限公司主要从事聚酯涂料加工销售，并于 2006 年 3 月 15 日办理了《150t/a 聚酯涂料建设项目环境影响报告表》，2010 年 2 月 2 日取得了《B 区环境保护局关于某业有限公司年产 150 吨涂料生产建设项目竣工环境保护验收申请表的批复》，取得了排放污染物许可证，有效期至 2020 年 7 月 25 日。该公司原辅料主要有：丙烯酸树脂、醇酸树脂、不饱和树脂、甲苯、二甲苯、环乙酮、醋酸丁酯、乙二醇单乙醚、丙酮、滑石粉、钛白粉、其他颜色填料等；主要生产工艺为原料—搅拌—研磨—高速分散—包装。其废原辅料包装桶属于《国家危险废物名录》HW49，900-041-49 项规定的危险废物。该公司将危险废物提供或者委托给无经营许可证的单位从事经营活动的行为，涉嫌违反《中华人民共和国固体废物污染环境防治法》（2016 年）第五十七条第三款规定，某区生态环境局依法对该公司进行立案查处。

【查处情况】

根据《中华人民共和国固体废物污染环境防治法》（2016 年）第七十五条第一款第五项、第二款的规定，同时根据《四川省生态环境行政处罚裁量标准》（2018 年）第 72 项的规定，某区生态环境局对该公司处以 3 万元罚款。

【案件分析】

1. 某工业有限公司涉嫌将危险废物提供给无经营许可证的单位从事收集、贮存、利用、处置的经营活动

该公司主要从事聚酯涂料加工销售，原辅料主要有：丙烯酸树脂、醇酸树脂、不饱和树

酯、甲苯、二甲苯、环乙酮、醋酸丁酯、乙二醇单乙醚、丙酮、滑石粉、钛白粉、其他颜色填料等；主要生产工艺：原料—搅拌—研磨—高速分散—包装。生产过程中主要有生活污水、固废、噪声、粉尘、有机废气等污染物产生，废气主要通过集气罩+布袋除尘器+活性炭吸附装置处理后高排，危险废物主要有油漆过滤废渣、废包装材料（油漆桶、原辅料废包装桶）、废抹布等，该公司与某化工包装有限公司签订了《危险废物安全处置服务合同》，处理废油漆包装桶，油漆过滤废渣暂存于危废暂存间，原辅料废包装桶部分由厂家回收，少量原辅料包装桶以出售的方式交由无资质公司处置，涉嫌违反了环保相关法律法规规定，有执法人员现场制作的现场检查（勘察）笔录、调查询问笔录、照片及书证相关证据为证。

2. 某工业有限公司存在违法处置危险废物行政处罚情形

根据调查证据证明，该公司涉嫌未按规定申报登记危险废物的行为，涉嫌违反了《中华人民共和国固体废物污染环境防治法》（2016 年）第五十七条第三款；根据《中华人民共和国固体废物污染环境防治法》（2016 年）第七十五条第一款第（五）项处 2 万元以上 20 万元以下罚款，同时根据《四川省生态环境行政处罚裁量标准》（2018 年）处 2 万元以上 5 万元以下罚款的规定，对该公司处以 3 万元罚款，处罚合法、适当。

【问题与启示】

1. 什么是危险废物处置？

根据《危险废物经营许可证管理办法》规定：处置，是指危险废物经营单位将危险废物焚烧、煅烧、熔融、烧结、裂解、中和、消毒、蒸馏、萃取、沉淀、过滤、拆解以及用其他改变危险废物物理、化学、生物特性的方法，达到减少危险废物数量、缩小危险废物体积、减少或者消除其危险成分的活动，或者将危险废物最终置于符合环境保护规定要求的场所或者设施并不再回取的活动。

2. 沾染危险废物的废包装材料如何处置？

根据《国家危险废物名录》，含有或沾染毒性、感染性危险废物的废弃包装物、容器、过滤吸附介质等属于危险废物。因此，工业生产过程中产生的废油漆桶、染料桶、油墨桶、废机油桶、树脂废铁桶等均属于危险废物。按照《中华人民共和国固体废物污染环境防治法》和《危险废物经营许可证管理办法》的规定，企业产生的危险废物必须交由具备相应危险废物经营许可证的单位进行处置。

【条文链接】

◆ **《中华人民共和国固体废物污染环境防治法》（2016 年）**

第五十七条　从事收集、贮存、处置危险废物经营活动的单位，必须向县级以上人民政府环境保护行政主管部门申请领取经营许可证；从事利用危险废物经营活动的单位，必须向国务院环境保护行政主管部门或者省、自治区、直辖市人民政府环境保护行政主管部门申请领取经营许可证。具体管理办法由国务院规定。

禁止无经营许可证或者不按照经营许可证规定从事危险废物收集、贮存、利用、处置的经营活动。

禁止将危险废物提供或者委托给无经营许可证的单位从事收集、贮存、利用、处置的经营活动。

第七十五条　违反本法有关危险废物污染环境防治的规定，有下列行为之一的，由县级以上人民政府环境保护行政主管部门责令停止违法行为，限期改正，处以罚款：

（一）不设置危险废物识别标志的；

（二）不按照国家规定申报登记危险废物，或者在申报登记时弄虚作假的；

（三）擅自关闭、闲置或者拆除危险废物集中处置设施、场所的；

（四）不按照国家规定缴纳危险废物排污费的；

（五）将危险废物提供或者委托给无经营许可证的单位从事经营活动的；

（六）不按照国家规定填写危险废物转移联单或者未经批准擅自转移危险废物的；

（七）将危险废物混入非危险废物中贮存的；

（八）未经安全性处置，混合收集、贮存、运输、处置具有不相容性质的危险废物的；

（九）将危险废物与旅客在同一运输工具上载运的；

（十）未经消除污染的处理将收集、贮存、运输、处置危险废物的场所、设施、设备和容器、包装物及其他物品转作他用的；

（十一）未采取相应防范措施，造成危险废物扬散、流失、渗漏或者造成其他环境污染的；

（十二）在运输过程中沿途丢弃、遗撒危险废物的；

（十三）未制定危险废物意外事故防范措施和应急预案的。

有前款第一项、第二项、第七项、第八项、第九项、第十项、第十一项、第十二项、第十三项行为之一的，处一万元以上十万元以下的罚款；有前款第三项、第五项、第六项行为之一的，处二万元以上二十万元以下的罚款；有前款第四项行为的，限期缴纳，逾期不缴纳的，处应缴纳危险废物排污费金额一倍以上三倍以下的罚款。

◆ **《中华人民共和国固体废物污染环境防治法》（2020 年）**

第八十条　从事收集、贮存、利用、处置危险废物经营活动的单位，应当按照国家有关规定申请取得许可证。许可证的具体管理办法由国务院制定。

禁止无许可证或者未按照许可证规定从事危险废物收集、贮存、利用、处置的经营活动。

禁止将危险废物提供或者委托给无许可证的单位或者其他生产经营者从事收集、贮存、利用、处置活动。

第一百一十二条　违反本法规定，有下列行为之一，由生态环境主管部门责令改正，处以罚款，没收违法所得；情节严重的，报经有批准权的人民政府批准，可以责令停业或者关闭：

（一）未按照规定设置危险废物识别标志的；

（二）未按照国家有关规定制定危险废物管理计划或者申报危险废物有关资料的；

（三）擅自倾倒、堆放危险废物的；

（四）将危险废物提供或者委托给无许可证的单位或者其他生产经营者从事经营活动的；

（五）未按照国家有关规定填写、运行危险废物转移联单或者未经批准擅自转移危险废物的；

（六）未按照国家环境保护标准贮存、利用、处置危险废物或者将危险废物混入非危险废物中贮存的；

（七）未经安全性处置，混合收集、贮存、运输、处置具有不相容性质的危险废物的；

（八）将危险废物与旅客在同一运输工具上载运的；

（九）未经消除污染处理，将收集、贮存、运输、处置危险废物的场所、设施、设备和容器、包装物及其他物品转作他用的；

（十）未采取相应防范措施，造成危险废物扬散、流失、渗漏或者其他环境污染的；

（十一）在运输过程中沿途丢弃、遗撒危险废物的；

（十二）未制定危险废物意外事故防范措施和应急预案的；

（十三）未按照国家有关规定建立危险废物管理台账并如实记录的。

有前款第一项、第二项、第五项、第六项、第七项、第八项、第九项、第十二项、第十三项行为之一，处十万元以上一百万元以下的罚款；有前款第三项、第四项、第十项、第十一项行为之一，处所需处置费用三倍以上五倍以下的罚款，所需处置费用不足二十万元的，按二十万元计算。

◆《危险废物经营许可证管理办法》

第二条　在中华人民共和国境内从事危险废物收集、贮存、处置经营活动的单位，应当依照本办法的规定，领取危险废物经营许可证。

第三十一条　本办法下列用语的含义：

（一）危险废物，是指列入国家危险废物名录或者根据国家规定的危险废物鉴别标准和鉴别方法认定的具有危险性的废物。

（二）收集，是指危险废物经营单位将分散的危险废物进行集中的活动。

（三）贮存，是指危险废物经营单位在危险废物处置前，将其放置在符合环境保护标准的场所或者设施中，以及为了将分散的危险废物进行集中，在自备的临时设施或者场所每批置放重量超过 5 000 千克或者置放时间超过 90 个工作日的活动。

（四）处置，是指危险废物经营单位将危险废物焚烧、煅烧、熔融、烧结、裂解、中和、消毒、蒸馏、萃取、沉淀、过滤、拆解以及用其他改变危险废物物理、化学、生物特性的方法，达到减少危险废物数量、缩小危险废物体积、减少或者消除其危险成分的活动，或者将危险废物最终置于符合环境保护规定要求的场所或者设施并不再回取的活动。

八、未按规定填写危险废物转移联单

案例 51
某建材有限责任公司未按照国家规定填写危险废物转移联单案

【案情简介】

2020 年 1 月 6 日，某县生态环境局执法人员到某建材有限责任公司开展生态环保检查期间，执法人员发现该单位未按照国家有关规定填写危险废物转移联单，易产生粉尘的砂石料未有效覆盖，涉嫌违法。经局机关审批同意，立案调查。该单位主营建筑石料灰岩开采、销售，石粉、石灰加工销售业务，环保手续齐全，已完成环保竣工验收。

执法人员通过现场勘察、问询等方式开展了调查取证工作。经查实，某建材有限责任公司转移危险废物未填写危险废物转移联单，露天临时堆放的粗砂（属于易产生粉尘的物料）未有效覆盖情况属实。某建材有限责任公司积极配合调查取证工作，整改态度端正，两年内为初次违法。该单位转移危险废物未填写危险废物转移联单行为涉嫌违反了《中华人民共和国固体废物污染环境防治法》（2016 年）第二十三条的规定，某县生态环境局依法对该公司进行立案查处。

【查处情况】

根据《中华人民共和国固体废物污染环境防治法》（2016 年）第七十五条第（六）项规定，同时参照《四川省生态环境行政处罚裁量标准（2019 年版）》，经四川省环境监察执法系统计算，处罚金额为 20 000 元整。

【案件分析】

某建材有限责任公司存在未按规定填写危险废物转移联单的情形

根据某县生态环境局询问笔录，该公司矿长承认没有填写危险废物转移联单的事实。该行为违反了《中华人民共和国固体废物污染环境防治法》（2016 年）第二十三条，“转移危险废物的，必须按照国家有关规定填写危险废物转移联单。跨省、自治区、直辖市转移危险废物的，应当向危险废物移出地省、自治区、直辖市人民政府环境保护行政主管部门申请。移出地省、自治区、直辖市人民政府环境保护行政主管部门应当商经接受地省、自治区、直辖市人民政府环境保护行政主管部门同意后，方可批准转移该危险废物。未经批准的，不得转移。”

【问题与启示】

1. 危险废物转移联单制度应当履行“填写程序”

按照《中华人民共和国固体废物污染环境防治法》（2016 年）第二十三条的规定，危险废物转移联单应当按照国家有关规定填写。原国家环保总局于 1999 年发布的《危险废物转移联单管理办法》中对此作出了具体的规定：

（1）危险废物产生单位每转移一车船（次）同类危险废物，应当填写一份联单，每车、船（次）有多类危险废物的，应当按每一类危险废物填写一份联单。

（2）联单由国务院环境保护行政主管部门统一制定，联单共分五联。危险废物产生单位应当如实填写联单中产生单位栏目，并加盖公章，经交付危险废物运输单位核实验收签字后，将联单第一联副联自留存档，将联单第二联交移出地环境保护行政主管部门，联单第一联正联及其余名联交付运输单位随危险废物转移运行。危险废物转移单位应当如实填写联单的运输单位栏目，按照国家有关危险物品运输的规定，将危险废物安全运抵联单载明的接受地点，并将联单第一联、第二联副联、第三联、第四联、第五联随转移的危险废物交付危险废物接受单位。

（3）转移危险废物采用联运方式的，前一运输单位须将联单各联交付后一运输单位随危险废物转移运行，后运输单位必须按照联单的要求核对联单产生单位栏目事项和前一运输单位填写的运输单位栏目事项，经核对无误后填写联单的运输单位栏目并签字。经后一单位签字的联单第三联的复印件由前一运输单位自留存档，经接受单位签字的联单第三联由最后运输单位自留存档。

（4）危险废物接受单位应当按照联单填写的内容对危险废物核实验收，如实填写联单中接受单位栏目并加盖公章。接受单位应当将联单第一联、第二联副联自接受危险废物之日起十日内交付产生单位，联单第一联由产生单位自留存档，联单第二联副联由产生单位在二日内报送移出地环境保护行政主管部门。接受单位将联单第三联交付运输单位存档，将联单第四联自留存档，将联单第五联自接受危险废物之日起二日内报送接受地环境保护行政主管部门。危险废物接受单位验收发现危险废物的名称、数量、特性、形态、包装方式与联单填写内容不符的，应当及时向接受地环境保护行政主管部门报告，并通知产生单位。

（5）联单的保存期限为五年；贮存危险废物的，其联单保存期限与危险废物贮存期限相同；环境保护行政主管部门认为有必要延长联单保存期限的，产生单位、运输单位和接受单位应当按照要求延期保存联单。

2. 危险废物转移联单制度应当履行“报告程序”

《中华人民共和国固体废物污染环境防治法》（2016 年）第二十三条规定，转移危险废物的，必须向危险废物移出地设区的市级以上地方人民政府环境保护行政主管部门提出申请，移出地设区的市级以上地方人民政府环境保护行政主管部门应当商经接受地设区的市级以上地方人民政府环境保护行政主管部门同意后，方可批准转移该危险废物。本款规定主要明确以下几方面的内容：

（1）审批危险废物转移的部门为设区的市级以上地方人民政府环境保护行政主管部门。

危险废物转移审批部门的级别较高，这与我国危险废物污染防治的形势密切相关，近年来，我国的危险废物产生量不断增加，危险废物的潜在危害日益加剧。由于危险废物及其处置责任具有可转移的特点，加之倾倒简便，违法成本极低，因而可能随时随地造成污染，加之危险废物较一般固体废物对环境的危害更为严重，一旦发生污染事故将会对环境造成重大影响，甚至危害人民群众的生命健康和财产安全。因此，有必要对危险废物的转移规定更为严格的审批制度。

（2）审批程序要求危险废物转移者仅向危险废物移出地环境保护行政主管部门报告。条文规定，由危险废物转移者向移出地设区的市级以上地方人民政府环境保护行政主管部门提出申请，再由该环保部门商经接受地设区的市级以上地方人民政府环境保护行政主管部门。规定危险废物转移的申请只向移出地环保部门提出，大大节省了危险废物移出者转移危险废物的成本，使其不必在移出地和接受地环保部门之间来回沟通，同时，减少了危险废物转移的手续，从而提高了危险废物转移的效率，避免因移出地和接受地环保部门之间的互相推诿给危险废物转移者造成损失或因延误转移对环境造成危害。

（3）明确规定只有接受地环保部门同意后，方可转移。这一内容主要是为了保证接受地不会因为接受危险废物而对当地环境造成危害。接受地设区的市级以上人民政府环境保护行政主管部应当充分考虑接受地的生态条件、环境状况、处置能力等实际情况，作出是否接受危险废物移入的决定。

【条文链接】

◆《中华人民共和国固体废物污染环境防治法》（2016 年）

第五十九条　转移危险废物的，必须按照国家有关规定填写危险废物转移联单。跨省、自治区、直辖市转移危险废物的，应当向危险废物移出地省、自治区、直辖市人民政府环境保护行政主管部门申请。移出地省、自治区、直辖市人民政府环境保护行政主管部门应当商经接受地省、自治区、直辖市人民政府环境保护行政主管部门同意后，方可批准转移该危险废物。未经批准的，不得转移。

转移危险废物途经移出地、接受地以外行政区域的，危险废物移出地设区的市级以上地方人民政府环境保护行政主管部门应当及时通知沿途经过的设区的市级以上地方人民政府环境保护行政主管部门。

第七十五条　违反本法有关危险废物污染环境防治的规定，有下列行为之一的，由县级以上人民政府环境保护行政主管部门责令停止违法行为，限期改正，处以罚款：

（一）不设置危险废物识别标志的；

（二）不按照国家规定申报登记危险废物，或者在申报登记时弄虚作假的；

（三）擅自关闭、闲置或者拆除危险废物集中处置设施、场所的；

（四）不按照国家规定缴纳危险废物排污费的；

（五）将危险废物提供或者委托给无经营许可证的单位从事经营活动的；

（六）不按照国家规定填写危险废物转移联单或者未经批准擅自转移危险废物的；

（七）将危险废物混入非危险废物中贮存的；

（八）未经安全性处置，混合收集、贮存、运输、处置具有不相容性质的危险废物的；
（九）将危险废物与旅客在同一运输工具上载运的；
（十）未经消除污染的处理将收集、贮存、运输、处置危险废物的场所、设施、设备和容器、包装物及其他物品转作他用的；
（十一）未采取相应防范措施，造成危险废物扬散、流失、渗漏或者造成其他环境污染的；
（十二）在运输过程中沿途丢弃、遗撒危险废物的；
（十三）未制定危险废物意外事故防范措施和应急预案的。

有前款第一项、第二项、第七项、第八项、第九项、第十项、第十一项、第十二项、第十三项行为之一的，处一万元以上十万元以下的罚款；有前款第三项、第五项、第六项行为之一的，处二万元以上二十万元以下的罚款；有前款第四项行为的，限期缴纳，逾期不缴纳的，处应缴纳危险废物排污费金额一倍以上三倍以下的罚款。

◆ **《中华人民共和国固体废物污染环境防治法》(2020 年)**

第八十二条　转移危险废物的，应当按照国家有关规定填写、运行危险废物电子或者纸质转移联单。

跨省、自治区、直辖市转移危险废物的，应当向危险废物移出地省、自治区、直辖市人民政府生态环境主管部门申请。移出地省、自治区、直辖市人民政府生态环境主管部门应当及时商经接受地省、自治区、直辖市人民政府生态环境主管部门同意后，在规定期限内批准转移该危险废物，并将批准信息通报相关省、自治区、直辖市人民政府生态环境主管部门和交通运输主管部门。未经批准的，不得转移。

危险废物转移管理应当全程管控、提高效率，具体办法由国务院生态环境主管部门会同国务院交通运输主管部门和公安部门制定。

第一百一十二条　违反本法规定，有下列行为之一，由生态环境主管部门责令改正，处以罚款，没收违法所得；情节严重的，报经有批准权的人民政府批准，可以责令停业或者关闭：
（一）未按照规定设置危险废物识别标志的；
（二）未按照国家有关规定制定危险废物管理计划或者申报危险废物有关资料的；
（三）擅自倾倒、堆放危险废物的；
（四）将危险废物提供或者委托给无许可证的单位或者其他生产经营者从事经营活动的；
（五）未按照国家有关规定填写、运行危险废物转移联单或者未经批准擅自转移危险废物的；
（六）未按照国家环境保护标准贮存、利用、处置危险废物或者将危险废物混入非危险废物中贮存的；
（七）未经安全性处置，混合收集、贮存、运输、处置具有不相容性质的危险废物的；
（八）将危险废物与旅客在同一运输工具上载运的；
（九）未经消除污染处理，将收集、贮存、运输、处置危险废物的场所、设施、设备和容器、包装物及其他物品转作他用的；
（十）未采取相应防范措施，造成危险废物扬散、流失、渗漏或者其他环境污染的；
（十一）在运输过程中沿途丢弃、遗撒危险废物的；

（十二）未制定危险废物意外事故防范措施和应急预案的；

（十三）未按照国家有关规定建立危险废物管理台账并如实记录的。

有前款第一项、第二项、第五项、第六项、第七项、第八项、第九项、第十二项、第十三项行为之一，处十万元以上一百万元以下的罚款；有前款第三项、第四项、第十项、第十一项行为之一，处所需处置费用三倍以上五倍以下的罚款，所需处置费用不足二十万元的，按二十万元计算。

九、将危险废物混入非危险废物中贮存

案例 52 某钻探工程有限公司钻井二公司西南项目部某队将危险废物混入非危险废物中储存案

【案情简介】

2020 年 4 月 8 日，某县生态环境局行政执法人员到某镇胜利村 1 组，检查由某钻探工程有限公司钻井二公司西南项目部某队承钻的页岩气钻井平台，发现该平台将废润滑油桶（危险废物）储存在工具杂物临时堆放点，违反了《中华人民共和国固体废物污染环境防治法》（2016 年）第五十八条第三款“禁止将危险废物混入非危险废物中贮存”的规定。2020 年 4 月 8 日，某县生态环境局对该公司依法立案查处，并向其下达责令改正违法行为决定书。某县生态环境局行政执法人员对检查现场制作了现场检查（勘察）笔录，并对该公司项目部队长、工程师制作了询问笔录。经查，该公司经营范围涉及海陆钻修井、机械加工、国内劳务、石油技术开发、转让、咨询、服务等。结合现场检查（勘察）笔录、询问笔录、公司营业执照、现场照片等证据材料，该公司将危险废物混入非危险废物中贮存的行为涉嫌违反《中华人民共和国固体废物污染环境防治法》（2016 年）第五十八条第一款的规定，某县生态环境局依法对该公司进行立案查处。

【查处情况】

根据《中华人民共和国固体废物污染环境防治法》（2016 年）第七十五条规定和四川省生态环境厅印发的《四川省生态环境行政处罚裁量标准（2019 年版）》要求，经裁量计算，本案处罚金额为 38 700 元。

【案件分析】

1. 该公司存在将危险废物混入非危险废物中储存的情形

根据该公司项目工程师询问笔录，该公司西南项目部某队在明知废润滑油桶属于危险废物的情况下，由于管理疏忽，仍然将废润滑油桶储存在工具杂物临时堆放点，未将其及时收入危废间。”将危险废物混入非危险废物中贮存，实质上是采取稀释的方式贮存危险废物，其结果是非但未减少或减轻废物的危险性质、数量、体积，反倒会使非危险废物转化为危险废物，从而增加了危险废物的数量、增大了其体积，使污染防治更为复杂和困难，并未达到污染防治的目的。因此，这种行为是不被允许的违法行为，必须予以禁止。将危险废物混入非危险废物中贮存的，由县级以上人民政府环境保护行政主管部门责令停止违法行为，限期改正，处二万元以上二十万元以下的罚款。

2. 该公司的整改措施满足减轻处罚的情形

鉴于该钻探工程有限公司钻井二公司积极配合调查，且整改及时，建议对该公司上述环境违法行为处以罚款人民币38 700元的行政处罚，并将案件提交某县生态环境局案审委员会审查。根据《中华人民共和国固体废物污染环境防治法》(2016年)第七十五条："违反本法有关危险废物污染环境防治的规定，有下列行为之一的，由县级以上人民政府环境保护行政主管部门责令停止违法行为，限期改正，处以罚款：……（七）将危险废物混入非危险废物中贮存的；有前款第一项、第二项、第七项、第八项、第九项、第十项、第十一项、第十二项、第十三项行为之一的，处一万元以上十万元以下的罚款。"同时，依据《四川省生态环境行政处罚裁量标准（2019年版）》，该公司整改措施满足减轻处罚的裁量要求，经裁量计算，处以罚款人民币38 700元的行政处罚。

【问题与启示】

1. 收集、贮存危险废物，必须按照危险废物特性分类进行

危险废物依其危险特性的不同而分为不同的种类，如毒害性(含急性毒性、浸出毒性等)、爆炸性、易燃性、腐蚀性、传染性、化学易反应性等。因此，对于不同种类的危险废物，必须根据其特性，实施适合其特性的污染防治要求，采取不同的污染防治措施，即采取"因废制宜，分类控制"的污染防治原则。如果对性质相异的各类危险废物均采取相同的污染防治措施，则不仅不能有效控制污染，反而可能会扩大或加重污染危害。实践证明，经过明确分类的废弃物比没经分类的废弃物更好处置。例如，使用过的烃类物质还可以作为燃料，借以获取生产或生活所需的能量。但是如果在含烃类物质的废弃物中混杂了不少含有机氨的物质，燃烧时便会有氧化氢的污染。如将这样的废弃物作为燃烧物，只能在特殊处理的焚烧炉内销毁。《中华人民共和国固体废物污染环境防治法》根据危险废物的这种特性相异的特点及其导致的污染防治的需要，规定："收集、贮存危险废物，必须按照危险废物特性分类进行。"

2. 禁止混合收集、贮存、运输、处置性质不相容而未经安全性处置的危险废物

（1）对危险废物实施分类管制，并非单纯地、绝对地将各类危险废物在任何条件下、在任何环节中都截然分开管制。实际上，有些危险废物是可以同其他危险废物混合在一起收集、贮存、运输或处置的，以利用其各自不同的特性，使其在混合过程中相互发生性质转化，使危险废物转化为一般固体废物，或使危险特性较大较活跃（如浓度较高或危险组分较多等）的危险废物转化为危险特性相对较小较稳定的（如降低浓度或减少危险组分等）危险废物，或使危险废物的体积减小等。这种混合是有利于危险废物污染防治要求的，也是简便和成本较低的污染防治措施，因此是必要的。

（2）但是，这种混合不能盲目进行，并不是所有的危险废物均可以进行混合。混合必须要遵循科学的原理，符合科学的条件，采取科学的方式，必须是以不产生新的危险性质更为

严重的危险废物、不会导致更为严重的污染为前提，必须是符合环境保护要求的安全性混合。特别是对于性质不相容的危险废物，在进行混合收集、贮存、运输或处置前，必须经过安全性处理、处置。如果不采取安全性混合，就可能会使一般废物转化为危险废物，或使危险废物的危害性质更为强烈、严重，或产生新的或更为严重污染环境的危险废物，甚至产生爆炸事故、火灾或其他严重事故。

（3）必须对危险废物的混合施以必要的严格的限制，提出“事前安全处理、处置”的要求。根据《中华人民共和国固体废物污染环境防治法》，未经安全性处置，混合收集、贮存、运输、处置具有不相容性质的危险废物的，由县级以上人民政府环境保护行政主管部门责令停止违法行为，限期改正，处一万元以上十万元以下的罚款。

【条文链接】

◆ **《中华人民共和国固体废物污染环境防治法》（2016 年）**

第五十八条　收集、贮存危险废物，必须按照危险废物特性分类进行。禁止混合收集、贮存、运输、处置性质不相容而未经安全性处置的危险废物。

贮存危险废物必须采取符合国家环境保护标准的防护措施，并不得超过一年；确需延长期限的，必须报经原批准经营许可证的环境保护行政主管部门批准；法律、行政法规另有规定的除外。

禁止将危险废物混入非危险废物中贮存。

第七十五条　违反本法有关危险废物污染环境防治的规定，有下列行为之一的，由县级以上人民政府环境保护行政主管部门责令停止违法行为，限期改正，处以罚款：

（一）不设置危险废物识别标志的；

（二）不按照国家规定申报登记危险废物，或者在申报登记时弄虚作假的；

（三）擅自关闭、闲置或者拆除危险废物集中处置设施、场所的；

（四）不按照国家规定缴纳危险废物排污费的；

（五）将危险废物提供或者委托给无经营许可证的单位从事经营活动的；

（六）不按照国家规定填写危险废物转移联单或者未经批准擅自转移危险废物的；

（七）将危险废物混入非危险废物中贮存的；

（八）未经安全性处置，混合收集、贮存、运输、处置具有不相容性质的危险废物的；

（九）将危险废物与旅客在同一运输工具上载运的；

（十）未经消除污染的处理将收集、贮存、运输、处置危险废物的场所、设施、设备和容器、包装物及其他物品转作他用的；

（十一）未采取相应防范措施，造成危险废物扬散、流失、渗漏或者造成其他环境污染的；

（十二）在运输过程中沿途丢弃、遗撒危险废物的；

（十三）未制定危险废物意外事故防范措施和应急预案的。

有前款第一项、第二项、第七项、第八项、第九项、第十项、第十一项、第十二项、第十三项行为之一的，处一万元以上十万元以下的罚款；有前款第三项、第五项、第六项行为之一的，处二万元以上二十万元以下的罚款；有前款第四项行为的，限期缴纳，逾期不缴纳的，处应缴纳危险废物排污费金额一倍以上三倍以下的罚款。

◆《中华人民共和国固体废物污染环境防治法》（2020 年）

第八十一条　收集、贮存危险废物，应当按照危险废物特性分类进行。禁止混合收集、贮存、运输、处置性质不相容而未经安全性处置的危险废物。

贮存危险废物应当采取符合国家环境保护标准的防护措施。**禁止将危险废物混入非危险废物中贮存。**

从事收集、贮存、利用、处置危险废物经营活动的单位，贮存危险废物不得超过一年；确需延长期限的，应当报经颁发许可证的生态环境主管部门批准；法律、行政法规另有规定的除外。

第一百一十二条　违反本法规定，有下列行为之一，由生态环境主管部门责令改正，处以罚款，没收违法所得；情节严重的，报经有批准权的人民政府批准，可以责令停业或者关闭：

（一）未按照规定设置危险废物识别标志的；

（二）未按照国家有关规定制定危险废物管理计划或者申报危险废物有关资料的；

（三）擅自倾倒、堆放危险废物的；

（四）将危险废物提供或者委托给无许可证的单位或者其他生产经营者从事经营活动的；

（五）未按照国家有关规定填写、运行危险废物转移联单或者未经批准擅自转移危险废物的；

（六）未按照国家环境保护标准贮存、利用、处置危险废物或者**将危险废物混入非危险废物中贮存的；**

（七）未经安全性处置，混合收集、贮存、运输、处置具有不相容性质的危险废物的；

（八）将危险废物与旅客在同一运输工具上载运的；

（九）未经消除污染处理，将收集、贮存、运输、处置危险废物的场所、设施、设备和容器、包装物及其他物品转作他用的；

（十）未采取相应防范措施，造成危险废物扬散、流失、渗漏或者其他环境污染的；

（十一）在运输过程中沿途丢弃、遗撒危险废物的；

（十二）未制定危险废物意外事故防范措施和应急预案的；

（十三）未按照国家有关规定建立危险废物管理台账并如实记录的。

有前款第一项、第二项、第五项、第六项、第七项、第八项、第九项、第十二项、第十三项行为之一，处十万元以上一百万元以下的罚款；有前款第三项、第四项、第十项、第十一项行为之一，处所需处置费用三倍以上五倍以下的罚款，所需处置费用不足二十万元的，按二十万元计算。

十、未经消除污染的处理将收集、贮存、运输、处置危险废物的容器、包装物转作他用

案例 53 某页岩砖厂将废油桶转作他用案

【案情简介】

2019 年 3 月 22 日，某生态环境局行政执法人员对位于某镇唐坝村的某页岩砖厂进行检查时，发现该厂的废油桶转作他用。鉴于此情况，某生态环境局对其违法行为立案调查。经查，该厂将工程车加油后的废油桶用于栽花，该厂工人使用废油桶装衣服，在生产过程中将废油桶转作他用的行为，涉嫌违反《中华人民共和国固体废物污染环境防治法》（2016 年）第六十一条的规定，某生态环境局依法对该厂进行立案查处。

【查处情况】

依据《中华人民共和国固体废物污染环境防治法》（2016 年）第七十五条第一款第（十）项、第二款的规定，对该厂作出责令停止违法行为，限期改正和处罚人民币 50 000 元的行政处罚。

【案件分析】

1. 该厂存在“将贮存危险废物的容器转作他用”的情形

根据调查笔录，该厂存在将工程车加油后的废油桶用于栽花和工人使用废油桶装衣服的情况，属于在收集、贮存、运输、处置危险废物过程中将盛放、容纳和包装过危险废物的容器转作他用的行为，违反了《中华人民共和国固体废物污染环境防治法》（2016 年）第六十一条之规定“收集、贮存、运输、处置危险废物的场所、设施、设备和容器、包装物及其他物品转作他用，必须经过消除污染的处理，方可使用”。依据《中华人民共和国固体废物污染环境防治法》（2016 年）第七十五条第一款第（十）项、第二款的规定，应当处一万元以上十万元以下的罚款。

2. 该厂使用的废油桶属于危险废物，应当按照危险废物管理规定进行处置

废油桶属于危险废弃物；因为油属于易燃物，在《国家危险废物名录》中规定，含有或直接沾染危险废物的废弃包装物、容器、清洗杂物属于危险废弃物，废物代码是 900-041-49。

根据《中华人民共和国固体废物污染环境防治法》(2016 年)的有关规定，危险废物是指列入国家危险废物名录或者根据国家规定的危险废物鉴别标准和鉴别方法认定的具有危险特性的固体废物。具体包括：(1)具有腐蚀性、毒性、易燃性、反应性或者感染性等一种或者几种危险特性的；(2)不排除具有危险特性，可能对环境或者人体健康造成有害影响，需要按照危险废物进行管理的。该厂针对违法行为进行整改，新建了危险废物库房，将厂内所有危险废物进行存储，等待专业机构处置。

【问题与启示】

1. 收集、贮存、运输、处置危险废物的场所、设施、设备和容器、包装物及其他物品转作他用时，必须经过消除污染的处理

《中华人民共和国固体废物污染环境防治法》(2016 年)第六十一条是关于受危险废物污染的设施、物品的安全处理的规定。在收集、贮存、运输、处置危险废物过程中所使用的装载、盛放、堆置、输送、容纳或包装过危险废物的场所、设施、设备、容器、包装物品、装置、运输工具或其他物品，因直接与危险废物接触，故已受到了危险废物的污染，实际已成为具有危险性质的污染物，其在转作他用之前，必须采取适当的措施和方式，经过消除污染的安全性处理，以避免和防止二次污染。未作安全性处理消除污染的，则不得转作他用。

2. 危险性废物具有急性毒性、易燃性、腐蚀性、化学反应性（包括爆炸性)、放射性、浸出毒性

在《中华人民共和国固体废物污染环境防治法》(2016 年)中，并未对危险废物的危险特性作出明确具体的规定，但在有关条款中隐含了危险特性的范围。例如该法第八十三条的有关违反收集、贮存、利用、处置危险废物规定的刑事责任的规定，其所涉及的刑法有关条款是关于违反爆炸性、易燃性、放射性、毒害性、腐蚀性等危险物品管理规定，造成重大环境污染事故的刑事责任的规定，这便隐含指出危险废物是指具有爆炸性、易燃性、放射性、毒害性、腐蚀性等危险特性之一的废物(依该法第二条第二款的规定，放射性废物污染防治不适用该法规定，而是适用放射性污染防治法的规定)。该法第六十条规定运输危险废物应适用有关危险货物运输管理的规定，根据《危险化学品安全管理条例》规定，危险化学品，包括爆炸品、压缩气体和液化气体、易燃液体、易燃固体、自燃物品和遇湿易燃物品、氧化剂和有机过氧化物、有毒品和腐蚀品等。此外，《工业固体废物有害特性试验与监测分析方法(试行)》中规定的危险废物的危险特性包括：急性毒性、易燃性、腐蚀性、化学反应性(包括爆炸性)、放射性、浸出毒性等 6 类。

【条文链接】

◆《中华人民共和国固体废物污染环境防治法》(2016 年)

第六十一条　收集、贮存、运输、处置危险废物的场所、设施、设备和容器、包装物及

其他物品转作他用时，必须经过消除污染的处理，方可使用。

第七十五条　违反本法有关危险废物污染环境防治的规定，有下列行为之一的，由县级以上人民政府环境保护行政主管部门责令停止违法行为，限期改正，处以罚款：

（一）不设置危险废物识别标志的；

（二）不按照国家规定申报登记危险废物，或者在申报登记时弄虚作假的；

（三）擅自关闭、闲置或者拆除危险废物集中处置设施、场所的；

（四）不按照国家规定缴纳危险废物排污费的；

（五）将危险废物提供或者委托给无经营许可证的单位从事经营活动的；

（六）不按照国家规定填写危险废物转移联单或者未经批准擅自转移危险废物的；

（七）将危险废物混入非危险废物中贮存的；

（八）未经安全性处置，混合收集、贮存、运输、处置具有不相容性质的危险废物的；

（九）将危险废物与旅客在同一运输工具上载运的；

（十）未经消除污染的处理将收集、贮存、运输、处置危险废物的场所、设施、设备和容器、包装物及其他物品转作他用的；

（十一）未采取相应防范措施，造成危险废物扬散、流失、渗漏或者造成其他环境污染的；

（十二）在运输过程中沿途丢弃、遗撒危险废物的；

（十三）未制定危险废物意外事故防范措施和应急预案的。

有前款第一项、第二项、第七项、第八项、第九项、第十项、第十一项、第十二项、第十三项行为之一的，处一万元以上十万元以下的罚款；有前款第三项、第五项、第六项行为之一的，处二万元以上二十万元以下的罚款；有前款第四项行为的，限期缴纳，逾期不缴纳的，处应缴纳危险废物排污费金额一倍以上三倍以下的罚款。

◆《中华人民共和国固体废物污染环境防治法》（2020 年）

第八十四条　收集、贮存、运输、利用、处置危险废物的场所、设施、设备和容器、包装物及其他物品转作他用时，应当按照国家有关规定经过消除污染处理，方可使用。

第一百一十二条　违反本法规定，有下列行为之一，由生态环境主管部门责令改正，处以罚款，没收违法所得；情节严重的，报经有批准权的人民政府批准，可以责令停业或者关闭：

（一）未按照规定设置危险废物识别标志的；

（二）未按照国家有关规定制定危险废物管理计划或者申报危险废物有关资料的；

（三）擅自倾倒、堆放危险废物的；

（四）将危险废物提供或者委托给无许可证的单位或者其他生产经营者从事经营活动的；

（五）未按照国家有关规定填写、运行危险废物转移联单或者未经批准擅自转移危险废物的；

（六）未按照国家环境保护标准贮存、利用、处置危险废物或者将危险废物混入非危险废物中贮存的；

（七）未经安全性处置，混合收集、贮存、运输、处置具有不相容性质的危险废物的；

（八）将危险废物与旅客在同一运输工具上载运的；

（九）未经消除污染处理，将收集、贮存、运输、处置危险废物的场所、设施、设备和容器、包装物及其他物品转作他用的；

（十）未采取相应防范措施，造成危险废物扬散、流失、渗漏或者其他环境污染的；

（十一）在运输过程中沿途丢弃、遗撒危险废物的；

（十二）未制定危险废物意外事故防范措施和应急预案的；

（十三）未按照国家有关规定建立危险废物管理台账并如实记录的。

有前款第一项、第二项、第五项、第六项、第七项、第八项、第九项、第十二项、第十三项行为之一，处十万元以上一百万元以下的罚款；有前款第三项、第四项、第十项、第十一项行为之一，处所需处置费用三倍以上五倍以下的罚款，所需处置费用不足二十万元的，按二十万元计算。

十一、未采取相应防范措施造成危险废物流失

案例 54 某汽车技术服务中心未采取防范措施造成危险废物污染案

【案情简介】

2017 年 7 月 31 日，某市环境监察执法大队执法人员对某汽车技术服务中心实施现场检查时，发现该中心产生的废机油未采取相应的防范措施，造成危险废物流失。该中心于 2003 年建厂和营业，并办理了环境影响登记表，与某废矿物油回收有限公司签订了废机油处理协议。该中心的危险废物暂存间设置不规范，废机油收集不及时，存在流失现象。该行为涉嫌违反《中华人民共和国固体废物污染环境防治法》（2016 年）第十七条的规定，某市环境保护局依法对该中心进行立案查处。

【查处情况】

根据《中华人民共和国固体废物污染环境防治法》（2016 年）第七十五条第一款第（十一）项、第二款的规定，同时依据《四川省环境保护行政处罚自由裁量权细化标准》的规定，鉴于该中心能积极主动配合调查取证工作，对该中心未采取有效措施，造成危险废物流失的行为处罚款 10 000 元，并责令该中心立即改正违法行为。

【案件分析】

1. 某汽车技术服务中心未采取防范措施造成废机油流失的情形违法

根据《中华人民共和国固体废物污染环境防治法》（2016 年）第十七条第一款的规定："收集、贮存、运输、利用、处置固体废物的单位和个人，必须采取防扬散、防流失、防渗漏或者其他防止污染环境的措施；不得擅自倾倒、堆放、丢弃、遗撒固体废物。"该中心作为废机油的产生单位，其危险废物暂存间设置不规范，废机油收集不及时，从而造成危险废物的流失，其行为已违反《中华人民共和国固体废物污染环境防治法》（2016 年）第十七条第一款的规定。

2. 该中心的违法行为满足行政处罚的适用情形

本案中某汽车技术服务中心产生的废机油为危险废物，属于《国家危险废物名录》所列"900-249-08 其他生产、销售、使用过程中产生的废矿物油"。根据《中华人民共和国固体废物污染环境防治法》（2016 年）第七十五条第一款第（十一）项规定，"违反本法有关危险废

物污染环境防治的规定，有下列行为之一的，由县级以上人民政府环境保护行政主管部门责令停止违法行为，限期改正，处以罚款：……（十一）未采取相应防范措施，造成危险废物扬散、流失、渗漏或者造成其他环境污染的"，该中心废机油收集不及时，并造成流失的情形属于法定的行政处罚情形。按照《中华人民共和国固体废物污染环境防治法》（2016 年）第七十五条第一款第（十一）项第二款的规定，并结合《四川省环境保护行政处罚自由裁量权细化标准》的要求，某市环境保护局对该中心造成危险废物流失的行为处罚款 10 000 元，并责令该中心立即改正违法行为的处罚决定适当。

【问题与启示】

收集、贮存、运输、利用、处置固体废物的单位和个人的污染防治义务

任何一种固体废物，从产生到最终处置可能涉及产生、收集、贮存、运输、利用、处置等多个环节，按照《中华人民共和国固体废物污染环境防治法》（2016 年）第五条规定的污染者依法负责的原则,每个环节的参与者都应当依法律对其造成的环境污染承担相应的责任。《中华人民共和国固体废物污染环境防治法》（2016 年）第十七条已经对固体废物产生者的污染防治义务作了规定，该条第一款则明确了收集、贮存、运输、利用、处置固体废物的单位和个人的污染防治义务。按照这一规定，收集、贮存、运输、利用、处置固体废物的单位和个人必须采取防扬散、防流失、防渗漏等防止造成环境污染的措施，并不得擅自倾倒、堆放、丢弃、遗撒固体废物。具体而言：

（1）《中华人民共和国固体废物污染环境防治法》（2016 年）第十七条第一款的规定适用于收集、贮存、运输、利用、处置固体废物的单位和个人。收集，是指将固体废物聚集在一起；贮存，按照法第八十八条第（五）项，是指将固体废物临时置于特定设施或者场所中的活动；运输，是指用交通工具将固体废物从一地运往另一地；利用，按照法第八十八条第（七）项，是指从固体废物中提取物质作为原材料或者燃料的活动；处置，按照法第八十八条第（六）项，是指将固体废物焚烧和用其他改变固体废物的物理、化学、生物特性的方法，达到减少已产生的固体废物数量、缩小固体废物体积、减少或者消除其危险成份的活动，或者将固体废物最终置于符合环境保护规定要求的填埋场的活动。从事上述活动的单位和个人，都应当遵守该条第一款的规定，采取措施，防止造成环境污染。

（2）《中华人民共和国固体废物污染环境防治法》（2016 年）第十七条第一款规定的污染防治义务包括两方面：一是要求采取相应的防止固体废物污染环境的措施，具体列举了三种，即防扬散、防流失、防渗漏。防扬散，是指防止固体废物撒开散失。比如生活垃圾收集和运输时，应当采取密闭措施，防止垃圾暴露、散落；防流失，是指防止固体废物流动散失，主要针对液态废物而言。比如，一般工业固体废物的贮存场所，应当设置导流渠，防止因雨水径流进入使贮存的工业固体废物流失造成环境污染；防渗漏，是指防止固体废物渗透漏出，主要针对液态废物和气态废物而言。比如，危险废物贮存场所必须设置泄漏液体收集装置，地基必须经过防渗处理，防止危险废物渗漏污染土壤和地下水。以上三种措施是该条第一款明确列举的，当然这并不是说只能或者只需要采取上述三种措施，有关单位和个人应当针对不同固体废物的具体情况，按照国家有关法规和标准的规定，科学地采取相应的措施，防止

造成固体废物污染环境。二是不得擅自倾倒、堆放、丢弃、遗撒固体废物。倾倒，是指倒转或倾斜容器使里面的固体废物出来；堆放，是指未采取相应的污染防治措施成堆地将固体废物放置在一起；丢弃，是指放弃固体废物的所有权或使用权，将其抛弃；遗撒，是指抛弃散失固体废物。要注意的是，以上几种行为并非绝对不允许，比如，生活垃圾运输车将所运输的垃圾倒在垃圾填埋场，也属于倾倒行为，但这一行为是合法的。换言之，法律要禁止的，不是所有的倾倒、堆放等行为，而是那些违反有关法规、规章或标准，不按照规定的要求和程序擅自倾倒、堆放、丢弃、遗撒固体废物的行为。因此，判断是否违反本条的规定，应当结合有关法规、规章或技术操作规程进行具体分析。

违反《中华人民共和国固体废物污染环境防治法》（2016 年）第十七条第一款规定的，根据工业固体废物、生活垃圾和危险废物等不同的固体废物类型，分别依照该法第六十八条、第七十四条、第七十五条的规定追究法律责任。

【条文链接】

◆ **《中华人民共和国固体废物污染环境防治法》（2016 年）**

第十七条　收集、贮存、运输、利用、处置固体废物的单位和个人，必须采取防扬散、防流失、防渗漏或者其他防止污染环境的措施；不得擅自倾倒、堆放、丢弃、遗撒固体废物。

禁止任何单位或者个人向江河、湖泊、运河、渠道、水库及其最高水位线以下的滩地和岸坡等法律、法规规定禁止倾倒、堆放废弃物的地点倾倒、堆放固体废物。

第七十五条　违反本法有关危险废物污染环境防治的规定，有下列行为之一的，由县级以上人民政府环境保护行政主管部门责令停止违法行为，限期改正，处以罚款：

（一）不设置危险废物识别标志的；

（二）不按照国家规定申报登记危险废物，或者在申报登记时弄虚作假的；

（三）擅自关闭、闲置或者拆除危险废物集中处置设施、场所的；

（四）不按照国家规定缴纳危险废物排污费的；

（五）将危险废物提供或者委托给无经营许可证的单位从事经营活动的；

（六）不按照国家规定填写危险废物转移联单或者未经批准擅自转移危险废物的；

（七）将危险废物混入非危险废物中贮存的；

（八）未经安全性处置，混合收集、贮存、运输、处置具有不相容性质的危险废物的；

（九）将危险废物与旅客在同一运输工具上载运的；

（十）未经消除污染的处理将收集、贮存、运输、处置危险废物的场所、设施、设备和容器、包装物及其他物品转作他用的；

（十一）未采取相应防范措施，造成危险废物扬散、流失、渗漏或者造成其他环境污染的；

（十二）在运输过程中沿途丢弃、遗撒危险废物的；

（十三）未制定危险废物意外事故防范措施和应急预案的。

有前款第一项、第二项、第七项、第八项、第九项、第十项、第十一项、第十二项、第十三项行为之一的，处一万元以上十万元以下的罚款；有前款第三项、第五项、第六项行为之一的，处二万元以上二十万元以下的罚款；有前款第四项行为的，限期缴纳，逾期不缴纳的，处应缴纳危险废物排污费金额一倍以上三倍以下的罚款。

◆ **《中华人民共和国固体废物污染环境防治法》（2020年）**

第四十条　产生工业固体废物的单位应当根据经济、技术条件对工业固体废物加以利用；对暂时不利用或者不能利用的，应当按照国务院生态环境等主管部门的规定建设贮存设施、场所，安全分类存放，或者采取无害化处置措施。贮存工业固体废物应当采取符合国家环境保护标准的防护措施。

建设工业固体废物贮存、处置的设施、场所，应当符合国家环境保护标准。

第一百零二条 违反本法规定，有下列行为之一，由生态环境主管部门责令改正，处以罚款，没收违法所得；情节严重的，报经有批准权的人民政府批准，可以责令停业或者关闭：

（一）产生、收集、贮存、运输、利用、处置固体废物的单位未依法及时公开固体废物污染环境防治信息的；

（二）生活垃圾处理单位未按照国家有关规定安装使用监测设备、实时监测污染物的排放情况并公开污染排放数据的；

（三）将列入限期淘汰名录被淘汰的设备转让给他人使用的；

（四）在生态保护红线区域、永久基本农田集中区域和其他需要特别保护的区域内，建设工业固体废物、危险废物集中贮存、利用、处置的设施、场所和生活垃圾填埋场的；

（五）转移固体废物出省、自治区、直辖市行政区域贮存、处置未经批准的；

（六）转移固体废物出省、自治区、直辖市行政区域利用未报备案的；

（七）擅自倾倒、堆放、丢弃、遗撒工业固体废物，或者未采取相应防范措施，造成工业固体废物扬散、流失、渗漏或者其他环境污染的；

（八）产生工业固体废物的单位未建立固体废物管理台账并如实记录的；

（九）产生工业固体废物的单位违反本法规定委托他人运输、利用、处置工业固体废物的；

（十）贮存工业固体废物未采取符合国家环境保护标准的防护措施的；

（十一）单位和其他生产经营者违反固体废物管理其他要求，污染环境、破坏生态的。

有前款第一项、第八项行为之一，处五万元以上二十万元以下的罚款；有前款第二项、第三项、第四项、第五项、第六项、第九项、第十项、第十一项行为之一，处十万元以上一百万元以下的罚款；有前款第七项行为，处所需处置费用一倍以上三倍以下的罚款，所需处置费用不足十万元的，按十万元计算。对前款第十一项行为的处罚，有关法律、行政法规另有规定的，适用其规定。

◆ **《四川省环境保护行政处罚自由裁量权细化标准》**

§3.7 违法行为（7）未采取相应防范措施，造成工业固体 废物扬散、流失、渗漏或者造成其他环境污染的；

§3.7.2.4 未采取相应防范措施，造成工业固体废物扬 散、流失、渗漏或者造成其他环境污染，实际贮存容积在5 000立方米以上，或有其它情节特别严重情形的，责令停止违法 行为，限期改正，处以8万元以上10万元以下罚款。

十二、在运输过程中沿途遗撒危险废物

案例 55 王某某运输途中遗撒危险废物案

【案情简介】

2019 年 7 月 11 日，某区环境保护局在接到某乡人民政府关于 214 省道部分路面有废机油撒漏情况的电话报告后，立即安排人员赶到现场进行核查。经查，当事人王某某未获取废机油运输资质，于 2018 年 11 月 15 日与具有危险废物运输资质的某运输有限公司签订《汽车合作经营合同》。该合同约定：当事人作为乙方，是川 XXXXXX 的实际车主，享有车辆所有权、经营权和车辆经营收益，并承担车辆在经营中发生的一切法律责任和经济损失；某运输有限公司作为甲方，只是车辆的登记车主，不享有经营权，只提供经营管理服务（如车辆上户、办理经营证件等）和安全生产监督管理，不承担乙方及车辆在经营中发生的一切法律责任和经济损失。

2019 年 7 月 10 日当事人王某某接到修理厂通知，计划 2019 年 7 月 11 日将修理厂废机油运往某油料化工厂。当日晚上 11 点，当事人王某某安排司机驾驶车辆川 XXXXXX 从仁和镇出发到平地修理厂，车辆行驶到大田镇三大湾处停车准备加水时，司机发现车厢尾部有废机油渗出，经排查渗出原因为车厢内油桶底部闸阀断裂、脱落。司机用沙袋把车辆周围围住，防止废机油继续泄漏扩散，同时将情况电话通知当事人王某某，王某某立即组织人员对遗撒废机油用海绵进行吸附，但由于遗撒面较广、人手较少、处理不及时等原因，再加上当晚下雨，导致部分废机油随雨水经路旁排水沟流入大竹河水库。

2019 年 7 月 11 日上午，某区环境保护局执法人员现场检查时，发现 214 省道某乡大竹河水库大坝至大田镇三大湾段的路面及排水沟有不同程度废机油撒漏痕迹，撒油道路全长约 7 公里，大竹河水库库区水面浮有约 300 m^2 油污。遗撒的废机油是油桶内残留的，约 400 公斤，现场检查时已基本流干。截至调查终结前，遗撒废机油已基本清理完毕。王某某运输途中遗撒危险废物，涉嫌违反《中华人民共和国固体废物污染环境防治法》（2016 年）第六十三条的规定，某区环境保护局依法对当事人王某某进行立案查处。

【查处情况】

当事人的违法行为应按《中华人民共和国固体废物污染环境防治法》（2016 年）第七十五条第一款第（十二）项以及第七十五条第二款规定，同时依据《四川省生态环境行政处罚裁量标准》（2018 年）第七十九条第一款的规定进行处罚。根据当事人的违法事实，鉴于所涉遗撒面较广且事件发生后当事人未及时履行报告义务，某区环境保护局对当事人作出罚款人民币 3 万元的行政处罚。

【案件分析】

当事人存在“发生突发环境事件后未及时履行报告义务”的情形

当事人在运输过程中沿途遗撒废机油的行为，违反了《中华人民共和国固体废物污染环境防治法》(2016 年)第六十三条“因发生事故或者其他突发性事件，造成危险废物严重污染环境的单位，必须立即采取措施消除或者减轻对环境的污染危害，及时通报可能受到污染危害的单位和居民，并向所在地县级以上地方人民政府环境保护行政主管部门和有关部门报告，接受调查处理”的规定。当事人应当加强运输人员和车辆的管理，对突发事件应急处置应知应会，并及时向属地环保部门上报相关情况。

【问题与启示】

1. 危险废物污染环境事故的界定

危险废物污染环境事故，是指由于违反危险废物污染防治法律、法规规定的行为以及意外因素的影响或不可抗拒的自然灾害等原因，致使危险废物排放进入环境，造成危险废物对环境的污染，人体健康受到危害，社会经济与人民财产受到损失，造成不良社会影响的突发性事件。根据事故危害的程度，可分为一般的、较大的、重大的和特大的环境污染与破坏事故四个等级。

2. 发生了危险废物污染环境事故的单位必须履行的义务

根据《中华人民共和国固体废物污染环境防治法》(2016 年)第六十三条的规定，发生了危险废物污染环境事故的单位，必须履行下列义务：

(1)立即采取处理措施。这包括对已发生的污染立即采取减轻或消除的措施，防止污染危害进一步扩大。这里的“立即”是指时间上的要求，一旦发现事故，就必须马上采取措施，不允许有时间上的延误，否则要承担相应的法律后果。

(2)必须将污染事故发生的情况及时通报可能受到污染危害的单位和居民。及时通报可能受到污染危害的单位和居民，可以使他们在第一时间了解危害的程度，能够有充足的时间采取转移、躲避、防御和救护等措施，保证他们的生命健康，避免和减少因污染危害造成的损失。

(3)向所在地县级以上地方人民政府环境保护行政主管部门和有关部门报告并接受调查处理。重大或特大的环境污染事故要在发生事故后算起的 48 小时以内报告。报告的内容包括事故的类型、发生的时间、地点、排污数量、经济损失、人员受害情况等。事故查清后要进一步作出事故发生的原因、过程、危害、采取的措施、处理结果以及事故的潜在危害或间接危害、社会影响、遗留的问题和防范措施的书面报告。报告单位应当保证报告内容的准确性与可靠性，当发现报告内容与实际情况有出入时，报告单位应当立即纠正并上报。

【条文链接】

◆《中华人民共和国固体废物污染环境防治法》(2016 年)

第六十三条　因发生事故或者其他突发性事件，造成危险废物严重污染环境的单位，必须立即采取措施消除或者减轻对环境的污染危害，及时通报可能受到污染危害的单位和居民，并向所在地县级以上地方人民政府环境保护行政主管部门和有关部门报告，接受调查处理。

第七十五条　违反本法有关危险废物污染环境防治的规定，有下列行为之一的，由县级以上人民政府环境保护行政主管部门责令停止违法行为，限期改正，处以罚款：

(一)不设置危险废物识别标志的；

(二)不按照国家规定申报登记危险废物，或者在申报登记时弄虚作假的；

(三)擅自关闭、闲置或者拆除危险废物集中处置设施、场所的；

(四)不按照国家规定缴纳危险废物排污费的；

(五)将危险废物提供或者委托给无经营许可证的单位从事经营活动的；

(六)不按照国家规定填写危险废物转移联单或者未经批准擅自转移危险废物的；

(七)将危险废物混入非危险废物中贮存的；

(八)未经安全性处置，混合收集、贮存、运输、处置具有不相容性质的危险废物的；

(九)将危险废物与旅客在同一运输工具上载运的；

(十)未经消除污染的处理将收集、贮存、运输、处置危险废物的场所、设施、设备和容器、包装物及其他物品转作他用的；

(十一)未采取相应防范措施，造成危险废物扬散、流失、渗漏或者造成其他环境污染的；

(十二)在运输过程中沿途丢弃、遗撒危险废物的；

(十三)未制定危险废物意外事故防范措施和应急预案的。

有前款第一项、第二项、第七项、第八项、第九项、第十项、第十一项、第十二项、第十三项行为之一的，处一万元以上十万元以下的罚款；有前款第三项、第五项、第六项行为之一的，处二万元以上二十万元以下的罚款；有前款第四项行为的，限期缴纳，逾期不缴纳的，处应缴纳危险废物排污费金额一倍以上三倍以下的罚款。

◆中华人民共和国固体废物污染环境防治法(2020 年)

第二十条 产生、收集、贮存、运输、利用、处置固体废物的单位和其他生产经营者，应当采取防扬散、防流失、防渗漏或者其他防止污染环境的措施，不得擅自倾倒、堆放、丢弃、遗撒固体废物。

禁止任何单位或者个人向江河、湖泊、运河、渠道、水库及其最高水位线以下的滩地和岸坡以及法律法规规定的其他地点倾倒、堆放、贮存固体废物。

第一百一十二条 违反本法规定，有下列行为之一，由生态环境主管部门责令改正，处以罚款，没收违法所得；情节严重的，报经有批准权的人民政府批准，可以责令停业或者关闭：

（一）未按照规定设置危险废物识别标志的；

（二）未按照国家有关规定制定危险废物管理计划或者申报危险废物有关资料的；

（三）擅自倾倒、堆放危险废物的；

（四）将危险废物提供或者委托给无许可证的单位或者其他生产经营者从事经营活动的；

（五）未按照国家有关规定填写、运行危险废物转移联单或者未经批准擅自转移危险废物的；

（六）未按照国家环境保护标准贮存、利用、处置危险废物或者将危险废物混入非危险废物中贮存的；

（七）未经安全性处置，混合收集、贮存、运输、处置具有不相容性质的危险废物的；

（八）将危险废物与旅客在同一运输工具上载运的；

（九）未经消除污染处理，将收集、贮存、运输、处置危险废物的场所、设施、设备和容器、包装物及其他物品转作他用的；

（十）未采取相应防范措施，造成危险废物扬散、流失、渗漏或者其他环境污染的；

（十一）在运输过程中沿途丢弃、遗撒危险废物的；

（十二）未制定危险废物意外事故防范措施和应急预案的；

（十三）未按照国家有关规定建立危险废物管理台账并如实记录的。

有前款第一项、第二项、第五项、第六项、第七项、第八项、第九项、第十二项、第十三项行为之一，处十万元以上一百万元以下的罚款；有前款第三项、第四项、第十项、第十一项行为之一，处所需处置费用三倍以上五倍以下的罚款，所需处置费用不足二十万元的，按二十万元计算。

十三、无经营许可证从事收集、贮存、利用、处置危险废物经营活动

案例 56
某废旧收购部无证从事危险废物经营活动案

【案情简介】

2020 年 4 月 8 日晚，某县生态环境局接公安机关通告，发现某废旧收购部涉嫌无证收购废旧电瓶，执法人员随即赴现场，经现场检查，发现该收购部无危废经营许可证从事废旧电瓶的收集、贮存、利用、处置的经营活动。该收购部的行为涉嫌违反《中华人民共和国固体废物污染环境防治法》（2016 年）第五十七条第二款的规定，某县生态环境局依法对该收购部进行立案查处。

【查处情况】

依据《中华人民共和国固体废物污染环境防治法》（2016 年）第七十七条的规定，某县生态环境局作出如下行政处罚：（1）没收违法所得；（2）立即停止收集、贮存、利用、处置废旧电瓶，找有资质的公司对废旧电瓶进行规范堆放处置。

【案件分析】

1. 某废旧收购部无证从事危险废物经营活动的行为违法

根据《中华人民共和国固体废物污染环境防治法》（2016 年）第五十七条第一款的规定："从事收集、贮存、处置危险废物经营活动的单位，必须向县级以上人民政府环境保护行政主管部门申请领取经营许可证"，而废旧电瓶属于危险废物，《国家危险废物名录》规定的危险废物包括"废铅蓄电池以及废铅蓄电池拆解过程中产生的废铅板、废铅膏和酸液"，废物代码是 900-052-31。因此，本案中该收购部无危废经营许可证从事废旧电瓶的收集、贮存、利用、处置经营活动的行为违反《中华人民共和国固体废物污染环境防治法》（2016）第五十七条第一、二款的规定。

2. 某废旧收购部的违法行为符合行政处罚情形

根据《中华人民共和国固体废物污染环境防治法》（2016 年）第七十七条第一款的规定："无经营许可证或者不按照经营许可证规定从事收集、贮存、利用、处置危险废物经营活动的，

由县级以上人民政府环境保护行政主管部门责令停止违法行为，没收违法所得，可以并处违法所得三倍以下的罚款。”本案中某县生态环境局没收某废旧收购部的违法所得，并责令其立即停止收集、贮存、利用、处置废旧电瓶，找有资质的公司对废旧电瓶进行规范堆放处置的处罚决定适当。

【问题与启示】

1. “一般固体废物”与“危险废物”的区别

根据污染特性，固体废物可分为一般固体废物和危险废物。一般固体废物的主要来源为一般工业固体废物。

一般工业固体废物指未被列入《国家危险废物名录》或者根据国家规定的鉴别标准和鉴别方法判定不具有危险特性的工业固体废物。一般工业固体废物又分为第一类一般工业固体废物和第二类一般工业固体废物。第一类一般工业固体废物是指按照《固体废物浸出毒性浸出方法》（GB 5086）规定方法进行浸出试验而获得的浸出液中，任何一种污染物的浓度均未超过《污水综合排放标准》（GB 8978—1996）最高允许排放浓度，且 pH 值在 6 至 9 范围之内的一般工业固体废物。第二类一般工业固体废物是指按照《固体废物浸出毒性浸出方法》（GB 5086）规定方法进行浸出试验而获得的浸出液中，有一种或一种以上污染物的浓度超过《污水综合排放标准》（GB 8978—1996）最高允许排放浓度，或者是 pH 值在 2 ~ 6、9 ~ 12.5 范围之内的一般工业固体废物。

危险废物是指列入国家危险废物名录或根据国家规定的危险废物鉴别标准和鉴别方法认定的具有危险特性的固体废物。

2. 危险废物的范围

（1）列入国家危险废物名录的，主要包括以下几类。

废物类：化工反应废物类，医疗医药废物类，有色金属废物类，石棉废物类，废活性炭类，表面处理废物类；

废液类：化工废液类，废酸液类，废碱液类，重金属废液类，废油、废焦油；

废产品原料类：废化工产品，废医药产品，废农药产品，废电池产品，废包装产品；

污泥类：金属污泥类，化工污泥类，农药污泥类，表面处理污泥类；

粉尘类：有色金属粉尘类，化工粉尘类，石棉粉尘类，焚烧飞灰。

（2）具有腐蚀性、毒性、易燃性、反应性或者感染性等一种或者几种危险特性，经省级环保部门组织认定的。

（3）列入《危险化学品目录》的化学品废弃后属于危险废物。

（4）医疗废物属于危险废物。

（5）生活垃圾中的废药品及包装物，废杀虫剂、消毒剂及包装物，废油漆、溶剂及包装物，废矿物油及包装物，废胶片、废相纸，废荧光灯管、废温度计、废血压计，废镍镉电池、氧化汞电池，电子类危险废物等除收集过程外，集中收集后按照危险废物进行管理。

（6）不排除具有危险特性，可能对环境或者人体健康造成有害影响，经环保部门组织认定的固体和液体废物。

【条文链接】

◆《中华人民共和国固体废物污染环境防治法》(2016年)

第五十七条 从事收集、贮存、处置危险废物经营活动的单位，必须向县级以上人民政府环境保护行政主管部门申请领取经营许可证；从事利用危险废物经营活动的单位，必须向国务院环境保护行政主管部门或者省、自治区、直辖市人民政府环境保护行政主管部门申请领取经营许可证。具体管理办法由国务院规定。

禁止无经营许可证或者不按照经营许可证规定从事危险废物收集、贮存、利用、处置的经营活动。

禁止将危险废物提供或者委托给无经营许可证的单位从事收集、贮存、利用、处置的经营活动。

第七十七条 无经营许可证或者不按照经营许可证规定从事收集、贮存、利用、处置危险废物经营活动的，由县级以上人民政府环境保护行政主管部门责令停止违法行为，没收违法所得，可以并处违法所得三倍以下的罚款。

不按照经营许可证规定从事前款活动的，还可以由发证机关吊销经营许可证。

◆《中华人民共和国固体废物污染环境防治法》(2020年)

第八十条 从事收集、贮存、利用、处置危险废物经营活动的单位，应当按照国家有关规定申请取得许可证。许可证的具体管理办法由国务院制定。

禁止无许可证或者未按照许可证规定从事危险废物收集、贮存、利用、处置的经营活动。

禁止将危险废物提供或者委托给无许可证的单位或者其他生产经营者从事收集、贮存、利用、处置活动。

第一百一十四条 无许可证从事收集、贮存、利用、处置危险废物经营活动的，由生态环境主管部门责令改正，处一百万元以上五百万元以下的罚款，并报经有批准权的人民政府批准，责令停业或者关闭；对法定代表人、主要负责人、直接负责的主管人员和其他责任人员，处十万元以上一百万元以下的罚款。

未按照许可证规定从事收集、贮存、利用、处置危险废物经营活动的，由生态环境主管部门责令改正，限制生产、停产整治，处五十万元以上二百万元以下的罚款；对法定代表人、主要负责人、直接负责的主管人员和其他责任人员，处五万元以上五十万元以下的罚款；情节严重的，报经有批准权的人民政府批准，责令停业或者关闭，还可以由发证机关吊销许可证。

十四、造成固体废物污染环境事故

案例 57
某科技股份有限公司非法倾倒固体废物案

【案情简介】

2016 年 6 月下旬，某科技股份有限公司安排 6 辆货车从某区某村该公司的污泥堆场装满污泥运至某基地进行倾倒，两日共计倾倒污泥 20 车，每车污泥约 30 吨，共计约 600 吨。7 月下旬，某市公安局某区分局接群众报警后于同日立案。10 月下旬，某市公安局某区分局将该案向某区人民检察院移送审查起诉。2017 年 3 月下旬，该公司法定代表人因犯环境污染罪被某区人民法院判处有期徒刑十个月，缓刑一年，并处罚金一万元。某区检察院向某区环境保护局提出了司法建议，要求对该单位进行行政处罚。

某科技股份有限公司处置污泥过程中，未采取相应防止污染环境的措施，将 600 余吨污泥擅自倾倒、堆放，导致某村果林被损害 20 余亩，鱼塘的鱼被毒死 1 000 余斤，对当地环境造成污染，造成直接经济损失 407 509.2 元，经检测，本次倾倒的污泥中含有多种重金属，属于有害物质。上述行为涉嫌违反《中华人民共和国固体废物污染环境防治法》（2015 年）第十七条第一款的规定，某区环境保护局依法对该公司进行立案查处。

【查处情况】

某区环境保护局依据《中华人民共和国固体废物污染环境防治法》（2015 年）第八十二条规定和《突发环境事件分级标准》，认定此次事件为“一般（Ⅳ级）突发环境事件”。依据《四川省环境保护行政处罚自由裁量权细化标准》第 3.28.2.1 条规定，对该公司处以罚款人民币 80 000 元人民币。

【案件分析】

1. 某科技股份有限公司擅自倾倒固体废物构成违法

某科技股份有限公司擅自倾倒污泥的事实清楚、证据充分，该公司行政管理人员邹某承认污泥来源于自来水厂，按照相关规定，该污泥属于固体废物而非危险废物。因此，某科技股份有限公司擅自倾倒固体废物行为成立。该行为违反了《中华人民共和国固体废物污染环境防治法》（2015 年）第十七条第一款的规定，属违法行为。

2. 某科技股份有限公司造成了突发环境事件

某科技股份有限公司将600余吨污泥擅自倾倒、堆放，导致某村果林被损害20余亩，鱼塘的鱼被毒死1 000余斤，对当地环境造成污染，造成直接经济损失407 509.2元。按照《国家突发环境事件应急预案》，上述情形属于“因环境污染造成直接经济损失500万元以下的”一般突发环境事件；按照《突发环境事件信息报告办法》，上述情形属于“除特别重大突发环境事件、重大突发环境事件、较大突发环境事件以外的突发环境事件”一般（Ⅳ级）突发环境事件。因此，某区环境保护局执法人员认定此次事件为“一般（Ⅳ级）突发环境事件”合法、合理。某科技股份有限公司违反了《中华人民共和国固体废物污染环境防治法》（2015年）第八十二条规定。

3. 某科技股份有限公司违法行为应从重处罚

经案件核查，某科技股份有限公司将含有多种重金属的污泥擅自倾倒、堆放，造成直接经济损失40余万元，违法事实清楚，证据确凿。司法机关追究了相关责任人的刑事责任。某区检察院向某区环境保护局提出了司法建议，要求对该单位进行行政处罚。综合考虑，某区环境保护局按照《中华人民共和国固体废物污染环境防治法》（2015 年）第八十二条规定对某科技股份有限公司从重处罚，罚款人民币8万元，处罚合法、适当。

【问题与启示】

1. 什么是“突发环境事件”？

突发环境事件是指由于污染物排放或自然灾害、生产安全事故等因素，导致污染物或放射性物质等有毒有害物质进入大气、水体、土壤等环境介质，突然造成或可能造成环境质量下降，危及公众身体健康和财产安全，或造成生态环境破坏，或造成重大社会影响，需要采取紧急措施予以应对的事件，主要包括大气污染、水体污染、土壤污染等突发性环境污染事件和辐射污染事件。

2. 什么是“突发环境事件分级标准”？

国务院办公厅发布的《国家突发环境事件应急预案》和原环境保护部发布的《突发环境事件信息报告办法》中均对突发环境事件分级标准作出了规定。《国家突发环境事件应急预案》将突发环境事件分为特别重大突发环境事件、重大突发环境事件、较大突发环境事件和一般突发环境事件。《突发环境事件信息报告办法》按照突发事件严重性和紧急程度，突发环境事件分为特别重大（I级）、重大（II级）、较大（III级）和一般（Ⅳ级）四级。

3. 《国家突发环境事件应急预案》与《突发环境事件信息报告办法》规定不一致时以何者为准？

2011年5月1日开始施行的原环境保护部发布的《突发环境事件信息报告办法》和2014

年12月29日开始施行的国务院办公厅文件《国家突发环境事件应急预案》，两份文件都是没有废止的现行文件，其中都有对突发环境事件分级标准进行定义，但两者存在差别，特别重大突发环境事件、重大突发环境事件、较大突发环境事件、一般突发环境事件规定均存在冲突。对此，2018年原环境保护部部长信箱明确回复，关于突发环境事件分级标准，如《国家突发环境事件应急预案》与《突发环境事件信息报告办法》有不一致的，以《国家突发环境事件应急预案》有关规定为准。

【条文链接】

◆ **《中华人民共和国固体废物污染环境防治法》（2015年）**

第十七条 收集、贮存、运输、利用、处置固体废物的单位和个人，必须采取防扬散、防流失、防渗漏或者其他防止污染环境的措施；不得擅自倾倒、堆放、丢弃、遗撒固体废物。

禁止任何单位或者个人向江河、湖泊、运河、渠道、水库及其最高水位线以下的滩地和岸坡等法律、法规规定禁止倾倒、堆放废弃物的地点倾倒、堆放固体废物。

第八十二条 违反本法规定，造成固体废物污染环境事故的，由县级以上人民政府环境保护行政主管部门处二万元以上二十万元以下的罚款；造成重大损失的，按照直接损失的百分之三十计算罚款，但是最高不超过一百万元，对负有责任的主管人员和其他直接责任人员，依法给予行政处分；造成固体废物污染环境重大事故的，并由县级以上人民政府按照国务院规定的权限决定停业或者关闭。

第八十三条 违反本法规定，收集、贮存、利用、处置危险废物，造成重大环境污染事故，构成犯罪的，依法追究刑事责任。

◆ **《中华人民共和国固体废物污染环境防治法》（2020年）**

第二十条 产生、收集、贮存、运输、利用、处置固体废物的单位和其他生产经营者，应当采取防扬散、防流失、防渗漏或者其他防止污染环境的措施，不得擅自倾倒、堆放、丢弃、遗撒固体废物。

禁止任何单位或者个人向江河、湖泊、运河、渠道、水库及其最高水位线以下的滩地和岸坡以及法律法规规定的其他地点倾倒、堆放、贮存固体废物。

第一百一十八条 违反本法规定，造成固体废物污染环境事故的，除依法承担赔偿责任外，由生态环境主管部门依照本条第二款的规定处以罚款，责令限期采取治理措施；造成重大或者特大固体废物污染环境事故的，还可以报经有批准权的人民政府批准，责令关闭。

造成一般或者较大固体废物污染环境事故的，按照事故造成的直接经济损失的一倍以上三倍以下计算罚款；造成重大或者特大固体废物污染环境事故的，按照事故造成的直接经济损失的三倍以上五倍以下计算罚款，并对法定代表人、主要负责人、直接负责的主管人员和其他责任人员处上一年度从本单位取得的收入百分之五十以下的罚款。

◆《突发环境事件信息报告办法》

附录：突发环境事件分级标准

4 一般（IV 级）突发环境事件。

除特别重大突发环境事件、重大突发环境事件、较大突发环境事件以外的突发环境事件。

◆《四川省环境保护行政处罚自由裁量权细化标准》

§3.28.2.1 造成固体废物污染环境一般事故的，处以 2 万元以上 8 万元以下罚款；

十五、向农用地排放清淤底泥

案例 58 某建设工程有限公司向农用地排放可能造成土壤污染的清淤底泥案

【案情简介】

接街道网格员上报，2019 年 1 月中旬，执法人员到某建设工程有限公司土方回填点进行现场检查，发现该公司租用的农用地土方回填点内有两处坑塘，其中一处坑塘内倾倒有含混凝土的清淤底泥，清淤污泥已风干硬化，另一处坑塘内新倾倒有含有混凝土的清淤底泥，监测部门对该坑塘内的清淤底泥浅表水质开展了现场采样。4 月下旬，收到监督性监测报告监测数据，该土方回填点坑塘内清淤底泥浅表水 pH 值为 12.9，呈碱性，存在向农用地排放可能造成土壤污染的清淤底泥的违法行为。上述行为涉嫌违反《中华人民共和国土壤污染防治法》第二十八条第一款的规定，某区管委会环保和统筹城乡局依法对该公司进行立案查处。

【查处情况】

某区管委会环保和统筹城乡局依据《中华人民共和国土壤污染防治法》第八十七条及《中华人民共和国行政处罚法》第二十七条第（一）项的规定，对该公司下达了处罚款 10 万元的行政处罚决定。

【案件分析】

1. 某建设工程有限公司向农用地排放可能造成土壤污染的清淤底泥行为违法

某建设工程有限公司向临时租用农用土地的土方回填点倾倒了污泥，污泥为项目现场搅拌站沉淀池清理出来的底泥，一方面，该公司现场负责人承认底泥中含有混凝土，导致土方回填点内一处坑塘内的清淤底泥已风干硬化；另一方面，经测量，土方回填点坑塘内清淤底泥浅表水 pH 值为 12.9，呈碱性。以上两方面均可证明某建设工程有限公司倾倒的清淤底泥可能造成土壤污染，该公司的行为违反了《中华人民共和国土壤污染防治法》第二十八条规定的禁止向农用地排放重金属或者其他有毒有害物质含量超标的污水、污泥，以及可能造成土壤污染的清淤底泥、尾矿、矿渣等，属违法行为。

2. 某建设工程有限公司存在从轻处罚情形

按照《中华人民共和国土壤污染防治法》第八十七条规定，向农用地排放重金属或者其他有毒有害物质含量超标的污水、污泥，以及可能造成土壤污染的清淤底泥、尾矿、矿渣等的，由地方人民政府生态环境主管部门责令改正，处十万元以上五十万元以下的罚款；情节严重的，处五十万元以上二百万元以下的罚款，并可以将案件移送公安机关，对直接负责的主管人员和其他直接责任人员处五日以上十五日以下的拘留；有违法所得的，没收违法所得。某建设工程有限公司主动配合调查，在纠正违法行为过程中，主动承认违法行为，并且已将倾倒在土方回填点内含有混凝土的清淤底泥进行了清理，消除违法行为危害后果，符合《中华人民共和国行政处罚法》第二十七条第（一）项规定，当事人主动消除或者减轻违法行为危害后果的，应当依法从轻或者减轻行政处罚。某区管委会环保和统筹城乡局对其从轻处罚，责令其改正违法行为，并处罚款 10 万元，处罚合法、适当。

【问题与启示】

1. 什么是“农用地”？

《中华人民共和国土地管理法》第四条将土地分为农用地、建设用地和未利用地，其中农用地是指直接用于农业生产的土地，包括耕地、林地、草地、农田水利用地、养殖水面等。

2. 什么是“土方回填”？

土方回填，是建筑工程的填土，主要有场地平整回填、基坑（槽）或管沟回填、基坑和室内回填、柱基回填平整等。回填的材料主要有素土、灰土、砂和砂石等。土方回填应该符合《建筑地基基础工程施工质量验收规范》（GB 50202—2002）、《土方与爆破工程施工及验收规范》（GB 50201—2012）及《建筑地基基础工程施工规范》（GB 51004—2015）中的有关规定。

3. 什么是“底泥”？

底泥通常是黏土、泥沙、有机质及各种矿物的混合物，经过长时间物理、化学及生物等作用及水体传输而沉积于水体底部所形成。表面 0 至 15 厘米厚之底泥称表层底泥，超过 15 厘米厚之底泥称为深层底泥。

4. 什么是“管委会环保和统筹城乡局”？

管理委员会，一般又简称管委会，主要是指组织中执行某些管理职能的一组人或者一定的行政功能区域。它不仅是作为组织机构，而且作为管理机构的一种重要的组织形式，已经被广泛地应用于政府、企业、工厂、经济发展项目管理的重要方面。例如决策和监督方面。在我国行政机构序列中，一开始并没有开发区管理委员会这样一个机构。伴随着全国各地出现的开发区热，开发区管理委员会这种特殊的机构应运而生。换言之，管委会一般作为人民政府的派出机关，下设工作机构，同样具有执法主体资格。

【条文链接】

◆ **《中华人民共和国土壤污染防治法》**

第二十八条　禁止向农用地排放重金属或者其他有毒有害物质含量超标的污水、污泥，以及可能造成土壤污染的清淤底泥、尾矿、矿渣等。

县级以上人民政府有关部门应当加强对畜禽粪便、沼渣、沼液等收集、贮存、利用、处置的监督管理，防止土壤污染。

农田灌溉用水应当符合相应的水质标准，防止土壤、地下水和农产品污染。地方人民政府生态环境主管部门应当会同农业农村、水利主管部门加强对农田灌溉用水水质的管理，对农田灌溉用水水质进行监测和监督检查。

第八十七条　违反本法规定，向农用地排放重金属或者其他有毒有害物质含量超标的污水、污泥，以及可能造成土壤污染的清淤底泥、尾矿、矿渣等的，由地方人民政府生态环境主管部门责令改正，处十万元以上五十万元以下的罚款；情节严重的，处五十万元以上二百万元以下的罚款，并可以将案件移送公安机关，对直接负责的主管人员和其他直接责任人员处五日以上十五日以下的拘留；有违法所得的，没收违法所得。

◆ **《中华人民共和国行政处罚法》（2017 修正）**

第二十七条 当事人有下列情形之一的，应当依法从轻或者减轻行政处罚：

（一）主动消除或者减轻违法行为危害后果的；

（二）受他人胁迫有违法行为的；

（三）配合行政机关查处违法行为有立功表现的；

（四）其他依法从轻或者减轻行政处罚的。

违法行为轻微并及时纠正，没有造成危害后果的，不予行政处罚。

十六、未取得废弃电器电子产品处理资格擅自从事废弃电器电子产品处理活动

案例 59 某再生资源回收有限公司未取得危险废物经营许可证与处理资格擅自从事废弃电器电子产品回收经营案

【案情简介】

2018 年 10 月 9 日，某区环境保护局依法对某再生资源回收有限公司进行现场检查，发现该公司未取得危险废物经营许可证与处理资格从事废弃电器电子产品回收经营。该公司上述行为涉嫌违反《中华人民共和国固体废物污染环境防治法》（2016 年）第五十七条第二款、《废弃电器电子产品回收处理管理条例》第十二条第二款的规定，某区环境保护局依法对该公司进行立案查处。

【查处情况】

2018 年 10 月 10 日，某区环境保护局向该公司下达了《责令改正违法行为决定书》，责令该公司立即停业和停止违法行为，并于 2019 年 1 月 4 日作出行政处罚决定，对该再生资源公司罚款人民币 51 000 元，该处罚决定书依法公告送达该公司。该公司在法定期限内既未申请行政复议，又未提起行政诉讼，亦不履行行政处罚决定确定的义务。某区环境保护局依法于 2019 年 12 月 12 日作出督促履行义务催告书，催告其在接到本催告书后 10 日内履行缴纳罚款 51 000 元的义务。该公司届期仍不履行行政处罚决定，某区环境保护局于 2020 年 3 月 10 日向 A 市 B 区人民法院申请强制执行。

【案件分析】

某再生资源回收有限公司涉嫌擅自从事废弃电器电子产品处理活动

根据某区环境保护局现场检查结果，某再生资源回收有限公司既未取得危险废物经营许可证，又未取得废弃电器电子产品处理资格，也不属于《废弃电器电子产品回收处理管理条例》第三十四条第一款规定的“经省级人民政府批准，可以设立废弃电器电子产品集中处理场。废弃电器电子产品集中处理场应当具有完善的污染物集中处理设施，确保符合国家或者地方制定的污染物排放标准和固体废物污染环境防治技术标准，并应当遵守本条例的有关规定”的情形，其擅自从事废弃电器电子产品回收经营活动，违反国家法律、行政法规的强制性规定，其行为违法。

【问题与启示】

1. 取得废弃电器电子产品处理资格须具备的条件

根据《废弃电器电子产品回收处理管理条例》(2019 修订)第二十三条:"申请废弃电器电子产品处理资格,应当具备下列条件:

(一)具备完善的废弃电器电子产品处理设施;

(二)具有对不能完全处理的废弃电器电子产品的妥善利用或者处置方案;

(三)具有与所处理的废弃电器电子产品相适应的分拣、包装以及其他设备;

(四)具有相关安全、质量和环境保护的专业技术人员。"

2. 申请废弃电器电子产品处理资格的流程

《废弃电器电子产品回收处理管理条例》(2019 修订)第二十四条规定:"申请废弃电器电子产品处理资格,应当向所在地的设区的市级人民政府生态环境主管部门提交书面申请,并提供相关证明材料。受理申请的生态环境主管部门应当自收到完整的申请材料之日起 60 日内完成审查,作出准予许可或者不予许可的决定。"同时第二十五条作出了相关部门对废弃电器电子产品处理活动监督检查的规定,"县级以上地方人民政府生态环境主管部门应当通过书面核查和实地检查等方式,加强对废弃电器电子产品处理活动的监督检查"。

【条文链接】

◆《中华人民共和国固体废物污染环境防治法》(2016 年)

第五十七条 从事收集、贮存、处置危险废物经营活动的单位,必须向县级以上人民政府环境保护行政主管部门申请领取经营许可证;从事利用危险废物经营活动的单位,必须向国务院环境保护行政主管部门或者省、自治区、直辖市人民政府环境保护行政主管部门申请领取经营许可证。具体管理办法由国务院规定。

禁止无经营许可证或者不按照经营许可证规定从事危险废物收集、贮存、利用、处置的经营活动。

禁止将危险废物提供或者委托给无经营许可证的单位从事收集、贮存、利用、处置的经营活动。

◆《中华人民共和国固体废物污染环境防治法》(2020 年)

第八十条 从事收集、贮存、利用、处置危险废物经营活动的单位,应当按照国家有关规定申请取得许可证。许可证的具体管理办法由国务院制定。

禁止无许可证或者未按照许可证规定从事危险废物收集、贮存、利用、处置的经营活动。

禁止将危险废物提供或者委托给无许可证的单位或者其他生产经营者从事收集、贮存、利用、处置活动。

◆《废弃电器电子产品回收处理管理条例》(2019 修订)

第十二条 废弃电器电子产品回收经营者应当采取多种方式为电器电子产品使用者提供

方便、快捷的回收服务。

废弃电器电子产品回收经营者对回收的废弃电器电子产品进行处理，应当依照本条例规定取得废弃电器电子产品处理资格；未取得处理资格的，应当将回收的废弃电器电子产品交有废弃电器电子产品处理资格的处理企业处理。

回收的电器电子产品经过修复后销售的，必须符合保障人体健康和人身、财产安全等国家技术规范的强制性要求，并在显著位置标识为旧货。具体管理办法由国务院商务主管部门制定。

第二十二条　取得废弃电器电子产品处理资格，依照《中华人民共和国公司登记管理条例》等规定办理登记并在其经营范围中注明废弃电器电子产品处理的企业，方可从事废弃电器电子产品处理活动。

除本条例第三十四条规定外，**禁止未取得废弃电器电子产品处理资格的单位和个人处理废弃电器电子产品。**

第二十八条　违反本条例规定，未取得废弃电器电子产品处理资格擅自从事废弃电器电子产品处理活动的，由县级以上人民政府生态环境主管部门责令停业、关闭，没收违法所得，并处5万元以上50万元以下的罚款。

【注】引用条文2008年公布版本与2019修订版本仅将“环境保护主管部门”修改为“生态环境主管部门”，其余内容无变动。

十七、将医疗废物交给或委托给未取得经营许可证的单位或者个人收集、运送、贮存、处置

案例 60
某县人民医院将医疗废物交由无资质单位处置案

【案情简介】

2017 年 6 月，省环保督察组在对某县人民医院进行检查时，发现该医院将医疗废物交由未取得经营许可证的单位收集、运送、贮存、处置。接到督察组移交线索后，某县环境保护局依法对该医院进行立案查处。

【查处情况】

依据《医疗废物管理条例》第四十七条第三项的规定，某县环境保护局责令某县人民医院将医疗废物交由有经营许可证的单位收集、运送，贮存、处置，并处罚款 5 000 元。

【案件分析】

1. 某县人民医院将医疗废物交由无资质单位处置的行为违法

根据《中华人民共和国固体废物污染环境防治法》（2016 年）第五十七条第三款规定，“禁止将危险废物提供或者委托给无经营许可证的单位从事收集、贮存、利用、处置的经营活动。”同时，依据《国家危险废物名录》，本案中的医疗废物属于危险废物。因此，本案中某县人民医院将医疗废物交由未取得经营许可证的单位收集、运送、贮存、处置的行为违反了《中华人民共和国固体废物污染环境防治法》（2016 年）第五十七条规定，属于违法行为。

2. 针对某县人民医院的处罚决定适用《医疗废物管理条例》相关规定

某县人民医院将医疗废物交给未取得经营许可证的单位收集、运送、贮存、处置的行为适用特别法的规定。依据《医疗废物管理条例》第四十七条规定：“医疗卫生机构、医疗废物集中处置单位有下列情形之一的，由县级以上地方人民政府卫生行政主管部门或者环境保护行政主管部门按照各自的职责责令限期改正，给予警告，并处 5 000 元以上 1 万元以下的罚款；逾期不改正的，处 1 万元以上 3 万元以下的罚款；造成传染病传播或者环境污染事故的，由原发证部门暂扣或者吊销执业许可证件或者经营许可证件；构成犯罪的，依法追究刑事责任：……（三）将医疗废物交给未取得经营许可证的单位或者个人收集、运送、贮存、处置

的……”因此，本案中某县环境保护局责令该医院将医疗废物交由有经营许可证的单位收集、运送，贮存、处置，并处罚款 5 000 元的处罚决定符合相关规定。

【问题与启示】

1. 关于规范医疗废物集中处置单位经营管理的工作要求

根据《国家卫生和计划生育委员会办公厅、环境保护部办公厅关于进一步加强医疗废物管理工作的通知》(国卫办医发〔2013〕45 号)要求，应当规范医疗废物集中处置单位的经营管理。医疗废物集中处置单位应当依据《危险废物经营许可证管理办法》依法申领危险废物经营许可证，并参照《危险废物经营单位记录和报告经营情况指南》(环境保护部公告 2009 年第 65 号)进行管理，包括：建立危险废物经营情况记录簿，定期向环保部门报告经营活动情况；制订突发环境事件的防范措施和应急预案，配置应急防护设施设备，定期开展应急演练；建立日常环境监测制度，自行或委托有资质的单位对污染物排放进行监测等。各医疗废物集中处置单位要按照《医疗废物管理条例》要求，做好相关人员职业卫生安全防护措施。

2. 医疗机构内生活垃圾分类管理要求

根据《关于在医疗机构推进生活垃圾分类管理的通知》(国卫办医发〔2017〕30 号)要求，医疗机构应当按照《医疗废物管理条例》等相关规定严格医疗废物的源头分类管理，规范收集暂存，严禁将医疗废物混入生活垃圾。医疗机构内产生的生活垃圾按照属性分为有害垃圾、易腐垃圾、可回收物和其他垃圾四类。

(1)有害垃圾。主要包括废电池(镉镍电池、氧化汞电池、铅蓄电池等)、废荧光灯管(日光灯管、节能灯等)、废胶片及废相纸等。

(2)易腐垃圾。主要包括食堂、办公楼等区域产生的餐厨垃圾、瓜果垃圾、花卉垃圾等。

(3)可回收物。主要包括未经患者血液、体液、排泄物等污染的输液瓶(袋)，塑料类包装袋、包装盒、包装箱，纸张，纸质外包装物，废弃电器电子产品，经过擦拭或熏蒸方式消毒处理后废弃的病床、轮椅、输液架等。

(4)其他垃圾。

医疗机构内产生的生活垃圾严格按照要求进行分类处置。

(1)有害垃圾处置要求。医疗机构应当与有资质的危险废物处置单位签订合同，根据有害垃圾的品种和产生数量合理确定或约定收运频率。

(2)易腐垃圾处置要求。医疗机构可与易腐垃圾专业处置单位签订合同，每日产生的易腐垃圾由易腐垃圾专业处置单位上门收集并处理。有条件的医疗机构可采用生物转化有机肥等技术就地处置易腐垃圾。

(3)可回收物处置要求。医疗机构应当统一处置本单位产生的可回收物，与再生资源回收单位做好交接、登记和统计工作，实现可回收物的可追溯。再生资源回收单位向再生资源利用单位提供输液瓶(袋)类可回收物时，应当说明来源并做好交接登记，确保可追溯。再生资源利用单位利用这类可回收物时不得用于原用途，用于其他用途时不应危害人体健康。

【条文链接】

◆《中华人民共和国固体废物污染环境防治法》(2016年)

第五十七条　从事收集、贮存、处置危险废物经营活动的单位，必须向县级以上人民政府环境保护行政主管部门申请领取经营许可证；从事利用危险废物经营活动的单位，必须向国务院环境保护行政主管部门或者省、自治区、直辖市人民政府环境保护行政主管部门申请领取经营许可证。具体管理办法由国务院规定。

禁止无经营许可证或者不按照经营许可证规定从事危险废物收集、贮存、利用、处置的经营活动。

禁止将危险废物提供或者委托给无经营许可证的单位从事收集、贮存、利用、处置的经营活动。

◆《中华人民共和国固体废物污染环境防治法》(2020年)

第八十条　从事收集、贮存、利用、处置危险废物经营活动的单位，应当按照国家有关规定申请取得许可证。许可证的具体管理办法由国务院制定。

禁止无许可证或者未按照许可证规定从事危险废物收集、贮存、利用、处置的经营活动。

禁止将危险废物提供或者委托给无许可证的单位或者其他生产经营者从事收集、贮存、利用、处置活动。

◆《医疗废物管理条例》

第二十二条 从事医疗废物集中处置活动的单位,应当向县级以上人民政府环境保护行政主管部门申请领取经营许可证；未取得经营许可证的单位，不得从事有关医疗废物集中处置的活动。

第二十九条　医疗废物集中处置单位处置医疗废物，应当符合国家规定的环境保护、卫生标准、规范。

第四十七条　医疗卫生机构、医疗废物集中处置单位有下列情形之一的，由县级以上地方人民政府卫生行政主管部门或者环境保护行政主管部门按照各自的职责责令限期改正，给予警告，并处5 000元以上1万元以下的罚款；逾期不改正的，处1万元以上3万元以下的罚款；造成传染病传播或者环境污染事故的，由原发证部门暂扣或者吊销执业许可证件或者经营许可证件；构成犯罪的，依法追究刑事责任：

(一)在运送过程中丢弃医疗废物，在非贮存地点倾倒、堆放医疗废物或者将医疗废物混入其他废物和生活垃圾的；

(二)未执行危险废物转移联单管理制度的；

(三)将医疗废物交给未取得经营许可证的单位或者个人收集、运送、贮存、处置的；

(四)对医疗废物的处置不符合国家规定的环境保护、卫生标准、规范的；

(五)未按照本条例的规定对污水、传染病病人或者疑似传染病病人的排泄物，进行严格消毒，或者未达到国家规定的排放标准，排入污水处理系统的；

(六)对收治的传染病病人或者疑似传染病病人产生的生活垃圾，未按照医疗废物进行管理和处置的。

十八、对医疗废物的处置不符合国家规定的环境保护、卫生标准、规范

案例 61 某垃圾处理有限公司未按照规范处置医疗废物案

【案情简介】

2017 年 2 月 14 日，省环境保护督察组和某市环境保护局执法人员在对某垃圾处理有限公司进行现场检查时，发现该公司医疗废物未破碎并和生活垃圾混在一起进行填埋，未按照规范进行处置。该公司的行为涉嫌违反《医疗废物管理条例》第十四条和第二十九条的规定，某市环境保护局依法对该公司进行立案查处。

【查处情况】

依据《医疗废物管理条例》第四十七条第（一）项、第（四）项的规定，某市环境保护局责令该公司停止违法行为，并处罚款 1 万元。

【案件分析】

某垃圾处理有限公司将医疗废物与生活垃圾混合填埋的行为违法

根据《医疗废物管理条例》第二十九条的规定，“医疗废物集中处置单位处置医疗废物，应当符合国家规定的环境保护、卫生标准、规范”。同时，依据《国家危险废物名录》，医疗废物属于危险废物。因此，医疗废物集中处置单位处置医疗废物，应当符合危险废物处置的相关规范。而本案中某垃圾处理有限公司将医疗废物未经破碎并和生活垃圾混合填埋的行为，并不符合危险废物处置的有关规定，同时违反了《医疗废物管理条例》第二十九条的规定，因此，该公司的行为违法。

【问题与启示】

1. 危险废物无害化处理要求

产生危险废物的单位，必须按照国家有关规定处置危险废物，不得擅自倾倒、堆放。无论产生者是采取直接形式（自行处置）还是间接形式（委托他人），都必须实际、有效地处置危险废物，这是必须履行的义务，也就是说，必须按照国家有关规定处置危险废物，向危险

废物污染防治设施（包括危险废物的综合利用、贮存和处置设施等）排放，不得直接向土地、水体或其他环境因素丢弃、投放、倾倒、堆放、注入、溢出、流失、泄漏危险废物或以其他方式让危险废物进入环境。对危险废物的处置，不能是任意的毫无拘束的，不能是简易、简单的、一般性的处置，因为随意向环境排放危险废物可能会造成严重的危害，2020 年修订的《中华人民共和国固体废物污染环境防治法》特意在第七十九条中规定了“不得擅自倾倒、堆放”的禁止性规定，要求处置危险废物必须要符合一定的条件，达到一定的标准要求。这方面规定涉及危险废物处置场所的选址、设计、防护，危险废物处置设施的设计、制造、安装、操作等方面的技术标准、设计规范、操作规程、防护要求等；还包括处置场所的安全防护措施，废物的鉴别标准和方法要求，处置活动及场所的环境监测，处置后的残余物质的收集、处理、处置，处置设施的停止使用和退役关闭的管理及残留物质的处理、处置等。我国已有许多这些方面的规定。

2. 危险废物处置的技术规程与标准

对处置工程的要求有原国家环境保护总局关于发布《危险废物安全填埋处置工程建设技术要求》《危险废物集中焚烧处置工程建设技术要求（试行）》《医疗废物集中处置技术规范》和《医疗废物集中焚烧处置工程建设技术要求（试行）》；对危险废物排放标准主要有《危险废物贮存污染控制标准》（GB 18597—2001）、《危险废物填埋污染控制标准》（GB 18598—2019）、《危险废物焚烧污染控制标准》（GB 18484—2020）、《含多氯联苯废物污染控制标准》（GB 13015—2017）和《含多氯联苯废物污染控制标准》（GB 13015—2017）等。此外，国家还颁布了若干有关危险废物处置的环境保护标准。关于危险废物的处置要求，根据《危险废物污染防治技术政策》规定，危险废物焚烧处置应满足以下要求：（1）危险废物焚烧处置前必须进行前处理或特殊处理，达到进炉的要求，危险废物在炉内燃烧均匀、完全；（2）焚烧炉温度应达到 1 100 摄氏度以上，烟气停留时间应在 2.0 秒以上，燃烧效率大于 99.9%，焚毁去除率大于 99.99%，焚烧残渣的热灼减率小于 5%（医院临床废物和含多氯联苯废物除外）；（3）焚烧设施必须有前处理系统、尾气净化系统、报警系统和应急处理装置；（4）危险废物焚烧产生的残渣、烟气处理过程中产生的飞灰，须按危险废物进行安全填埋处置；（5）危险废物的焚烧宜采用以旋转窑炉为基础的焚烧技术，可根据危险废物种类和特征选用其他不同炉型，鼓励改造并采用生产水泥的旋转窑炉附烧或专烧危险废物；（6）对规模较大的危险废物焚烧设施，可实施热电联产；医院临床废物、含多氯联苯废物等一些传染性的、或毒性大、或含持久性有机污染成分的特殊危险废物宜在专门焚烧设施中焚烧；（7）严禁采用小型单燃烧室焚烧炉、没有自控系统和尾气处理系统的焚烧装置，坚决淘汰各种简易焚烧炉和其他各类排放不达标的处置设施。上述处置危险废物的国家有关规定，体现了危险废物无害化处置和安全处置的原则。

【条文链接】

◆ **《医疗废物管理条例》**

第十四条　禁止任何单位和个人转让、买卖医疗废物。

禁止在运送过程中丢弃医疗废物；禁止在非贮存地点倾倒、堆放医疗废物或者将医疗废物混入其他废物和生活垃圾。

第二十九条　医疗废物集中处置单位处置医疗废物，应当符合国家规定的环境保护、卫生标准、规范。

第四十七条　医疗卫生机构、医疗废物集中处置单位有下列情形之一的，由县级以上地方人民政府卫生行政主管部门或者环境保护行政主管部门按照各自的职责责令限期改正，给予警告，并处 5 000 元以上 1 万元以下的罚款；逾期不改正的，处 1 万元以上 3 万元以下的罚款；造成传染病传播或者环境污染事故的，由原发证部门暂扣或者吊销执业许可证件或者经营许可证件；构成犯罪的，依法追究刑事责任：

（一）在运送过程中丢弃医疗废物，在非贮存地点倾倒、堆放医疗废物或者将医疗废物混入其他废物和生活垃圾的；

（二）未执行危险废物转移联单管理制度的；

（三）将医疗废物交给未取得经营许可证的单位或者个人收集、运送、贮存、处置的；

（四）对医疗废物的处置不符合国家规定的环境保护、卫生标准、规范的；

（五）未按照本条例的规定对污水、传染病病人或者疑似传染病病人的排泄物，进行严格消毒，或者未达到国家规定的排放标准，排入污水处理系统的；

（六）对收治的传染病病人或者疑似传染病病人产生的生活垃圾，未按照医疗废物进行管理和处置的。

十九、转让危险废物经营许可证

案例 62 某废油收购站转让危险废物经营许可证案

【案情简介】

2017 年 3 月 10 日，某市环境保护局执法人员检查某废油收购站的排污设施运行情况时，发现其擅自将其危险废物经营许可证转让给不具有危险废物经营许可资质的某废机油回收点从事废矿物油经营活动，某废机油回收点将收到的约 7.2 吨废机油转交至该废油收购站。该废油收购站转让危险废物经营许可证的行为涉嫌违反《危险废物经营许可证管理办法》第十五条第四款的规定，某市环境保护局对该废油收购站依法立案查处。

【查处情况】

某市环境保护局依据《危险废物经营许可证管理办法》第十五条第四款、第二十五条第二款的相关规定，作出以下行政处罚决定：吊销某废油收购站危险废物收集许可证，并处罚款 5 万元。

【案件分析】

废油收购站转让危险废物经营许可证的行为违法

根据《危险废物经营许可证管理办法》第十五条第四款规定“禁止伪造、变造、转让危险废物经营许可证”。危险废物经营许可证的性质属于行政许可，系国家对于企业从事特定行业所发放的证书，属于禁止流通物。因此，本案中该废油收购站擅自将其危险废物经营许可证转让给不具有危险废物经营许可资质的某废机油回收点的行为违法，且某废机油回收点利用该危险废物经营许可证从事废矿物油经营活动，违反了法律、行政法规的强制性规定，构成犯罪的，应当依法追究刑事责任。

【问题与启示】

1. 申请领取危险废物经营许可证的条件

由于危险废物经营许可证的种类不同，能够从事的危险废物经营活动不同，要求其具备的相应条件自然有所区别。《危险废物经营许可证管理办法》第二章对申请领取危险废物经营许可证的条件作了规定，按照该规定，申请领取危险废物经营许可证的条件如下：

申请领取危险废物收集、贮存、处置综合经营许可证，应当具备下列条件：（1）有 3 名以上环境工程专业或者相关专业中级以上职称，并有 3 年以上固体废物污染治理经历的技术人员；（2）有符合国务院交通主管部门有关危险货物运输安全要求的运输工具；（3）有符合国家或者地方环境保护标准和安全要求的包装工具，中转和临时存放设施、设备以及经验收合格的贮存设施、设备；（4）有符合国家或者省、自治区、直辖市危险废物处置设施建设规划，符合国家或者地方环境保护标准和安全要求的处置设施、设备和配套的污染防治设施，其中，医疗废物集中处置设施，还应当符合国家有关医疗废物处置的卫生标准和要求；（5）有与所经营的危险废物类别相适应的处置技术和工艺；（6）有保证危险废物经营安全的规章制度、污染防治措施和事故应急救援措施；（7）以填埋方式处置危险废物的，应当依法取得填埋场所的土地使用权。

2. 危险废物经营许可证的种类

根据《危险废物经营许可证管理办法》第三条的规定，危险废物经营许可证按照经营方式，分为危险废物收集、贮存、处置综合经营许可证和危险废物收集经营许可证。领取危险废物综合经营许可证的单位，可以从事各类别（47 类）危险废物的收集、贮存、处置经营活动。因考虑到机动车维修活动中产生的废油和居民生活产生的废铬镍电池虽然属于危险废物，但是相对而言危害较小，产生量较少，而且具有点多面广的特点，为了便于及时收集，应当允许一些小规模的单位能够从事上述危险废物的收集活动，因此，该办法还规定，领取危险废物收集经营许可证的单位，只能从事机动车维修活动中产生的废矿物油和居民日常生活中产生的废镉镍电池的危险废物收集经营活动。

3. 危险废物经营许可证的适用范围

根据法律规定，我国危险废物许可证只适用于危险废物的收集、贮存、处置这几个重点环节，而不是全面、全过程展开，这体现了“重点环节控制”的指导原则。同时，许可证只适用于从事收集、贮存、处置危险废物的经营活动，即不只是或不是为收集、贮存、处置自己产生的危险废物，而是面向社会，对外服务，从事专门性的经营活动。这包括区域性的集中收集、贮存、处置设施，也包括企业将自建的危险废物贮存、处置设施对外单位开放，接受其他单位的危险废物或加入区域性危险废物处置网络系统而承担的贮存、处置其他单位的危险废物的任务。由于《危险废物经营许可证管理办法》（2016）第二条将可从事经营活动的主体限定为“单位”，这意味着禁止个人从事危险废物的收集、贮存、处置的经营活动。这是因为危险废物的收集、贮存、处置活动，不仅需要具备专门性的知识和技术、设备，还需具有较为雄厚的经济实力，而个人是难以全面具备这些资格条件的。由于《危险废物经营许可证管理办法》（2016）第二条所规定的许可证只适用于“经营活动”。因此，企事业单位自行收集、贮存、利用、处置自己产生的危险废物则不必获得许可，但须符合国家的有关规定，并应接受环境保护部门和其他监督管理部门的监督管理。

【条文链接】

◆ **《危险废物经营许可证管理办法》**

第十五条 禁止无经营许可证或者不按照经营许可证规定从事危险废物收集、贮存、处置经营活动。

禁止从中华人民共和国境外进口或者经中华人民共和国过境转移电子类危险废物。

禁止将危险废物提供或者委托给无经营许可证的单位从事收集、贮存、处置经营活动。

禁止伪造、变造、转让危险废物经营许可证。

第二十五条 违反本办法第十五条第一款、第二款、第三款规定的，依照《中华人民共和国固体废物污染环境防治法》的规定予以处罚。

违反本办法第十五条第四款规定的，由县级以上地方人民政府环境保护主管部门收缴危险废物经营许可证或者由原发证机关吊销危险废物经营许可证，并处 5 万元以上 10 万元以下的罚款；构成犯罪的，依法追究刑事责任。

二十、终止危险废物经营活动后未按要求采取污染防治措施

案例 63 某石化有限责任公司危险废物经营许可证到期后未按照要求妥善处置危险废物案

【案情简介】

某石化有限责任公司危险废物经营许可证到期后，某县环境保护局于 2017 年 9 月 5 日责令该公司于 2017 年 12 月 31 日前对厂区内贮存的危险废物进行妥善处置，某县环境保护局执法人员 2018 年 1 月 4 日对该公司进行现场检查时，发现该公司未按照环保部门要求在 2017 年 12 月 31 日前将厂区内贮存的危险废物进行妥善处置。上述行为涉嫌违反《危险废物经营许可证管理办法》第十四条第一款的规定，某县环境保护局依法对该公司进行立案查处。

【查处情况】

依据《危险废物经营许可证管理办法》第二十四条的规定，某县环境保护局作出了罚款 6 万元的行政处罚决定。

【案件分析】

1. 某石化有限责任公司未对厂区贮存的危险废物进行妥善处置的行为违法

根据《危险废物经营许可证管理办法》第十四条第一款规定，某石化有限责任公司终止危险废物经营活动后，“应当对经营设施、场所采取污染防治措施，并对未处置的危险废物作出妥善处理”。本案中某石化有限责任公司危险废物经营许可证已到期，且厂区内仍贮存有危险废物，在某县环境保护局责令其限期妥善处理危险废物的情况下，该公司仍未按要求对危险废物进行妥善处置，其行为已违反《危险废物经营许可证管理办法》第十四条的规定。

2. 对某石化有限责任公司作出罚款处罚决定满足相关条件

根据《危险废物经营许可证管理办法》第二十四条规定，对违法行为罚款需要满足两个条件，一是“违反本办法第十四条第一款规定的，由县级以上地方人民政府环境保护主管部门责令限期改正”；二是“逾期不改正的，处 5 万元以上 10 万元以下的罚款”。本案中，某县环境保护局针对该公司的违法行为责令该公司于 2017 年 12 月 31 日前对厂区内贮存的危险废

物进行妥善处置，但在2018年1月4日对该公司进行现场检查时，发现其未按照环保部门要求限期改正，因此，某县环境保护局作出了罚款6万元的行政处罚决定，该处罚决定符合“逾期不改正的，处5万元以上10万元以下的罚款”的规定。

【问题与启示】

1. 对危险废物收集、贮存、利用、处置的经营活动实行危险废物经营许可证制度

根据《中华人民共和国行政许可法》第十二条的规定，对直接涉及国家安全、公共安全、经济宏观调控、生态环境保护以及直接关系人身健康、生命财产安全等特定活动，需要按照法定条件予以批准的事项，可以设定行政许可。危险废物经营活动属于直接关系到公共安全、生态环境保护和人身健康、生命财产安全的特定活动，有必要对其进行管理，因此，《中华人民共和国固体废物污染环境防治法》（2016年）第五十七条明确规定“从事收集、贮存、处置危险废物经营活动的单位，必须向县级以上人民政府环境保护行政主管部门申请领取经营许可证；从事利用危险废物经营活动的单位，必须向国务院环境保护行政主管部门或者省、自治区、直辖市人民政府环境保护行政主管部门申请领取经营许可证。具体管理办法由国务院规定”，国家实行危险废物经营许可证制度。

2. 关于终止危险废物经营活动的后续管理要求

（1）根据《危险废物经营许可证管理办法》第十四条规定，“危险废物经营单位终止从事收集、贮存、处置危险废物经营活动的，应当对经营设施、场所采取污染防治措施，并对未处置的危险废物作出妥善处理”。其中如何落实“对经营设施、场所采取污染防治措施，并对未处置的危险废物作出妥善处理”，《上海市生态环境局关于明确终止危险废物经营活动和应急处置工作后续管理要求的通知》提出，相关单位应当按期终止危险废物收集、贮存、处置经营活动，已收集待处置的危险废物、自产废物一个月内委托有资质企业利用处置，并对经营设施、场所包括设备、土壤、墙体等采取措施、消除污染。

（2）根据《危险废物经营许可证管理办法》第十八条规定，“危险废物经营单位应当将危险废物经营情况记录簿保存10年以上，以填埋方式处置危险废物的经营情况记录簿应当永久保存。终止经营活动的，应当将危险废物经营情况记录簿移交所在地县级以上地方人民政府环境保护主管部门存档管理”。

（3）根据《中华人民共和国土壤污染防治法》第二十二条、第六十七条和《危险废物经营许可证管理办法》第二十一条规定，危险废物经营单位拆除设施、设备或者建筑物、构筑物的，应当制定包括应急措施在内的土壤污染防治工作方案，危险废物经营单位如果属于土壤污染重点监管单位，还需要报地方人民政府生态环境、工业和信息化主管部门备案并实施；危险废物的经营设施在废弃或者改作其他用途前，应当进行无害化处理；危险废物经营单位属于土壤污染重点监管单位的，在土地用途变更或者土地使用权收回、转让前，应当按照规定进行土壤污染状况调查，并报地方人民政府生态环境主管部门备案。

【条文链接】

◆ 《危险废物经营许可证管理办法》

第十四条　危险废物经营单位终止从事收集、贮存、处置危险废物经营活动的，应当对经营设施、场所采取污染防治措施，并对未处置的危险废物作出妥善处理。

危险废物经营单位应当在采取前款规定措施之日起 20 个工作日内向原发证机关提出注销申请，由原发证机关进行现场核查合格后注销危险废物经营许可证。

第二十四条　违反本办法第十四条第一款、第二十一条规定的，由县级以上地方人民政府环境保护主管部门责令限期改正；逾期不改正的，处 5 万元以上 10 万元以下的罚款；造成污染事故，构成犯罪的，依法追究刑事责任。

二十一、擅自倾倒、堆放危险废物

案例 64 某家具有限公司违法处置危险废物案

【案情简介】

2018 年 12 月 3 日，某区环境保护局接镇政府线索反映，该镇某村河堤处发现大量编织袋包装的废弃物。某区环境保护局执法人员随即赴现场调查，初步判定该废弃物为废油漆渣，执法人员当即向某区公安分局报警，并联系四川某环境治理有限公司对废渣进行紧急转运处置。经公安机关调阅沿途监控，确定该废弃物来源于某家具有限公司。12 月 4 日，某区环境保护局对家具公司主要涉案人员王某、货车司机夏某等人员进行调查询问，查实系王某委托夏某对该公司现存废油漆渣实施了非法转运、倾倒。经核定，涉案废油漆渣重量达 2.5 吨。某家具公司违法处置危险废物的行为，涉嫌违反《中华人民共和国固体废物污染环境防治法》第五十五条和《四川省固体废物污染环境防治条例》第三十条的规定，某区环境保护局依法对该公司进行立案查处。

【查处情况】

某区环境保护局依据《四川省固体废物污染环境防治条例》第五十七条的规定依法对家具公司处以 8 万元罚款。

【案件分析】

1. 及时收集并固定证据

执法人员赶到现场后，立即对倾倒现场进行了详细现场踏勘，并通过拍照、摄像、称重、测量等手段固定证据，制作现场勘察笔录，收集证人证言。非法排放、倾倒、处置危险废物三吨以上或者在饮用水水源一级保护区、自然保护区核心区排放、倾倒、处置危险废物的属于“严重污染环境”。本案废油漆渣的数量、倾倒地点直接影响到行为人是否构成污染环境罪。执法人员收集并固定涉案危险废物的来源、数量、倾倒地点等证据，是决定案件走向的关键。

2. 及时采取应急处置措施防止污染扩大

违法处置危险废物对生态环境的危害较大，执法人员发现相关违法行为时，首先应进行科学预判并采取应急措施，降低危害程度，防止污染扩散，减少对生态环境造成的损害。本案执法人员发现涉案废弃物后立即联系具有资质的第三方环境治理公司对废渣进行紧急转运处置，有效防止了污染扩大。

3. 及时启动联合办案机制

违法处置危险废物具有瞬时性、隐蔽性等特点，因此很多违法处置危险废物案件无法有效锁定涉案人员。发现此类案件时，应及时启动行刑衔接联合办案机制，依托公安机关的技术手段、侦查手段、强制措施等，及时锁定涉案人员和确定废弃物来源。某区环境保护局第一时间将案情通报辖区公安机关，经公安机关调阅沿途监控，迅速查明了废弃物来源和违法行为人。公安机关的介入，对固定证据以及提升执法效能具有重大帮助。

【问题与启示】

1. 如何鉴别“危险废物”？

危险废物是指列入国家危险废物名录，或者根据国家规定的危险废物鉴别标准和鉴别方法认定的，具有危险特性的废物。

对于未列入《国家危险废物名录》，首先应当判断待鉴别的物品、物质是否属于固体废物，不属于固体废物的，则不属于危险废物。“固体废物”是指在生产、生活和其他活动中产生的丧失原有利用价值或者虽未丧失利用价值但被抛弃或者放弃的固态、半固态和置于容器中的气态的物品、物质以及法律、行政法规规定纳入固体废物管理的物品、物质。

经判断属于固体废物的，虽未列入名录，但不排除具有腐蚀性、毒性、易燃性、反应性、感染性的固体废物，应当依据国家危险废物鉴别标准进行鉴别。凡具有腐蚀性、毒性、易燃性、反应性、感染性中一种或一种以上危险特性的固体废物，均属于危险废物。

对未列入《国家危险废物名录》且根据危险废物鉴别标准无法鉴别，但可能对人体健康或生态环境造成有害影响的固体废物，由国务院生态环境主管部门组织专家认定。

2. 什么是“处置”“利用”？

处置，是指将固体废物焚烧和用其他改变固体废物的物理、化学、生物特性的方法，达到减少已产生的固体废物数量、缩小固体废物体积、减少或者消除其危险成分的活动，或者将固体废物最终置于符合生态环境保护规定要求的填埋场的活动。

利用，是指从固体废物中提取物质作为原材料或者燃料的活动。

3. 企业是否应当承担危险废物处置费用？

产生危险废物的单位若不按照国家规定处置危险废物，擅自倾倒、堆放危险废物的，执法人员责令其限期改正，逾期不处置或者处置不符合国家规定的，生态环境主管部门可以先行指定具有资质的第三方单位按照国家有关规定代为处置，处置费用由产生危险废物的单位承担。

4. 产危废企业可否自行利用危险废物？

危险废物利用、处置专业性强、技术要求高，是当前生态环境管理工作的重点和难点，也是打好污染防治攻坚战的重要一环。企业应当严格遵法律规定，若不具备危险废物经营许可证，则不得从事收集、贮存、利用、处置危险废物的经营活动。

回收利用企业内部产生的危险废物，不属于利用危险废物的经营活动。对于回收利用内部产生的危险废物的企业，不要求领取危险废物经营许可证。因此，企业可以根据环评批复及排污许可的要求对企业自身产生的危险废物进行利用，并遵照危险废物申报登记、转移联单制度，将危险废物的产生、转移、利用及处置情况向生态环境主管部门进行申报和登记，保证危险废物回收利用符合相应的环境保护标准，得到妥善无害化处置。

5. “违法处置危险废物”常见的情形有哪些？

（1）危险废物产生者或接收者，直接采取焚烧、填埋、倾倒等非法手段处置危险废物。

（2）危险废物接收者原本以为可以将危险废物作为原料利用（危险废物产生者通常还会支付接收者一定的费用），但因其生产工艺、技术水平等原因无法完全利用并无害化处理，最终将残余的危险废物采取非法手段处置。

（3）危险废物经营者超许可范围接收处置危险废物。

（4）无危险废物经营许可证，以营利为目的，从危险废物中提取物质作为原材料或者燃料，并具有超标排放污染物、非法倾倒污染物或者其他违法造成环境污染的情形的行为的。

【条文链接】

◆《中华人民共和国固体废物污染环境防治法》（2016年）

第五十五条　产生危险废物的单位，必须按照国家有关规定处置危险废物，不得擅自倾倒、堆放；不处置的，由所在地县级以上地方人民政府环境保护行政主管部门责令限期改正；逾期不处置或者处置不符合国家有关规定的，由所在地县级以上地方人民政府环境保护行政主管部门指定单位按照国家有关规定代为处置，处置费用由产生危险废物的单位承担。

◆《四川省固体废物污染环境防治条例》

第三十条　产生危险废物的单位应当按照国家有关规定处置危险废物，不得擅自倾倒、堆放；不处置的，由所在地县级以上地方人民政府环境保护行政主管部门责令限期改正；逾期不处置、无处置能力或者处置不符合国家有关规定的，由所在地县级以上地方人民政府环境保护行政主管部门指定有资质的单位代为处置，处置费用由产生危险废物的单位承担。

第五十七条　违反本条例第三十条规定，擅自倾倒、堆放危险废物的，由县级以上地方人民政府环境保护行政主管部门责令停产停业、限期改正，并处以五万元以上二十万元以下的罚款。

◆《关于企业回收利用自身产生的危险废物是否属于危险废物经营活动的复函》（环函〔2005〕203号）

回收利用企业内部产生的危险废物，不属于利用危险废物的经营活动。因此，对于回收利用内部产生的危险废物的企业，不要求领取危险废物经营许可证，但必须遵照危险废物申报登记、转移联单制度，将危险废物的产生、转移、利用及处置情况向环保主管部门进行申报和登记，并保证危险废物回收利用符合相应的环保标准，得到妥善无害化处置。

二十二、未按照要求建立和保存危险废物台账

案例 65 某家具有限责任公司未建立危险废物台账案

【案情简介】

某家具有限责任公司家具生产项目位于某镇，于 2012 年 11 月 21 日成立，2013 年初正式投入生产。该项目以木材、人造板为原料，生产实木家具、板式家具。该项目生产规模为 10 000 套/年，其中实木家具 2 000 套/年，板式家具 8 000 套/年。2017 年 6 月 16 日，某市环境监察执法大队执法人员对该公司进行现场检查时，该公司正在生产，有专用危险废物暂存间，危废间设置有危险废物识别标志，但未建立危险废物台账。该行为涉嫌违反《四川省固体废物污染环境防治条例》第三十三条第一款规定，某市环境保护局依法对该公司进行立案查处。

【查处情况】

按照《四川省固体废物污染环境防治条例》第五十八条的规定，某市环境保护局对该公司下达了处罚款 3 万元的行政处罚决定。

【案例分析】

一、某家具有限责任公司应当建立危险废物台账

本案中，某家具有限责任公司 2013 年初正式投入生产，2017 年 6 月 16 日某市环境监察执法大队执法人员对该公司进行现场检查时，该公司正在生产，并且该公司设有专用危险废物暂存间，因此属于"产生危险废物的在产企业"。根据《四川省固体废物污染环境防治条例》第三十三条第一款规定，"产生、经营危险废物的单位应当建立危险废物台账，如实载明危险废物的名称、类别、时间、数量、去向等情况，并保存十年以上。法律、法规另有规定的，从其规定"。该公司应当按照法规要求建立危险废物台账，如实载明危险废物情况。

二、某家具有限责任公司未按照要求建立和保存危险废物台账的行为违法

本案中，某家具有限责任公司满足建立危险废物台账的法定要件，但其未建立相关台账。并且该公司于 2012 年 11 月 21 日成立，家具生产项目于 2013 年初正式投入生产，至 2017 年 6 月 16 日执法人员现场检查时，其生产经营时间不满十年。根据《四川省固体废物污染环

境防治条例》第三十三条第一款、第五十八条的规定，该公司未按照要求建立和保存危险废物台账的行为违法，并应当承担相应的法律责任。

【问题与启示】

1. 大、中城市人民政府环境保护行政主管部门应当定期发布固体废物的种类、产生量、处置状况等信息

大、中城市都是人口密集、工商业单位较多、经济发达的地区，其行政区域内的固体废物污染防治情况与居民的生活、单位的生产等活动密切相关。因此，大、中城市的固体废物污染防治情况应当更加透明，使居民和单位对本地区的固体废物污染防治的情况更加了解，有助于提高居民和有关单位的环保意识，使他们更直观地认识到本地区的环境状况，同时也便于政府部门相关环保措施的落实。根据《中华人民共和国固体废物污染环境防治法》(2016)第十二条第二款的规定，固体废物污染防治的有关信息由大、中城市人民政府的环境保护行政主管部门定期发布，这是法律规定的环境保护行政主管部门的职责，相关环保部门应当认真对本地区的固体废物的防治情况进行调查，发布准确真实的信息，切实履行这一职责。发布的信息应当包括固体废物的种类、产生量、处置状况等。

2. 国务院生态环境主管部门建立固体废物污染环境监测制度，制定统一的监测规范，并会同有关部门组织监测网络

《中华人民共和国固体废物污染环境防治法》(2016)第十二条第一款对固体废物污染环境监测以及固体废物信息公开作出规定，为落实相关规定，环境监测应满足下列要求：

(1)环境监测是指在一定的时间和空间范围内，对污染物或有害环境的因素的性质、数量、浓度或者成分的变化及其对环境的影响，进行间断地或连续地监视、调查、测定、分析和评价的活动。环境监测的对象大体可分为污染源(物)和环境质量状况。固体废物及其产生、收集、运输、贮存、利用、处置的活动亦在对象范围之内，环境监测按其目的，可分为以研究确定污染物的迁移转化规律及对人体和生物体的影响为目的的研究型监测；对环境质量的某些代表值进行长期的定点、定期常规监测，以了解和掌握环境污染状况和判断环境质量的优劣的监督性监测；对污染事故进行专门监测，为处理事故、解决纠纷和其他执法活动提供技术依据的诉讼或仲裁性监测。环境监测是环境保护的基础性和先导性工作，是了解和评价环境质量状况的技术依据，是环境立法、执法和实施其他环境监督管理活动的客观基础和科学技术根据。环境监测的这些意义同样适用于固体废物污染环境监测制度。

(2)环境监测制度是关于环境监测活动及其监督管理的系统性和规范性的法律规定，其内容主要包括环境监测的性质与任务，环境监测的种类、范围与形式，环境监测机构的组织、性质与职责，环境监测活动程序，环境监测方法和技术规范，环境监测结果的效力与作用，环境监测数据的管理，环境监测报告及质量保证，环境监测网络的组织与管理等方面。为保证和提高环境监测工作的质量和效率，保证环境监测数据的准确和可靠，维护环境监测活动的正常秩序，保障环境监测机构的合法权益，国家应当建立和推行统一规范的环境监测制度。

固体废物污染环境监测是环境监测制度的组成部分。根据我国的环境监测工作现状和政府部门的权限分工，为便于管理，我国环境保护法律中均规定了环境监测制度。目前，生态环境部门已依法建立了比较完整的环境监测制度，制定和发布了一系列管理规则和技术规范，如《国家环境保护总局关于印发〈环境监测质量管理规定〉和〈环境监测人员持证上岗考核制度〉的通知》（环发〔2006〕114 号）、《全国环境监测报告制度（暂行）》（1991 年）、《地下水环境监测技术规范》（HJ 164—2020）、《环境监测站建设达标验收办法（试行）》（2004 年）、《环境监测技术路线》（2003 年）等。

（3）环境监测的目的和任务是获取具有代表性、准确性、可比性和完整性的环境监测数据，并利用或根据这些数据说明环境问题，评价环境质量，为环境决策、立法、执法和实施环境监督管理提供准确可靠的客观基础和技术依据。为此，必须采取系统的法律措施来保证这一目的得以实现和任务得以完成。制定和实施统一的监测方法与规范是其中重要的法律措施。环境监测规范的内容包括环境监测的形式、种类、项目、程序、监测分析方法与技术、监测的质量保证、监测结果的管理等。由于法律规定环境监测制度由国务院环境保护行政主管部门负责建立，则统一的环境监测规范亦应由其制定。《中华人民共和国固体废物污染环境防污法》（2016）第十二条第一款规定，国务院环境保护行政主管部门应当制定有关固体废物污染环境监测的统一规范。原国家环保总局制定了若干有关固体废物污染环境监测的统一规范，如《危险废物鉴别标准 腐蚀性鉴别》（GB 5085.1—2007）、《危险废物鉴别标准 急性毒性初筛》（GB 5085.2—2007）等技术标准、规范。

为了全面、系统、准确地掌握全国和各个地区的环境质量状况及其变化，必须合理设置数量足够的环境监测站点。将全国各地区、各部门的环境监测机构，采取一定的组织形式组织起来，通过优化布点纵横与区域组合，分工负责，联合协作，形成统一的全国环境监测网络，既能发挥各地区、各部门的各类环境监测机构的作用，又能提高效率，保证监测质量，发挥整体效能，满足环境监测工作任务的需要。

【条文链接】

◆《四川省固体废物污染环境防治条例》（2013 年）

第三十三条 产生、经营危险废物的单位应当建立危险废物台账，如实载明危险废物的名称、类别、时间、数量、去向等情况，并保存十年以上。法律、法规另有规定的，从其规定。

产生、经营危险废物的单位终止经营活动的，应当将台账报送所在地县级人民政府环境保护行政主管部门备案。

第五十八条 违反本条例第三十三条第一款规定，产生、经营危险废物的单位未按照要求建立和保存危险废物台账的，由县级以上地方人民政府环境保护行政主管部门责令限期改正，并处以三万元以上十万元以下的罚款。

【注】2018 年修正版相关条款未改动。

第五部分

PART FIVE

放射性污染典型案例及其要点解析

一、无证从事放射性同位素和射线装置使用活动

案例 66
某医院管理有限公司口腔门诊部涉嫌无辐射安全许可证从事射线装置使用活动案

【案情简介】

2020 年 4 月 10 日，某市生态环境局对某医院管理有限公司口腔门诊部进行执法检查时，发现该单位从事口腔诊疗活动，设置有牙科 X 射线机、口腔数字化 X 射线机用于给病人拍片诊疗，查询射线装置使用记录已有 14 条使用记录（其中 4 条为调试，其余 10 条为诊疗需要为 10 个不同病人拍片记录），未办理有辐射安全许可证。该行为涉嫌违反《放射性同位素与射线装置安全和防护条例》第十五条第一款的规定，某市生态环境局依法对该医院管理有限公司口腔门诊部进行立案查处。

【查处情况】

某市生态环境局按照《放射性同位素与射线装置安全和防护条例》第五十二条第（一）项的规定，对该医院管理有限公司口腔门诊部作出了没收违法所得 1 000 元，并处罚款 10 000 元的处罚。

【案件分析】

1. 应当领取辐射安全许可证的单位

《中华人民共和国放射性污染防治法》第二十八条规定："生产、销售、使用放射性同位素和射线装置的单位，应当按照国务院有关放射性同位素与射线装置放射防护的规定申请领取许可证，办理登记手续。"《放射性同位素与射线装置安全和防护条例》第五条规定："生产、销售、使用放射性同位素和射线装置的单位，应当依照本章规定取得许可证。"本案中，口腔门诊部设置牙科 X 射线机、口腔数字化 X 射线机用于给病人拍片诊疗，属于使用放射性同位素和射线装置的单位，依法应当领取辐射安全许可证，但其未办理有辐射安全许可证便使用射线装置，生态环境主管部门应对其追究法律责任。

2. 无辐射安全许可证使用放射性同位素和射线装置的法律适用

《中华人民共和国放射性污染防治法》第五十三条规定："违反本法规定，生产、销售、

使用、转让、进口、贮存放射性同位素和射线装置以及装备有放射性同位素的仪表的，由县级以上人民政府环境保护行政主管部门或者其他有关部门依据职权责令停止违法行为，限期改正；逾期不改正的，责令停产停业或者吊销许可证；有违法所得的，没收违法所得；违法所得十万元以上的，并处违法所得一倍以上五倍以下罚款；没有违法所得或者违法所得不足十万元的，并处一万元以上十万元以下罚款；构成犯罪的，依法追究刑事责任。”《放射性同位素与射线装置安全和防护条例》第十五条第一款规定：“禁止无许可证或者不按照许可证规定的种类和范围从事放射性同位素和射线装置的生产、销售、使用活动”，对违反第十五条第一款规定的，依据第五十二条“违反本条例规定，生产、销售、使用放射性同位素和射线装置的单位有下列行为之一的，由县级以上人民政府生态环境主管部门责令限期改正；逾期不改正的，责令停产停业或者由原发证机关吊销许可证；有违法所得的，没收违法所得；违法所得 10 万元以上的，并处违法所得 1 倍以上 5 倍以下的罚款；没有违法所得或者违法所得不足 10 万元的，并处 1 万元以上 10 万元以下的罚款”进行处罚。《中华人民共和国放射性污染防治法》与《放射性同位素与射线装置安全和防护条例》在对无辐射安全许可证使用放射性同位素和射线装置的法律责任上是一致的，都可适用。

本案中，未取得辐射安全许可证使用射线装置的行为依据《放射性同位素与射线装置安全和防护条例》第十五条第一款规定，按照《放射性同位素与射线装置安全和防护条例》第五十二条第（一）项进行处罚，法律适用准确。

【问题与启示】

1. 辐射安全许可证办理的意义是什么？

由于放射性同位素及射线装置的广泛应用，以及放射性同位素及射线装置对人体健康和环境的潜在危害，国家为了更好地监管放射性同位素及射线装置，规定在中华人民共和国境内生产、销售、使用放射性同位素与射线装置的单位，应当依照《中华人民共和国放射性污染防治法》和《放射性同位素与射线装置安全和防护条例》等相关法律法规，办理取得辐射安全许可证。辐射安全许可证是进行一切与放射源相关工作的前提，是国家对于从事放射源业务单位的认可。

2. 辐射安全许可证申请需要的材料有哪些？

一是《辐射安全许可证申请表》一份，登陆全国核技术利用申报系统下载，并提交辐射安全许可证申请报告；二是《放射性同位素与射线装置安全许可管理办法》规定的证明材料，包括辐射安全与防护规章制度，申请单位发布的成立辐射安全与环境保护管理机构的正式文件复印件，辐射工作人员辐射安全与防护培训证书复印件；三是已有或拟有放射源和射线装置明细表。

【条文链接】

◆《中华人民共和国放射性污染防治法》

第二十八条 生产、销售、使用放射性同位素和射线装置的单位，应当按照国务院有关放射性同位素与射线装置放射防护的规定申请领取许可证，办理登记手续。

转让、进口放射性同位素和射线装置的单位以及装备有放射性同位素的仪表的单位，应当按照国务院有关放射性同位素与射线装置放射防护的规定办理有关手续。

第五十三条 违反本法规定，生产、销售、使用、转让、进口、贮存放射性同位素和射线装置以及装备有放射性同位素的仪表的，由县级以上人民政府环境保护行政主管部门或者其他有关部门依据职权责令停止违法行为，限期改正；逾期不改正的，责令停产停业或者吊销许可证；有违法所得的，没收违法所得；违法所得十万元以上的，并处违法所得一倍以上五倍以下罚款；没有违法所得或者违法所得不足十万元的，并处一万元以上十万元以下罚款；构成犯罪的，依法追究刑事责任。

◆《放射性同位素与射线装置安全和防护条例》

第十五条 禁止无许可证或者不按照许可证规定的种类和范围从事放射性同位素和射线装置的生产、销售、使用活动。

禁止伪造、变造、转让许可证。

第五十二条 违反本条例规定，生产、销售、使用放射性同位素和射线装置的单位有下列行为之一的，由县级以上人民政府生态环境主管部门责令限期改正；逾期不改正的，责令停产停业或者由原发证机关吊销许可证；有违法所得的，没收违法所得；违法所得 10 万元以上的，并处违法所得 1 倍以上 5 倍以下的罚款；没有违法所得或者违法所得不足 10 万元的，并处 1 万元以上 10 万元以下的罚款：

（一）无许可证从事放射性同位素和射线装置生产、销售、使用活动的；

（二）未按照许可证的规定从事放射性同位素和射线装置生产、销售、使用活动的；

（三）改变所从事活动的种类或者范围以及新建、改建或者扩建生产、销售、使用设施或者场所，未按照规定重新申请领取许可证的；

（四）许可证有效期届满，需要延续而未按照规定办理延续手续的；

（五）未经批准，擅自进口或者转让放射性同位素的。

二、未按规定办理辐射安全许可证延续手续

案例 67 某口腔诊所辐射安全许可证未按要求进行延续有效期案

【案情简介】

2019 年 12 月 10 日，某生态环境局对某口腔诊所进行现场检查，该诊所正在营业，牙科 X 射线机能正常使用，执法人员发现该诊所使用的牙科 X 射线机辐射安全许可证未按要求进行延续有效期。该行为涉嫌违反《放射性同位素与射线装置安全和防护条例》第十三条的规定，某生态环境局依法对该口腔诊所进行立案查处。

【查处情况】

某生态环境局按照《放射性同位素与射线装置安全和防护条例》第五十二条第（四）项的规定，对该口腔诊所作出了没收违法所得 270 元，并处罚款 30 000 元的处罚。

【案件分析】

1. 应当延续辐射安全许可证的单位

《放射性同位素与射线装置安全和防护条例》第十三条规定，“许可证有效期为 5 年。有效期届满，需要延续的，持证单位应当于许可证有效期届满 30 日前，向原发证机关提出延续申请”，本案中，口腔诊所牙科 X 射线机辐射安全许可证有效期为至 2019 年 11 月 17 日，依法应当于 2019 年 10 月 17 日前向原发证机关申请延续。但其超过有效期仍在使用牙科 X 射线机，生态环境主管部门应对其追究法律责任。

2. 逾期未延续辐射安全许可证的法律适用

《放射性同位素与射线装置安全和防护条例》第五十二条第（四）项规定，许可证有效期届满，需要延续而未按照规定办理延续手续的，由县级以上人民政府生态环境主管部门责令限期改正；逾期不改正的，责令停产停业或者由原发证机关吊销许可证；有违法所得的，没收违法所得；违法所得 10 万元以上的，并处违法所得 1 倍以上 5 倍以下的罚款；没有违法所得或者违法所得不足 10 万元的，并处 1 万元以上 10 万元以下的罚款。本案中，该诊所未按照规定延续辐射安全许可证使用射线装置的行为依据《放射性同位素与射线装置安全和防护条例》第十三条的规定，按照《放射性同位素与射线装置安全和防护条例》第五十二条第（四）项进行处罚，法律适用准确。

【问题与启示】

1. 对辐射安全许可到期单位如何开展检查？

依托国家核技术利用辐射安全监管系统数据库，重点对辐射安全许可证已过有效期，未重新申请辐射安全许可证的单位进行针对性检查，检查重点主要包括：许可证逾期的具体情况及是否继续从事核技术利用活动、放射源或射线装置台账是否账物相符、是否存在放射源长期闲置或失控现象、是否存在超许可范围运营等。如检查发现确实存在逾期无辐射安全许可证的违法行为，应依法进行查处。

2. 辐射安全许可证延续申请需要的材料有哪些？

一是辐射安全许可证延续申请表；二是相关证明材料，包括辐射安全许可证延续申请报告，申请单位发布的成立辐射安全与环境保护管理机构的正式文件复印件，辐射安全基本制度，持证期间最近一次监管部门监督检查意见复印件（如需整改的，还需提供整改完成的证明材料）；三是辐射安全许可证届满上一年度自查评估报告，内容包括许可证有效期最后一年内的辐射工作场所及周围环境监测、辐射工作人员个人剂量监测以及其他与项目相关的辐射监测报告复印件，按照不同监测项目的时间顺序排列（若出现个人剂量、工作场所辐射水平或表面污染等监测值超出剂量约束值或管理目标值等异常情况，须补充提交调查报告，说明结果异常的原因及采取的措施）；四是许可证有效期内的辐射安全防护工作总结，主要内容包括辐射安全与防护设施的运行与维护情况，辐射工作人员变动及辐射安全和防护知识教育培训情况，放射性同位素、射线装置最新台账，辐射安全与防护制度及措施的制定与落实情况，辐射事故/事件应急管理情况，监管部门提出的整改要求及落实情况。

【条文链接】

◆《放射性同位素与射线装置安全和防护条例》

第十三条 许可证有效期为 5 年。有效期届满，需要延续的，持证单位应当于许可证有效期届满 30 日前，向原发证机关提出延续申请。原发证机关应当自受理延续申请之日起，在许可证有效期届满前完成审查，符合条件的，予以延续；不符合条件的，书面通知申请单位并说明理由。

第五十二条 违反本条例规定，生产、销售、使用放射性同位素和射线装置的单位有下列行为之一的，由县级以上人民政府生态环境主管部门责令限期改正；逾期不改正的，责令停产停业或者由原发证机关吊销许可证；有违法所得的，没收违法所得；违法所得 10 万元以上的，并处违法所得 1 倍以上 5 倍以下的罚款；没有违法所得或者违法所得不足 10 万元的，并处 1 万元以上 10 万元以下的罚款：

（一）无许可证从事放射性同位素和射线装置生产、销售、使用活动的；

（二）未按照许可证的规定从事放射性同位素和射线装置生产、销售、使用活动的；

（三）改变所从事活动的种类或者范围以及新建、改建或者扩建生产、销售、使用设施或者场所，未按照规定重新申请领取许可证的；

（四）许可证有效期届满，需要延续而未按照规定办理延续手续的；

（五）未经批准，擅自进口或者转让放射性同位素的。

三、未按照规定设置安全和防护设施以及放射性标志

案例 68
某检测有限公司未按规定设置放射性标志等有效安全防护措施案

【案情简介】

2017 年 10 月 19 日，接群众举报，某检测有限公司受某浆纸有限责任公司委托，在其安装的 75 吨锅炉房进行无损检测工作（即称探伤检测）时，现场检测人员未经培训无证操作 X 射线装置，且未按照国家有关规定设置明显的放射性标志等有效安全防护措施。其行为涉嫌违反《放射性同位素与射线装置安全和防护条例》第二十八条、第三十四条的规定，某县环境保护局依法对该检测有限公司进行立案查处。

【查处情况】

某县环境保护局按照《放射性同位素与射线装置安全和防护条例》（2014 年）第六十条的规定，对该检测有限公司作出罚款 20 000 元的处罚。

【案件分析】

1. 未按规定设置放射性标志等有效安全防护措施的法律适用

《放射性同位素与射线装置安全和防护条例》第三十四条规定："生产、销售、使用、贮存放射性同位素和射线装置的场所，应当按照国家有关规定设置明显的放射性标志，其入口处应当按照国家有关安全和防护标准的要求，设置安全和防护设施以及必要的防护安全联锁、报警装置或者工作信号。射线装置的生产调试和使用场所，应当具有防止误操作、防止工作人员和公众受到意外照射的安全措施。放射性同位素的包装容器、含放射性同位素的设备和射线装置，应当设置明显的放射性标识和中文警示说明；放射源上能够设置放射性标识的，应当一并设置。运输放射性同位素和含放射源的射线装置的工具，应当按照国家有关规定设置明显的放射性标志或者显示危险信号"。违反本规定，应当依据《放射性同位素与射线装置安全和防护条例》第六十条第（二）项规定，由县级以上人民政府生态环境主管部门责令停止违法行为，限期改正；逾期不改正的，责令停产停业，并处 2 万元以上 20 万元以下的罚款；构成犯罪的，依法追究刑事责任"。

本案中，检测有限公司受委托进行无损检测工作时，未按照国家有关规定设置明显的放射性标志等有效安全防护措施，违反了《放射性同位素与射线装置安全和防护条例》第三十

四条规定，依据《放射性同位素与射线装置安全和防护条例》第六十条第（二）项规定进行处罚，法律适用恰当。

2. 对现场检测人员无证操作 X 射线装置的处理

放射性同位素和射线装置操作专业性极强，人员未经技术培训或考核不合格即上岗，极易引发辐射安全事故。《放射性同位素与射线装置安全和防护条例》第二十八条及《放射性同位素与射线装置安全和防护管理办法》第十七条规定，生产、销售、使用放射性同位素与射线装置的单位，应当对直接从事生产、销售、使用活动的操作人员以及辐射防护负责人进行辐射安全培训，并进行考核；考核不合格的，不得上岗。违反本规定，生产、销售、使用放射性同位素与射线装置的单位未按规定对辐射工作人员进行辐射安全培训的，按照《放射性同位素与射线装置安全和防护管理办法》第五十五条规定：由原辐射安全许可证发证机关给予警告，责令限期改正；逾期不改正的，处一万元以上三万元以下的罚款。

本案中，现场检测人员未经培训即操作 X 射线装置，违反了放射性同位素与射线装置安全和防护有关培训、考核的相关规定，因该检测公司注册地为外省，辐射安全许可证发证机关为外省环境保护厅，依法应当由原辐射安全许可证发证机关进行处罚。因此，本案未对现场检测人员无证操作 X 射线装置的违法行为进行处罚，案件线索已移送原辐射安全许可证发证机关。

【问题与启示】

1. 放射性物质标识和警示标志的设置要求有哪些？

放射源发出的射线看不见、摸不着，公众不易识别和了解，其危险性高，社会敏感性强。国际上均要求在放射性物质和射线装置及与其有关的场所和运输工具上设置放射性标识和警示说明，使公众明确了解所处环境，自觉采取安全防护措施，避免因不知情而造成的放射性污染损害。我国对放射性物质标识和警示标志及其设置要求主要遵循《电离辐射防护与辐射源安全基本标准》（GB 18871—2002）。

2. 哪些人员需要进行辐射安全培训？

《放射性同位素与射线装置安全和防护管理办法》第十八条规定："从事下列活动的辐射工作人员，应当接受中级或者高级辐射安全培训：（一）生产、销售、使用 I 类放射源的；（二）在甲级非密封放射性物质工作场所操作放射性同位素的；（三）使用 I 类射线装置的；（四）使用伽玛射线移动探伤设备的。从事前款所列活动单位的辐射防护负责人，以及从事前款所列装置、设备和场所设计、安装、调试、倒源、维修以及其他与辐射安全相关技术服务活动的人员，应当接受中级或者高级辐射安全培训。本条第二款、第三款规定以外的其他辐射工作人员，应当接受初级辐射安全培训。"

【条文链接】

◆《放射性同位素与射线装置安全和防护条例》(2019年)

第二十八条 生产、销售、使用放射性同位素和射线装置的单位，应当对直接从事生产、销售、使用活动的工作人员进行安全和防护知识教育培训，并进行考核；考核不合格的，不得上岗。

第三十四条 生产、销售、使用、贮存放射性同位素和射线装置的场所，应当按照国家有关规定设置明显的放射性标志，其入口处应当按照国家有关安全和防护标准的要求，设置安全和防护设施以及必要的防护安全联锁、报警装置或者工作信号。射线装置的生产调试和使用场所，应当具有防止误操作、防止工作人员和公众受到意外照射的安全措施。

放射性同位素的包装容器、含放射性同位素的设备和射线装置，应当设置明显的放射性标识和中文警示说明；放射源上能够设置放射性标识的，应当一并设置。运输放射性同位素和含放射源的射线装置的工具，应当按照国家有关规定设置明显的放射性标志或者显示危险信号。

第六十条 违反本条例规定，生产、销售、使用放射性同位素和射线装置的单位有下列行为之一的，由县级以上人民政府生态环境主管部门责令停止违法行为，限期改正；逾期不改正的，责令停产停业，并处2万元以上20万元以下的罚款；构成犯罪的，依法追究刑事责任：

(一)未按照规定对本单位的放射性同位素、射线装置安全和防护状况进行评估或者发现安全隐患不及时整改的；

(二)生产、销售、使用、贮存放射性同位素和射线装置的场所未按照规定设置安全和防护设施以及放射性标志的。

第六十一条 违反本条例规定，造成辐射事故的，由原发证机关责令限期改正，并处5万元以上20万元以下的罚款；情节严重的，由原发证机关吊销许可证；构成违反治安管理行为的，由公安机关依法予以治安处罚；构成犯罪的，依法追究刑事责任。

因辐射事故造成他人损害的，依法承担民事责任。

【注】引用条文2014年修订版本与2019年修订版本仅将“环境保护主管部门”修改为“生态环境主管部门”，其余内容无变动。

◆《放射性同位素与射线装置安全和防护管理办法》

第十七条 生产、销售、使用放射性同位素与射线装置的单位，应当按照环境保护部审定的辐射安全培训和考试大纲，对直接从事生产、销售、使用活动的操作人员以及辐射防护负责人进行辐射安全培训，并进行考核；考核不合格的，不得上岗。

第十八条 辐射安全培训分为高级、中级和初级三个级别。

从事下列活动的辐射工作人员，应当接受中级或者高级辐射安全培训：

(一)生产、销售、使用I类放射源的；

（二）在甲级非密封放射性物质工作场所操作放射性同位素的；

（三）使用I类射线装置的；

（四）使用伽玛射线移动探伤设备的。

从事前款所列活动单位的辐射防护负责人，以及从事前款所列装置、设备和场所设计、安装、调试、倒源、维修以及其他与辐射安全相关技术服务活动的人员，应当接受中级或者高级辐射安全培训。

本条第二款、第三款规定以外的其他辐射工作人员，应当接受初级辐射安全培训。

第十九条　从事辐射安全培训的单位，应当具备下列条件：

（一）有健全的培训管理制度并有专职培训管理人员；

（二）有常用的辐射监测设备；

（三）有与培训规模相适应的教学、实践场地与设施；

（四）有核物理、辐射防护、核技术应用及相关专业本科以上学历的专业教师。

拟开展初级辐射安全培训的单位，应当有五名以上专业教师，其中至少两名具有注册核安全工程师执业资格。

拟开展中级或者高级辐射安全培训的单位，应当有十名以上专业教师，其中至少五名具有注册核安全工程师执业资格，外聘教师不得超过教师总数的30%。

从事辐射安全培训的专业教师应当接受环境保护部组织的培训，具体办法由环境保护部另行制定。

第二十条　省级以上人民政府环境保护主管部门对从事辐射安全培训的单位进行评估，择优向社会推荐。

环境保护部评估并推荐的单位可以开展高级、中级和初级辐射安全培训；省级人民政府环境保护主管部门评估并推荐的单位可以开展初级辐射安全培训。

省级以上人民政府环境保护主管部门应当向社会公布其推荐的从事辐射安全培训的单位名单，并定期对名单所列从事辐射安全培训的单位进行考核；对考核不合格的，予以除名，并向社会公告。

第二十一条　从事辐射安全培训的单位负责对参加辐射安全培训的人员进行考核，并对考核合格的人员颁发辐射安全培训合格证书。辐射安全培训合格证书的格式由环境保护部规定。

取得高级别辐射安全培训合格证书的人员，不需再接受低级别的辐射安全培训。

第二十二条　取得辐射安全培训合格证书的人员，应当每四年接受一次再培训。

辐射安全再培训包括新颁布的相关法律、法规和辐射安全与防护专业标准、技术规范，以及辐射事故案例分析与经验反馈等内容。

不参加再培训的人员或者再培训考核不合格的人员，其辐射安全培训合格证书自动失效。

◆ **《电离辐射防护与辐射源安全基本标准》（GB 18871—2002）**

附录 F
（标准的附录）
电离辐射的标志和警告标志

F1 电离辐射标志

电离辐射标志如图 F1 所示。

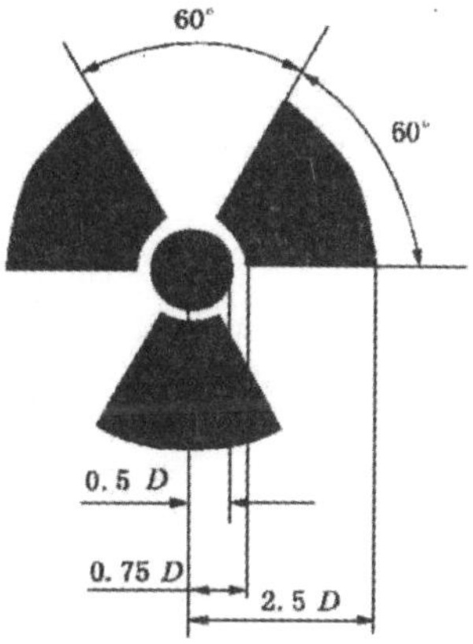

图 F1 电离辐射的标志

F2 电离辐射警告标志

电离辐射的警告标志如图 F2 所示。警告标志的含义是使人们注意可能发生的危险。其背景为黄色，正三角形边框及电离辐射标志图形均为黑色，"当心电离辐射"用黑色粗等线体字。正三角形外边 a_1=0.034L，内边 a_2=0.700a_1，L 为观察距离。

图 F2 电离辐射警告标志

第六部分

PART SIX

建设项目环境监管典型案例及其要点解析

一、未批先建

案例 69 某轨道建设管理有限公司未批先建案

【案情简介】

2019 年 3 月 20 日，某市环境监察执法支队对某轨道建设管理有限公司负责的道路改造工程项目进行现场检查。该道路改造工程项目含主道下穿隧道主体、辅道下穿隧道主体等工程。辅道下穿隧道主体工程于 2017 年 4 月左右开工建设，目前已完工通车；主道下穿隧道主体工程于 2018 年 12 月左右开工建设，检查时仍在建设中。现场检查时发现，该单位于 2018 年 10 月编制了道路改造工程项目的《建设项目环境影响报告表》，但至今未取得环评批复。某市生态环境局认为，该轨道建设管理有限公司的行为涉嫌违反《中华人民共和国环境影响评价法》第二十五条的规定，依法对其进行立案查处。

【查处情况】

某市生态环境局根据《中华人民共和国行政处罚法》第三十八条第二款的规定，按照《中华人民共和国环境影响评价法》第三十一条第二款的规定，责令该公司立即停止建设，并处以建设项目总投资额 23 578.09 万元 1%的罚款，共计人民币 235.79 万元。

【案件分析】

该轨道建设管理有限公司的行为属于“未批先建”的违法行为

《中华人民共和国环境影响评价法》第十六条规定：“国家根据建设项目对环境的影响程度，对建设项目的环境影响评价实行分类管理。建设单位应当按照下列规定组织编制环境影响报告书、环境影响报告表或者填报环境影响登记表：（一）可能造成重大环境影响的，应当编制环境影响报告书，对产生的环境影响进行全面评价；（二）可能造成轻度环境影响的，应当编制环境影响报告表，对产生的环境影响进行分析或者专项评价；（三）对环境影响很小、不需要进行环境影响评价的，应当填报环境影响登记表。建设项目的环境影响评价分类管理名录，由国务院生态环境主管部门制定并公布。”第二十五条规定：“建设项目的环境影响评价文件未依法经审批部门审查或者审查后未予批准的，建设单位不得开工建设。”本案中，该轨道建设管理有限公司负责的道路改造工程按照《建设项目环境影响评价分类管理名录（2018）》的规定，属于城市道路的环评类别，应当制作环境影响评价表并经审批部门审查通过后方可进行开工建设，故该公司的行为属于未批先建的违法行为，应当受到处罚。

【问题与启示】

1. 在未批先建的处罚中，建设项目的“总投资额”如何认定？

（1）关于分期建设的建设项目总投资额认定。

建设项目在发展改革部门按一个建设项目进行核准、备案，但实际中分期建设的，对项目开工前已取得核准、备案文件，且核准、备案文件中明确说明该项目是分期建设的，可以依据《关于生态环境执法中建设项目“总投资额”认定问题的指导意见（试行）》（环政法〔2018〕85号，下文简称《指导意见》），以当期工程总投资额作为处罚依据；对项目核准、备案文件中未明确该项目是分期建设的，应当以发展改革部门核准、备案的建设项目总投资额作为处罚依据。

（2）关于已经基本建成尚未投入生产或者使用的建设项目总投资额认定。

建设项目基本建成但未全部建成，尚未投入生产或者使用的，属于仍处于建设过程中，应当依据《指导意见》第五条、第六条，认定其总投资额。《指导意见》第五条规定，对正在建设过程中的建设项目，不能根据建设项目在建设过程中实际发生的投资额认定该建设项目总投资额。第六条规定，对已经全部建成并投入生产或者使用的建设项目，项目单位能够证明项目实际投资额与审批、核准文件或者备案信息不一致的，根据该建设项目实际全部投资额认定总投资额。

2. 《建设项目环境影响评价分类管理名录（2021年版）》新修订了哪些内容？

《建设项目环境影响评价分类管理名录（2021年版）》修订包括正文修改部分和表格修改部分。在正文修改部分，主要有三个方面的修改。一是明确了名录之外无环评的原则，提出“未作规定的建设项目，不纳入建设项目环境影响评价管理”，同时为确有必要的新兴产业项目等，明确了纳入环评的途径。二是对不涉及主体工程的改扩建项目，明确按照改扩建的工程内容确定分类，解决执行中“就高不就低”问题。三是结合中央文件和法律法规制修订情况，调整环境敏感区的名称表述。

在表格修改部分，主要有五个方面的修改。一是对照《国民经济行业分类》调整行业顺序，规范行业名称。除生态类等外，与排污许可名录排序基本一致。有改动的行业超过80%，涉及简化的行业约占60%。二是加强与排污许可制度衔接。农副食品加工、设备制造等可以通过排污许可登记管理的行业，以及环境影响很小的蛋品加工、餐饮娱乐洗浴场所、农业垦殖、普通仓库等不再填报环境影响登记表，共涉及40个二级行业；此外，引入“工业建筑”概念，明确酒、饮料制造业等26个二级行业，仅位于工业建筑中的纳入环评管理。三是降低部分项目环境影响评价等级。如，谷物磨制等，由报告书降为报告表；小规模生活垃圾集中处置由报告书降为登记表；脱硫脱硝环保工程等，由报告表降为登记表，共有51个二级行业不同程度简化。四是环境影响很小的蛋品加工、餐饮娱乐洗浴场所、农业垦殖、普通仓库等不纳入环评管理。五是新增5小类生态影响型行业纳入环评管理，主要包括人工造湖、二氧化碳地质封存、泥石流等地质灾害治理工程、矿山生态修复、海洋生态修复；收严大型海水养殖、涉及敏感区的油气开采等10个二级行业环评管理，适当提高环评分类。

【条文链接】

◆ 《中华人民共和国环境影响评价法》

第二十五条 建设项目的环境影响评价文件未依法经审批部门审查或者审查后未予批准的，建设单位不得开工建设。

第三十一条 建设单位未依法报批建设项目环境影响报告书、报告表，或者未依照本法第二十四条的规定重新报批或者报请重新审核环境影响报告书、报告表，擅自开工建设的，由县级以上生态环境主管部门责令停止建设，根据违法情节和危害后果，处建设项目总投资额百分之一以上百分之五以下的罚款，并可以责令恢复原状；对建设单位直接负责的主管人员和其他直接责任人员，依法给予行政处分。

建设项目环境影响报告书、报告表未经批准或者未经原审批部门重新审核同意，建设单位擅自开工建设的，依照前款的规定处罚、处分。

建设单位未依法备案建设项目环境影响登记表的，由县级以上生态环境主管部门责令备案，处五万元以下的罚款。

海洋工程建设项目的建设单位有本条所列违法行为的，依照《中华人民共和国海洋环境保护法》的规定处罚。

◆ 《关于建设项目总投资额认定有关意见的复函》

河南省生态环境厅：

你厅《关于建设项目总投资额认定若干问题的请示》（豫环〔2019〕2号）收悉。经研究，并征求国家发展改革委意见，函复如下。

一、关于分期建设的建设项目总投资额认定

建设项目在发展改革部门按一个建设项目进行核准、备案，但实际中分期建设的，对项目开工前已取得核准、备案文件，且核准、备案文件中明确说明该项目是分期建设的，可以依据《关于生态环境执法中建设项目"总投资额"认定问题的指导意见（试行）》（环政法〔2018〕85号），以当期工程总投资额作为处罚依据；对项目核准、备案文件中未明确该项目是分期建设的，应当以发展改革部门核准、备案的建设项目总投资额作为处罚依据。

二、关于已经基本建成尚未投入生产或者使用的建设项目总投资额认定

建设项目基本建成但未全部建成，尚未投入生产或者使用的，属于仍处于建设过程中，应当依据《关于生态环境执法中建设项目"总投资额"认定问题的指导意见（试行）》（环政法〔2018〕85号）第五条、第六条，认定其总投资额。

特此函复。

生态环境部办公厅

2019年4月1日

二、基础资料数据明显不实，内容存在重大缺陷、遗漏，或者环评结论不明确、不合理等

案例 70 某新材料科技公司伪造环评报告表资料案

【案情简介】

接到上级机关转来群众来信反映某新建粉石厂环评造假问题线索后，2020 年 5 月 20 日，某市生态环境局执法支队会同局行政审批科对群众反映的该新材料科技有限公司进行了现场调查。经查，该公司报批的年产 10 万吨高性能粉体材料生产线项目环境影响报告表中与村民签订的租房合同系伪造资料。该行为违反了《中华人民共和国环境影响评价法》第二十条第一款的规定，某市生态环境局依法对该公司进行立案查处。

【查处情况】

依据《中华人民共和国环境影响评价法》第三十二条规定，结合《建设项目环境影响报告书（表）编制监督管理办法》，某生态环境局对该公司及该环评报告表编制主持人肖某做出如下行政处罚：（1）对该公司处以罚款 6 万元，并根据《建设项目环境影响报告书（表）编制单位和编制人员失信行为记分办法》对该公司失信记分 10 分；（2）根据《建设项目环境影响报告书（表）编制单位和编制人员失信行为记分办法》规定，对该环评报告表编制主持人肖某失信记分 10 分。

【案件分析】

1. 判断基础资料是否明显不实是适用该条款的条件之一

《中华人民共和国环境影响评价法》第三十二条明确规定了建设项目环境影响报告书、环境影响报告表存在基础资料明显不实，内容存在重大缺陷、遗漏或者虚假，环境影响评价结论不正确或者不合理等严重质量问题的法律责任。在适用该条款中，需要判断行为人是否存在上述三种行为。在本案中，该公司环境影响报告表中与村民签订的租房合同系伪造资料，属于基本资料明显不实的情形，可以适用第三十二条的规定。

2. 信用管理的对象以及失信行为的情形

市级以上生态环境主管部门应当将编制单位和编制人员作为环境影响评价信用管理对象

（以下简称信用管理对象）纳入信用管理；在环境影响报告书（表）编制行为监督检查过程中，发现信用管理对象存在失信行为的，应当实施失信记分。信用管理对象的失信行为包括下列情形：（1）编制单位或者编制人员不符合相关规定的；（2）未按照相关规定在信用平台提交相关情况信息或者及时变更相关情况信息，或者提交的相关情况信息不真实、不准确、不完整的；（3）违反相关规定，由两家以上单位主持编制环境影响报告书（表）或者由两名以上编制人员作为环境影响报告书（表）编制主持人的；（4）技术单位未按照本办法规定与建设单位签订主持编制环境影响报告书（表）委托合同的；（5）未按照相关规定进行环境影响评价质量控制的；（6）未按照相关规定在环境影响报告书（表）中附具编制单位和编制人员情况表并盖章或者签字的；（7）未按照相关规定将相关资料存档的；（8）未按照相关规定接受生态环境主管部门监督检查或者在接受监督检查时弄虚作假的；（9）因环境影响报告书（表）存在相关问题受到通报批评的；（10）因环境影响报告书（表）存在相关问题受到处罚的。

本案中，该新材料公司属于编制主体单位，环保公司主编制人属于编制人员，属于信用管理的对象，该编制单位和编制人员违反第二项规定提交的相关信息不真实的情形，可以适用该规定。

【问题与启示】

1. 环境影响评价的内涵及技术原则是什么？

环境影响评价广义指对拟议中的人为活动（包括建设项目、资源开发、区域开发、政策、立法、法规等）可能造成的环境影响，包括环境污染和生态破坏，也包括对环境的有利影响进行分析、论证的全过程，并在此基础上提出采取的防治措施和对策。狭义指对拟议中的建设项目在兴建前即可行性研究阶段，对其选址、设计、施工等过程，特别是运营和生产阶段可能带来的环境影响进行预测和分析，提出相应的防治措施，为项目选址、设计及建成投产后的环境管理提供科学依据。

在环境影响评价的组织实施中必须坚持可持续发展战略和循环经济理念，严格遵守国家的有关法律、法规和政策，做到科学、公正和实用，并应遵循以下基本技术原则：（1）与拟议规划或拟建项目的特点相结合；（2）符合国家的产业政策、环保政策和法规；（3）符合流域、区域功能区划、生态保护规划和城市发展总体规划，布局合理；（4）符合清洁生产的原则；（5）符合国家有关生物化学、生物多样性等生态保护的法规和政策；（6）符合国家资源综合利用的政策；（7）符合国家土地利用的政策；（8）符合国家和地方规定的总量控制要求；（9）符合污染物达标排放和区域环境质量的要求；（10）正确识别可能的环境影响；（11）选择适当的预测评价技术方法；（12）环境敏感目标得到有效保护，不利环境影响最小化；（13）替代方案和环境保护措施、技术经济可行。

2. 环境影响评价工作信用管理的内容是什么？

《建设项目环境影响报告书（表）编制监督管理办法》作为环境影响评价法的配套办法，强化了对重点单位、重点行业的靶向监管，实行编制单位和编制人员双重负责制。一是着力构建以质量为核心、以信用为主线、以公开为手段、以监督为保障的事中事后管理体系。通过规范编制要求、强化监督检查、实施信用管理以及严肃责任追究等事中事后监管措施，确保环评资质许可取消后，环评质量不下降、环评有关预防环境污染和生态破坏的作用不降低，为保证环评制度的有效实施提供技术支撑。二是以报告书（表）编制质量为核心，进一步完善日常检查考核机制，对审批后的报告书（表）开展复核，强化重点单位、重点行业靶向监管。实行编制单位和编制人员双重负责制，按照各自职责分工，对报告书（表）内容和结论进行审核把关。对报告书（表）质量问题实行分类管理，细化一般性质量问题和严重质量问题的具体情形，区分不同情况采取不同处理方式，提高质量监管科学性；对出现报告书（表）质量问题的相关单位和人员提出行政处理处罚与失信记分双重惩戒的管理措施，加大质量责任追究力度。三是突出建设单位主体责任，强调建设单位对报告书（表）内容和结论负责，推动提高建设单位环保意识，促进建设单位择优选择技术单位，提升环评制度有效性。对报告书（表）存在质量问题的，无论建设单位自行编制还是委托技术单位编制，都要追究建设单位责任；对编制单位和编制人员存在失信行为的，一律公开相关建设单位和报告书（表）基础信息。要求建设单位在报告书（表）编制过程中，如实提供基础资料，落实环保投入和资金来源，加强环评过程管理。四是通过依托全国统一的信用平台，归集和累计各级生态环境部门记录的信用管理对象失信行为记分，建立“一处失信、全国公开”和“多处失信、全国受限”的跨地区环评失信惩戒机制。

《建设项目环境影响报告书（表）编制监督管理办法》将失信记分累计情况对应的惩戒措施分为三类，从轻到重依次为加大复核抽取比例和频次、限期整改和禁止从业。其中加大复核抽取比例和频次的惩戒措施，是对失信记分达到警示分数的信用管理对象等作出的惩戒，对这类信用管理对象实行从严监管，主要是起到警示作用；限期整改措施是对失信记分累计达到限制分数的信用管理对象作出的惩戒，对这类失信行为较多的管理对象提出整改要求；禁止从业措施是对失信记分直接达到限制分数的信用管理对象作出的惩戒，属于对严重失信行为的惩戒。

【条文链接】

◆ **《中华人民共和国环境影响评价法》**

第二十条　建设单位应当对建设项目环境影响报告书、环境影响报告表的内容和结论负责，接受委托编制建设项目环境影响报告书、环境影响报告表的技术单位对其编制的建设项目环境影响报告书、环境影响报告表承担相应责任。

设区的市级以上人民政府生态环境主管部门应当加强对建设项目环境影响报告书、环境影响报告表编制单位的监督管理和质量考核。

负责审批建设项目环境影响报告书、环境影响报告表的生态环境主管部门应当将编制单位、编制主持人和主要编制人员的相关违法信息记入社会诚信档案，并纳入全国信用信息共享平台和国家企业信用信息公示系统向社会公布。

任何单位和个人不得为建设单位指定编制建设项目环境影响报告书、环境影响报告表的技术单位。

第三十二条　建设项目环境影响报告书、环境影响报告表存在基础资料明显不实，内容存

在重大缺陷、遗漏或者虚假，环境影响评价结论不正确或者不合理等严重质量问题的，由设区的市级以上人民政府生态环境主管部门对建设单位处五十万元以上二百万元以下的罚款，并对建设单位的法定代表人、主要负责人、直接负责的主管人员和其他直接责任人员，处五万元以上二十万元以下的罚款。

接受委托编制建设项目环境影响报告书、环境影响报告表的技术单位违反国家有关环境影响评价标准和技术规范等规定，致使其编制的建设项目环境影响报告书、环境影响报告表存在基础资料明显不实，内容存在重大缺陷、遗漏或者虚假，环境影响评价结论不正确或者不合理等严重质量问题的，由设区的市级以上人民政府生态环境主管部门对技术单位处所收费用三倍以上五倍以下的罚款；情节严重的，禁止从事环境影响报告书、环境影响报告表编制工作；有违法所得的，没收违法所得。

编制单位有本条第一款、第二款规定的违法行为的，编制主持人和主要编制人员五年内禁止从事环境影响报告书、环境影响报告表编制工作；构成犯罪的，依法追究刑事责任，并终身禁止从事环境影响报告书、环境影响报告表编制工作。

三、未同时组织实施环境影响报告书提出的环境保护对策措施

案例 71
某工贸有限责任公司未按环评落实废水不外排要求案

【案情简介】

2018 年 12 月 3 日，某州环境保护局会同某县环境保护局执法人员对中央环保督察组交办的某工贸有限责任公司案件进行现场核查。现场发现该工贸有限责任公司低品位矿石综合利用及选矿厂尾矿回收再利用工程项目试生产期间，存在两个问题：第一，尾矿库坝下渗透水收集系统不规范，因企业自身管理不善，导致尾矿库坝下渗透水与自然山沟中的山水混合后，通过在下游设置木质挡板导流至尾矿库坝下游渗水收集回水池中，此导流过程存在坝下渗透水与山水混合后外排的情况，未做到环评批复中要求的废水零排放。第二，包装车间未按环评要求建设布袋除尘器，环评要求是建设 3 套设计风量为 74 000 m/h 的布袋除尘器，实际仅建设 1 套 4 000 m/h 的布袋除尘器，且空压机未设置独立隔音房。某县环境保护局认为该工贸公司的上述行为涉嫌违反《中华人民共和国水污染防治法》第二十二条和《建设项目环境保护管理条例》第十六条第二款的规定，依法对该公司进行立案查处。

【查处情况】

某县环境保护局依据《中华人民共和国水污染防治法》第八十四条二款和《建设项目环境保护管理条例》第二十二条二款规定，对该工贸公司废水收集环保设施不规范造成尾矿渗水外排的行为做出责令立即改正违法行为，并处罚款 4 万元的行政处罚；对该工贸公司未按环评要求建设布袋除尘器的行为做出责令立即改正违法行为，并处罚款 22 万元的行政处罚，以上两项罚款共计人民币 26 万元。

【案件分析】

1. 该工贸公司在尾矿渗水收集回水池设置溢流口的行为属于违法设置排污口的违法行为

《中华人民共和国水污染防治法》第二十二条规定“向水体排放污染物的企业事业单位和其他生产经营者，应当按照法律、行政法规和国务院环境保护主管部门的规定设置排污口”。

本条款规定了向水体排放污染物的企业事业单位和其他生产经营者具有依规设置排污口的基本义务。本案中，该工贸公司通过在下游设置木质挡板以溢流口导流的方式，导致尾矿库渗透水与山水混合后外排的行为在实质上属于违反法律法规设置排污口的违法行为，应当受到处罚。

2. 该工贸公司未按环评要求建设布袋除尘器的行为属于未按要求实施环保对策措施的违法行为

《建设项目环境保护管理条例》第十六条第二款规定“建设单位应当将环境保护设施建设纳入施工合同，保证环境保护设施建设进度和资金，并在项目建设过程中同时组织实施环境影响报告书、环境影响报告表及其审批部门审批决定中提出的环境保护对策措施。”本条款的目的是落实“三同时制度”中的“建设项目需要配套建设的环境保护设施与主体工程同时设计”的要求，对建设单位提出了各项环境保护措施，必须通过初步设计加以落实的要求。本案中，该工贸公司未按照环评要求建设 3 套设计风量为 74 000 m/h 的布袋除尘器，仅建设了 1 套 4 000 m/h 的布袋除尘器，且空压机未设置独立隔音房。明显属于未落实环境保护对策措施的违法行为，应当受到处罚。

【问题与启示】

1. “违法设置排污口”与“私设暗管”两种违法行为如何区分？

违法设置排污口排污是未按国家法律法规和环保部门的规定设置排污口进行排污的行为。其前提条件是，根据法律法规和环保部门的规定以及企业经审批的环境影响评价文件要求是可以设置排污口的，但是企业却没有按规定设置排污口进行排污。而暗管则是指通过隐蔽的方式达到规避监管目的而设置的排污管道，根据《行政主管部门移送适用行政拘留环境违法案件暂行办法》第五条第二款规定：“暗管是指通过隐蔽的方式达到规避监管目的而设置的排污管道，包括埋入地下的水泥管、瓷管、塑料管等，以及地上的临时排污管道。”暗管大多设在厂区内部，当污染物通过暗管排放到外部环境时，暗管的末端即是排污口。

2. 如何认定建设单位在项目建设过程中未按要求落实环境保护对策措施？

首先，环保对策的实施时间是在项目建设过程中。因此，如果与环境保护对策措施相关的环境保护设施没有在建设项目主体工程等竣工前同步建设完成，或者未按照环评要求同步落实其他环保对策措施，则可以认定其未按要求落实环境保护对策措施。其次，环保对策的实施内容为：报告书（表）和环评审批意见中提出的对策措施。因此，建设单位不仅要落实报告书（表）中提出的环保对策，而且对于审批部门决定中提出的环境保护对策措施也必须落实，违反任何一项均构成违法。

【条文链接】

◆《中华人民共和国水污染防治法》

第二十二条 向水体排放污染物的企业事业单位和其他生产经营者，应当按照法律、行政法规和国务院环境保护主管部门的规定设置排污口；在江河、湖泊设置排污口的，还应当遵守国务院水行政主管部门的规定。

第八十四条 在饮用水水源保护区内设置排污口的，由县级以上地方人民政府责令限期拆除，处十万元以上五十万元以下的罚款；逾期不拆除的，强制拆除，所需费用由违法者承担，处五十万元以上一百万元以下的罚款，并可以责令停产整治。

除前款规定外，违反法律、行政法规和国务院环境保护主管部门的规定设置排污口的，由县级以上地方人民政府环境保护主管部门责令限期拆除，处二万元以上十万元以下的罚款；逾期不拆除的，强制拆除，所需费用由违法者承担，处十万元以上五十万元以下的罚款；情节严重的，可以责令停产整治。

未经水行政主管部门或者流域管理机构同意，在江河、湖泊新建、改建、扩建排污口的，由县级以上人民政府水行政主管部门或者流域管理机构依据职权，依照前款规定采取措施、给予处罚。

◆《建设项目环境保护管理条例》

第十六条 建设项目的初步设计，应当按照环境保护设计规范的要求，编制环境保护篇章，落实防治环境污染和生态破坏的措施以及环境保护设施投资概算。

建设单位应当将环境保护设施建设纳入施工合同，保证环境保护设施建设进度和资金，并在项目建设过程中同时组织实施环境影响报告书、环境影响报告表及其审批部门审批决定中提出的环境保护对策措施。

第二十二条 违反本条例规定，建设单位编制建设项目初步设计未落实防治环境污染和生态破坏的措施以及环境保护设施投资概算，未将环境保护设施建设纳入施工合同，或者未依法开展环境影响后评价的，由建设项目所在地县级以上环境保护行政主管部门责令限期改正，处5万元以上20万元以下的罚款；逾期不改正的，处20万元以上100万元以下的罚款。

违反本条例规定，建设单位在项目建设过程中未同时组织实施环境影响报告书、环境影响报告表及其审批部门审批决定中提出的环境保护对策措施的，由建设项目所在地县级以上环境保护行政主管部门责令限期改正，处20万元以上100万元以下的罚款；逾期不改正的，责令停止建设。

案例72

某养殖家庭农场污染防治配套设施不合格案

【案情简介】

2020年1月14日至16日，某生态环境局行政执法人员对某养殖家庭农场进行现场检查时发现，该养殖场正在进行生猪养殖，但未发现环评备案文件要求配套建设的干粪堆码场，且养殖废水污水收集池与预处理池之间的管道破裂，养殖废水泄露外排。经询问，因在挖机过程中泥土掉落，砸破管道导致部分污水流出，虽对管道进行修补，但未及时清理存积在泥土表面的部分污水，同时因生猪数量增加，在新干粪堆棚未建成的情况下，在原干粪堆场位置新建圈舍，新建圈舍未向相关单位申请，生猪粪便全部存放在预处理池中。某生态环境局认为该养殖农场行为涉嫌违反《畜禽规模养殖污染防治条例》第十三条第三款的规定，依法对该农场进行立案查处。

【查处情况】

某生态环境局依据《畜禽规模养殖污染防治条例》第三十九条、《四川省生态环境行政处罚裁量标准（2019 年版）》（川环发〔2019〕58 号）的规定，责令其改正违法行为，确保污染防治配套设施合格并正常运行使用，并处 6.6 万元罚款。

【案件分析】

1. 是否建设畜禽粪便储存、综合利用和无害化处置等设施是适用法条的关键

《畜禽规模养殖污染防治条例》第十三条规定畜禽养殖场、养殖小区应当根据需要建设相应的畜禽废弃物储存、综合化利用和无害化处置措施，对于委托他人代为处置的，可以不自行建设相关设施。法律要求对畜禽养殖废弃物进行综合利用和无害化处置，处置的主体可以是畜禽养殖场、养殖小区，也可以委托他人进行处置，具体处置方式可以根据养殖规模和污染防治的具体需求确定。

本案中，该畜禽养殖场原已建设相应的畜禽养殖废弃物储存、处置措施，但由于养殖量的增大，擅自拆除相应的处置设施，违反《畜禽规模养殖污染防治条例》第十三条规定的义务，导致无法及时储存、处置相应的畜禽废弃物，可以适用该条款规定。

2. 环境保护设施验收程序

环境保护设施是指防治环境污染和生态破坏以及开展环境监测所需的装置、设备和工程设施等。验收工作主要包括验收监测工作和后续工作，其中验收监测工作可分为启动、自查、编制验收监测方案、实施监测与检查、编制验收监测报告五个阶段。

本案中，该畜禽养殖农场擅自拆除干粪分离棚，导致畜禽粪便未分离，对环保配套设施的改建未进行审批。

【问题与启示】

1. 畜禽养殖场的选址要求有哪些？

根据推荐性的环境保护技术规范类标准《畜禽养殖业污染防治技术规范》（HJ/T 81—

2001）的规定，禁止在以下区域内建设畜禽养殖场：（1）生活饮用水水源保护区、风景名胜区、自然保护区的核心区及缓冲区；（2）城市和城镇中居民区，包括文教科研区、医疗区、商业区、工业区、游览区等人口集中地区；（3）县级人民政府依法划定的禁养区域；（4）国家或地方法律、法规规定需特殊保护的其他区域。村屯居民区不属于城市和城镇居民区。因此，不属于上述技术规范规定的人口集中区。在禁建区域附近建设的，应设在禁建区域常年主导风向的下风向或侧风向处，厂界与禁建区域边界的最小距离不得少于500米。根据恶臭污染物无组织排放源强，以及当地的环境及气象等因素，按照《环境影响评价技术导则 大气环境》（HJ 2.2—2018）要求计算畜禽养殖场的大气环境防护距离，作为养殖场选址以及周边规划控制的依据，减轻对周围环境保护目标的不利影响。

2. 是否所有的畜禽养殖项目都需要做环境影响评价文件？

新建、改建和扩建的规模化畜禽养殖场都需要按照法律规定做环境影响评价文件，按照《建设项目环境影响评价分类管理名录（2021年版）》（生态环境部令第16号）“二、畜牧业03 牲畜饲养031；家禽饲养032；其他畜牧业039”，其中“年出栏生猪5 000头（其他畜禽种类折合猪的养殖量）及以上的规模化畜禽养殖；存栏生猪2 500头（其他畜禽种类折合猪的养殖规模）及以上无出栏量的规模化畜禽养殖；涉及环境敏感区的规模化畜禽养殖”的应编制报告书，其他（规模以下的除外）（具体规模标准按《畜禽规模养殖污染防治条例》执行）的应编制登记表。

【条文链接】

◆《畜禽规模养殖污染防治条例》

第十三条 畜禽养殖场、养殖小区应当根据养殖规模和污染防治需要，建设相应的畜禽粪便、污水与雨水分流设施，畜禽粪便、污水的贮存设施，粪污厌氧消化和堆沤、有机肥加工、制取沼气、沼渣沼液分离和输送、污水处理、畜禽尸体处理等综合利用和无害化处理设施。已经委托他人对畜禽养殖废弃物代为综合利用和无害化处理的，可以不自行建设综合利用和无害化处理设施。

未建设污染防治配套设施、自行建设的配套设施不合格，或者未委托他人对畜禽养殖废弃物进行综合利用和无害化处理的，畜禽养殖场、养殖小区不得投入生产或者使用。

畜禽养殖场、养殖小区自行建设污染防治配套设施的，应当确保其正常运行。

第三十九条 违反本条例规定，未建设污染防治配套设施或者自行建设的配套设施不合格，也未委托他人对畜禽养殖废弃物进行综合利用和无害化处理，畜禽养殖场、养殖小区即投入生产、使用，或者建设的污染防治配套设施未正常运行的，由县级以上人民政府环境保护主管部门责令停止生产或者使用，可以处10万元以下的罚款。

四、环境保护设施未建成、未经验收或者验收不合格，建设项目即投入生产或者使用

案例 73
某投资公司需要配套建设的环境保护设施未经验收，建设项目即投入使用案

【案情简介】

某投资公司是某县一处旧城改造项目基础设施建设（二期）项目业主，于 2010 年 7 月 29 日取得某县发展和改革局关于该项目的项目建议书批复。2010 年该项目委托有关资质单位编制了《环境影响报告书》，2010 年 8 月 18 日，取得某市环境保护局对该《环境影响报告书》的审查批复。2020 年 9 月 28 日，某市生态环境局支队对某区一处 220 kV 高压线下地终端厂（220 kV、110 kV）及 100 米下地线路进行现场检查时发现，该下地终端设施于 2015 年底建成并投入使用，未办理相关环评手续，现场正在使用，下地终端厂四周配套建设有金属挡板，未通过环保竣工验收。经查，2020 年 6 月 8 日某市生态环境局辐射处组织专家咨询论证，专家意见为：（1）该下地终端设施应对电磁环境影响进行评价，履行相应手续；（2）该下地终端厂四周现已设有金属围板，不需再单独设置电磁环境防护设施，可以认定该项目已建设污染治理设施。某市生态环境局认为，该投资公司承担的高压线下地终端厂需要配套建设的环境保护设施未经验收，建设项目即投入使用的行为涉嫌违反了《建设项目环境保护管理条例》第十九条第一款的规定，依法对该投资公司进行立案查处。

【查处情况】

某市生态环境局按照《建设项目环境保护管理条例》第二十三条的规定，责令该投资公司限期改正违法行为，并处罚款 48.75 万元，对该公司直接负责的主管人员苟某处罚款 9.92 万元。

【案件分析】

1. 该投资公司的行为构成违法

根据《建设项目环境保护管理条例》第十五条之规定，建设项目需要配套建设的环境保护设施，必须与主体工程同时设计、同时施工、同时投产使用（“三同时”验收制度）。同时，

该条例第十九条规定：编制环境影响报告书、环境影响报告表的建设项目，其配套建设的环境保护设施经验收合格，方可投入生产或者使用；未经验收或者验收不合格的，不得投入生产或者使用。本案中，该投资公司下地终端厂设立的金属围挡设施属于环境保护设施，应当经验收后与主体工程同时设计、同时施工、同时投产使用。本案中，该公司设置的金属围挡设施未经验收即投入使用的行为构成违法，应当受到处罚。

2. 某市生态环境保护局对该公司及其主管人员的处罚合理、适当

根据《建设项目环境保护管理条例》第二十三条之规定，违反“三同时”验收制度的，由县级以上环境保护行政主管部门责令限期改正，处20万元以上100万元以下的罚款；对直接负责的主管人员和其他责任人员，处5万元以上20万元以下的罚款。该投资公司申辩其并非受罚主体并且建设项目已于2015年交由某供电公司，此后由某电业局负责运营，该投资公司未参与，故苟某不应受到处罚。本案中，该投资主体作为编制环评报告的建设单位应作为受罚主体。此外，当时负责手续工作的人员已离职，故将现阶段公司直接负责的主管人员苟某作为处罚对象的决定正确。

【问题与启示】

1. 哪些主体应当适用“三同时”验收制度？

“三同时”制度适用的主体是所有从事对环境有影响的建设项目的单位，包括从事一切新建、扩建、改建和技术改造项目的主体，同时也包括区域开发建设项目以及中外合资、中外合作、外商独资的引进项目的主体等。

2. 生态环境部门对建设项目违反“三同时”制度的认定和处罚应当注意哪些方面？

一看建设项目是否需要配套建设环境保护设施。是否需要配套建设环境保护设施，是对建设项目违反“三同时”制度违法事实认定和处罚的关键。执法人员应当首先调查该建设项目是否通过环评审批或备案。如果建设项目已通过环保部门审批，执法人员要调查环评审批中是否要求建设环境保护设施，是否要求必须通过“三同时”验收，要求哪些环境保护设施必须通过“三同时”验收。如果没有通过环保部门审批，未进行环境影响评价，则要通过对照分类管理名录，认定该项目是否属于报告书、报告表类项目。

二看建设项目环境保护设施有没有完成验收。如果验收不合格，或者在验收过程中弄虚作假，则可以依据国务院《建设项目环境保护管理条例》第二十三条规定，认定其构成违反环保“三同时”制度的行为，对其实施行政处罚。

三看建设项目需要配套建设的环境保护设施事实上未建成，还是建成未经验收。《建设项目环境保护管理条例》第二十三条“需要配套建设的环境保护设施未建成”应当包括两种情况，一是建设项目环境保护设施全部未建成；二是建设项目环境保护设施仅建设了一部分，

没有完全建成。这就要求执法人员在调查中正确区分建设项目环境保护设施全部未建成，或是仅建设了一部分，未完全建成，或是建设项目环境保护设施全部建成，但未经过权威部门的验收。

3. 如何区分“双罚制”中涉及的法定代表人、主要负责人、直接负责的主管人员和其他直接责任人员？

《中华人民共和国固体废物污染环境防治法》和《建设项目环境保护管理条例》等生态环境法律法规中都涉及“双罚制”（对法人犯罪既处罚法人中的自然人，同时也处罚法人）的内容，如何认定法定代表人、主要负责人、直接负责的主管人员和其他直接责任人员是处罚的前提：

（1）法定代表人是指公司营业执照、民办非企业单位登记证、社会团体法人登记证等登记的法定代表人。

（2）主要负责人是指合伙企业营业执照上登记的执行事务合伙人，个体工商户的经营者、个人独资企业的投资人等。

（3）直接负责的主管人员一般是指对单位环境违法行为起到决定、批准、授意、纵容、指挥等作用的，具有一定管理领导职务的人员。

（4）其他直接责任人员包括具体实施违法行为，或对违法行为起到较大作用的人员，既可能是单位的管理人员，也可能是普通职工，包括聘任、雇佣人员。

【条文链接】

◆《建设项目环境保护管理条例》

第十五条　建设项目需要配套建设的环境保护设施，必须与主体工程同时设计、同时施工、同时投产使用。

第十九条　编制环境影响报告书、环境影响报告表的建设项目，其配套建设的环境保护设施经验收合格，方可投入生产或者使用；未经验收或者验收不合格的，不得投入生产或者使用。

前款规定的建设项目投入生产或者使用后，应当按照国务院环境保护行政主管部门的规定开展环境影响后评价。

第二十三条　违反本条例规定，需要配套建设的环境保护设施未建成、未经验收或者验收不合格，建设项目即投入生产或者使用，或者在环境保护设施验收中弄虚作假的，由县级以上环境保护行政主管部门责令限期改正，处20万元以上100万元以下的罚款；逾期不改正的，处100万元以上200万元以下的罚款；对直接负责的主管人员和其他责任人员，处5万元以上20万元以下的罚款；造成重大环境污染或者生态破坏的，责令停止生产或者使用，或者报经有批准权的人民政府批准，责令关闭。

案例 74 某养猪场自行建设的污染防治配套设施不合格，养猪场即投入使用案

【案情简介】

某村集体资产经营管理有限责任公司于 2016 年 9 月成立，经营范围是村集体资产经营管理及猪的饲养和销售。2020 年 3 月，某县生态环境局收到移送线索，反映该村的养猪场污染环境，执法人员立即对该养猪场进行了调查，发现该养猪场属于某村集体资产经营管理有限责任公司。现场检查发现该养猪场项目自行建设的污染防治配套设施为干粪堆放棚 40 m^2、尿液储存池 150 m^3，与该项目于 2017 年 7 月 21 日进行登记的《建设项目环境影响登记表》中的干粪堆放棚 50 m^2、尿液储存池 150 m3、沼气发酵池 50 m^3 不相符。经查：该养猪场建设有存栏生猪 500 头，标准化养猪场 1 个，含标准化猪舍 10 间共 750 m^2，配套建设饲料库房和生活防疫等设施共 100 m^2，配套建设环保设施干粪堆放棚 40 m^2，尿液储存池 150 m^3。于 2019 年 11 月最后一次出栏 376 头生猪后至今未生产，目前养猪场内没有存栏生猪。养猪场生产废水按照建设项目环境影响登记表备案表要求，通过沼气发酵池和尿液存储池存储后，通过污水泵和污水管道抽至周边流转林地和土地用于林地和农作物的浇灌，消纳土地按照 5～10 头/亩（1 亩 ≈666.67 平方米）的标准配置。某县生态环境局认为，该养猪场建设的污染防治配套设施不合格即投入生产的行为涉嫌违反《畜禽规模养殖污染防治条例》第十三条第二款的规定，依法对其进行立案查处。

【查处情况】

按照《畜禽规模养殖污染防治条例》第三十九条之规定，某县生态环境局认为，该养猪场是初次违法，未造成严重危害后果，且 2020 年 4 月 15 日对其进行后督察检查时，该单位正在修建一个约 70 m^3 的沼气发酵池，综合考虑到非洲猪瘟和新冠肺炎疫情的影响，最终某县生态环境局对该单位作出不予处罚的决定。

【案件分析】

1. 该养猪场建设的污染防治配套设施不合格即投入生产的行为构成违法

《畜禽规模养殖污染防治条例》是专门适用于畜禽养殖场、养殖小区的养殖污染防治的行政法规，因此畜禽养殖场的污染防治工作应当符合本法的相关规定。《畜禽规模养殖污染防治条例》第十三条规定“畜禽养殖场、养殖小区应当根据养殖规模和污染防治需要，建设相应的畜禽粪便、污水与雨水分流设施，畜禽粪便、污水的贮存设施，粪污厌氧消化和堆沤、有机肥加工、制取沼气、沼渣沼液分离和输送、污水处理、畜禽尸体处理等综合利用和无害化处理设施。……未建设污染防治配套设施、自行建设的配套设施不合格，或者未委托他人对畜禽养殖废弃物进行综合利用和无害化处理的，畜禽养殖场、养殖小区不得投入生产或者使用。畜禽养殖场、养殖小区自行建设污染防治配套设施的，应当确保其正常运行。”因此，根

据本条规定，畜禽养殖场不仅应当建设相应的雨污分流设施、储存设施、沼渣沼液分离设施等综合利用和无害化处理设施，而且应当确保这些设施合格并正常运行。本案中，该养殖场建设的干粪堆放棚面积低于《建设项目环境影响登记表》的要求并且缺少沼气发酵池，明显属于建设的污染防治配套设施不合格，故构成违法。

2. 某县生态环境局对该养猪场的处罚合理、适当

本案中，该养殖场实施了建设的污染防治配套设施不合格即投入生产的违法行为，应承担《畜禽规模养殖污染防治条例》第三十九条“由县级以上人民政府环境保护主管部门责令停止生产或者使用，可以处10万元以下的罚款”之规定的行政处罚。但某县生态环境局却对该养殖场作出不予行政处罚的决定，主要理由在于：第一，《畜禽规模养殖污染防治条例》第三十九条规定的处罚方式为责令停止生产或者使用以及罚款两种，但是罚款的适用情形为“可以”而非“应当”，因此不是必须对违法行为人处以罚款，故某县生态环境局不予罚款的决定符合法律规定；第二，某县生态环境局综合考虑了该养殖场受非洲猪瘟和新冠疫情的影响严重，长期未进行生猪养殖的客观情况，且该养殖场是初次违法，并且及时改正了违法行为，不予处罚的决定符合行政法中比例原则所倡导的处罚适当理念。综上，某县生态环境局对该养猪场的处罚合理、适当。

【问题与启示】

四川省对畜禽养殖场（小区）具体规模标准是如何规定的？

《畜禽规模养殖污染防治条例》第四十三条规定：“畜禽养殖场、养殖小区的具体规模标准由省级人民政府确定，并报国务院环境保护主管部门和国务院农牧主管部门备案。”2017年，四川省农业厅、四川省环境保护厅共同发布《四川省畜禽养殖场（小区）规模标准》。该标准规定畜禽养殖场（小区）的规模标准为：生猪养殖场：常年出栏量为500头及以上；肉牛养殖场：常年出栏量为100头及以上；奶牛养殖场：常年存栏量为100头及以上；肉羊养殖场：常年出栏量为300只及以上；蛋鸡养殖场：常年存栏量为2.5万羽及以上；肉鸡养殖场：常年出栏量为3.5万羽及以上；肉鸭养殖场：常年出栏量为3万羽及以上；肉鹅养殖场：常年出栏量为1万羽及以上；家兔养殖场：常年存栏能繁母兔400只及以上。其他畜禽养殖场（小区）饲养的其他畜种可根据生产特点按照猪当量换算方法参照执行。

【条文链接】

◆《畜禽规模养殖污染防治条例》

第十三条　畜禽养殖场、养殖小区应当根据养殖规模和污染防治需要，建设相应的畜禽粪便、污水与雨水分流设施，畜禽粪便、污水的贮存设施，粪污厌氧消化和堆沤、有机肥加工、制取沼气、沼渣沼液分离和输送、污水处理、畜禽尸体处理等综合利用和无害化处理设施。已经委托他人对畜禽养殖废弃物代为综合利用和无害化处理的，可以不自行建设综合利用和无害化处理设施。

未建设污染防治配套设施、自行建设的配套设施不合格，或者未委托他人对畜禽养殖废弃物进行综合利用和无害化处理的，畜禽养殖场、养殖小区不得投入生产或者使用。

畜禽养殖场、养殖小区自行建设污染防治配套设施的，应当确保其正常运行。

第三十九条 违反本条例规定，未建设污染防治配套设施或者自行建设的配套设施不合格，也未委托他人对畜禽养殖废弃物进行综合利用和无害化处理，畜禽养殖场、养殖小区即投入生产、使用，或者建设的污染防治配套设施未正常运行的，由县级以上人民政府环境保护主管部门责令停止生产或者使用，可以处10万元以下的罚款。

◆《四川省畜禽养殖场（小区）规模标准》

为保障全省充足安全的肉、蛋、奶供应，防治畜禽养殖污染，推进畜禽养殖废弃物的综合利用和无害化处理，保护和改善环境，保障畜禽产品质量安全，维护畜牧业生产经营者的合法权益，促进畜牧业持续健康发展，根据《畜禽养殖污染防治条例》第四十三条的规定，特制定如下标准：

生猪养殖场：常年出栏量为500头及以上；

肉牛养殖场：常年出栏量为100头及以上；

奶牛养殖场：常年存栏量为100头及以上；

肉羊养殖场：常年出栏量为300只及以上；

蛋鸡养殖场：常年存栏量为2.5万羽及以上；

肉鸡养殖场：常年出栏量为3.5万羽及以上；

肉鸭养殖场：常年出栏量为3万羽及以上；

肉鹅养殖场：常年出栏量为1万羽及以上；

家兔养殖场：常年存栏能繁母兔400只及以上。

其他畜禽养殖场（小区）饲养的其他畜种可根据生产特点按照猪当量换算方法参照执行。

五、未落实环境影响评价文件提出的污染防治、生态保护等措施

案例 75 某集团公司未落实环评文件提出的污染防治措施案

【案情简介】

2019 年 12 月 1 日，某市生态环境监察执法人员对某集团公司建设的住宅小区进行现场检查时，发现该小区 3 号门、4 号门旁从小区流出的生活污水通过污水管道最终分别流入了道路两旁的雨水沟道。通过查看该住宅小区一期和二期环境影响报告书批复，发现该集团公司建设的住宅小区部分污水管道未按环评文件要求接入城市污水管网，再进入城市污水处理厂处理。某市生态环境局认为该集团公司的行为涉嫌违反《四川省环境保护条例》第十九条第二款的规定，依法对该集团公司未落实环评文件提出的污染防治、生态保护措施的违法行为进行立案查处。

【查处情况】

某市生态环境局按照《四川省环境保护条例》第八十一条第四款的规定，对该公司违法行为作出罚款 5 万元的行政处罚。

【案件分析】

1. 是否落实环评文件中污染防治措施和要求是适用法条的条件

《四川省环境保护条例》第十九条第二款规定企事业单位和其他经营者落实环境影响评价文件提出的污染防治、生态保护等措施的义务。能否适用该条款，需要具体核查该建设项目环境影响评价文件中提出的具体污染防治、生态保护措施。本案中，该集团公司环评文件要求将住宅小区全部污水管道接入城市污水管网，再进入城市污水处理厂进行处理，但实际中部分污水管道未按照要求接入管网并进行处理，属于未落实环评中污染防治措施的情形，可以适用该条规定。

2. 建设项目环境影响评价事中事后监管的内容

事中：对生态环境部门要重点检查其环评审批行为和审批程序合法性、审批结果合规性；对技术评估机构要重点检查其技术评估能力、独立对环评文件进行技术评估并依法依规提出

评估意见情况，是否存在乱收费行为；对环评单位要重点监督其是否依法依规开展作业，确保环评文件的数据资料真实、分析方法正确、结论科学可信；对建设单位要重点监督其依法依规履行环评程序、开展公众参与情况。

事后：对生态环境部门要重点检查其对建设项目环境保护“三同时”监督检查情况；对环评单位要重点开展环评文件质量抽查复核；对建设单位要重点监督落实环评文件及批复要求，在项目设计、施工、验收、投入生产或使用中落实环境保护“三同时”及各项环境管理规定情况。

【问题与启示】

1. 环境影响报告书编制要求是什么？

一般包括概述、总则、建设项目工程分析、环境现状调查与评价、环境影响预测与评价、环境保护措施及其可行性论证、环境影响经济损益分析、环境管理与监测计划、环境影响评价结论和附录附件等内容。概述可简要说明建设项目的特点、环境影响评价的工作过程、分析判定相关情况、关注的主要环境问题及环境影响、环境影响评价的主要结论等。总则应包括编制依据、评价因子与评价标准、评价工作等级和评价范围、相关规划及环境功能区划、主要环境保护目标等。附录和附件应包括项目依据文件、相关技术资料、引用文献等。

应概括地反映环境影响评价的全部工作成果，突出重点。工程分析应体现工程特点，环境现状调查应反映环境特征，主要环境问题应阐述清楚，影响预测方法应科学，预测结果应可信，环境保护措施应可行、有效，评价结论应明确。

文字应简洁、准确，文本应规范，计量单位应标准化，数据应真实、可信，资料应翔实，应强化先进信息技术的应用，图表信息应满足环境质量现状评价和环境影响预测评价的要求。

2. 城镇污水处理厂污染物排放标准分级如何认定？

城镇污水处理厂是指将城镇污水收集系统中的污水进行净化处理的污水处理厂，根据污水处理厂排入地表水域环境功能和保护目标，以及污水处理厂的处理工艺，将基本控制项目的常规污染物标准值分为一级标准、二级标准、三级标准。一级标准分为 A 标准和 B 标准。一类重金属污染物和选择控制项目不分级。一级标准的 A 标准是城镇污水处理厂出水作为回用水的基本要求。当污水处理厂出水引入稀释能力较小的河湖作为城镇景观用水和一般回用水等用途时，执行一级标准的 A 标准。城镇污水处理厂出水排入《地表水环境质量标准》（GB 3838—2002）III 类功能水域（划定的饮用水水源保护区和游泳区除外）、《海水水质标准》（GB 3097—1997）二类功能水域和湖、库等封闭或半封闭水域时，执行一级标准的 B 标准。城镇污水处理厂出水排入 GB 3838 地表水 IV、V 类功能水域或 GB 3097 海水三、四类功能海域，执行二级标准。非重点控制流域和非水源保护区的建制镇的污水处理厂，根据当地经济条件和水污染控制要求，采用一级强化处理工艺时，执行三级标准。但必须预留二级处理设施的位置，分期达到二级标准。

【条文链接】

◆ 《四川省环境保护条例》

第十九条 编制有关开发利用规划、建设对环境有影响的项目，应当依法进行环境影响评价。未依法进行环境影响评价的开发利用规划，不得组织实施；未依法进行环境影响评价的建设项目，不得开工建设。

企业事业单位和其他生产经营者应当落实环境影响评价文件提出的污染防治、生态保护等措施。

重大建设项目环境影响评价审批应当坚持公众参与、专家论证、风险评估、合法性审查和集体讨论决定。

第八十一条 建设单位未依法报批建设项目环境影响报告书、报告表，未依法重新报批或者报请重新审核环境影响报告书、报告表，擅自开工建设的，由县级以上环境保护主管部门责令停止建设，根据违法情节和危害后果，处建设项目总投资额百分之一以上百分之五以下的罚款，并可以责令恢复原状；对建设单位直接负责的主管人员和其他直接责任人员，依法给予行政处分。

建设项目环境影响报告书、报告表未经批准或者未经原审批部门重新审核同意，建设单位擅自开工建设的，依照前款的规定处罚、处分。

建设单位未依法备案建设项目环境影响登记表的，由县级以上环境保护主管部门责令备案，处五万元以下的罚款。

企业事业单位和其他生产经营者未落实环境影响评价文件提出的污染防治、生态保护等措施的，由县级以上地方人民政府环境保护主管部门责令改正，处五万元以上五十万元以下罚款。

第七部分

PART SEVEN

其他典型案例及其要点解析

一、拒绝接受监督检查或者检查时弄虚作假

案例 76 某水质净化公司以拖延、围堵、滞留执法人员等方式拒绝、阻挠生态环境部门进行监督检查案

【案情简介】

2020 年 4 月 9 日，上级生态环境主管部门执法人员对某生活污水处理厂进行暗查发现该厂电动门关闭，某水质净化公司（负责该污水处理厂日常运行）运行人员在执法人员多次出示执法证并告知需进厂进行执法检查时，以需联系领导但一直未联系上为由，一直未开门接受检查，执法人员进行了执法摄像，长达 14 分钟左右。随即执法人员与当地执法部门取得联系，告知上述情况。某市生态环境局认为该公司行为涉嫌违反《中华人民共和国环境保护法》第二十四条、《中华人民共和国水污染防治法》第三十条的规定，依法对该水质净化公司进行立案查处。

【查处情况】

某市生态环境局依据《中华人民共和国水污染防治法》第八十一条的规定，对该水质净化公司作出责令限期改正，并处罚款 42 500 元的行政处罚决定。

【案件分析】

1. 是否具有现场检查权是执法主体适格的前提

现场检查权是指行政机关进行日常监管活动，实现行政目的的一项具有基础性、普遍性的权力。该权力有如下几个特点：执法主体是法定的；现场检查具有强制性，不需要被检查单位的同意；只能检查其管辖范围内的排污企业，不能检查管辖范围外的，也不能检查与污染物无关的单位与个人；现场检查具有一定的随机性；检查内容和范围应当于法有据，不能任意检查。

《中华人民共和国环境保护法》《中华人民共和国水污染防治法》等相关法律赋予生态环境部门现场检查权，本案中，生态环境主管部门在依法行使现场检查权时，该水质净化公司以拖延的方式阻碍执法，可以适用《中华人民共和国水污染防治法》相关规定。

2. 阻碍执法行为的认定

阻碍执行职务具有以下特征：（1）本行为侵犯的客体是国家机关的正常管理活动。侵犯的对象是国家机关工作人员。（2）本行为在客观方面表现为阻碍国家机关工作人员依法执行职务，尚不够刑事处罚的行为。阻碍的行为应当是未使用暴力或暴力威胁手段，没有造成严重后果。（3）本行为的主体是达到责任年龄（14 周岁），具有责任能力的自然人。（4）本行为的主观方面必须是故意，即明知是国家工作人员依法执行职务，而有意进行阻碍。

本案中，该水质净化公司明知是国家工作人员在依法执行职务，仍然以拖延的方式阻止国家机关正常管理活动，属于阻碍执法的情形。

【问题与启示】

1. 阻碍执法，将承担哪些责任？

罚款。罚款是环境行政处罚中适用范围最广的一种处罚，适用频率也最高。通过对环境行政违法行为人处以罚款，既可以使其认识到违法行为的严重性，接受教训，也可以促使其自觉守法，避免经济上再次遭受损失。

按日连续处罚。《中华人民共和国大气污染防治法》等其他单行法和《环境保护主管部门实施按日连续处罚办法》均未将拒绝、阻挠复查的情形列入按日连续处罚的范围。《中华人民共和国水污染防治法》第九十五条规定可以理解为《环境保护主管部门实施按日连续处罚办法》第五条第（五）项的规定，即其他违法排放污染物行为。

行政拘留。一是拒绝、阻扰核查时的行政拘留。《行政主管部门移送适用行政拘留环境违法案件暂行办法》第三条规定，《中华人民共和国环境保护法》第六十三条第（一）项规定的建设项目未依法进行环境影响评价，被责令停止建设，拒不执行的行为，包括被责令停止建设后，拒绝、阻扰环境保护主管部门或者其他负有环境保护监督管理职责的部门核查的情形。这种情形的行政拘留，需要县级以上人民政府环境保护主管部门或者其他有关部门将案件移送公安机关。二是阻碍国家机关工作人员依法执行职务时的行政拘留。《中华人民共和国治安管理处罚法》第五十条第（二）项规定，本条规定中的阻碍是指行为人以主动且非暴力、威胁的方式实施的阻挠、妨碍行为，如吵闹、谩骂、无理纠缠、撕毁封条、拒不接受检查情节恶劣等。在执法实践中，具有下列情形之一的，可以认定为“情节严重”：（1）煽动、纠集他人阻碍国家机关工作人员依法执行职务的；（2）聚众阻碍国家机关工作人员依法执行职务的首要人员和骨干人员的；（3）不听人民警察教育劝阻的；（4）泼洒污物阻碍国家机关工作人员依法执行职务的；（5）抢夺、扣留、污损国家机关工作人员执行职务使用的交通工具、公务标志、器械等物品的；（6）因阻碍执行职务，造成国家、集体、个人财产损失的或者造成恶劣影响的；（7）当场撕毁执法机关依法执行职务的法律文书的；（8）因阻碍国家机关工作人员依法执行职务，导致国家机关工作人员未能依法履行职务的。

刑事责任。《中华人民共和国刑法》第二百七十七条第一款规定中所谓暴力是指对国家机关工作人员实施殴打、捆绑或者其他人身强制行为，致使其不能正常履行职务或者职责。所谓威胁，是指行为人以杀害、伤害、毁坏财产、破坏名誉等相恐吓，对国家机关工作人员进行精神强制，以迫使其放弃或者不正确履行职务或职责。

2. 阻碍执行职务和妨害公务罪的区别是什么?

阻碍执法人员依法履行职务的，给予治安处罚，叫阻碍执行职务，以暴力方法阻碍执行职务的，构成犯罪，叫妨碍公务罪。阻碍执行职务属一般治安案件，在处罚上一般采取拘留形式，处罚就是拘留几天，阻碍公安执法多加几天，一般最多为 15 天。而妨害公务属于刑事犯罪，处罚比较严重，二者侵害的主体造成的后果无区别。

【条文链接】

◆ 《中华人民共和国环境保护法》

第二十四条 县级以上人民政府环境保护主管部门及其委托的环境监察机构和其他负有环境保护监督管理职责的部门，有权对排放污染物的企业事业单位和其他生产经营者进行现场检查。被检查者应当如实反映情况，提供必要的资料。实施现场检查的部门、机构及其工作人员应当为被检查者保守商业秘密。

◆ 《中华人民共和国水污染防治法》

第三十条 环境保护主管部门和其他依照本法规定行使监督管理权的部门,有权对管辖范围内的排污单位进行现场检查，被检查的单位应当如实反映情况，提供必要的资料。检查机关有义务为被检查的单位保守在检查中获取的商业秘密。

第八十一条 以拖延、围堵、滞留执法人员等方式拒绝、阻挠环境保护主管部门或者其他依照本法规定行使监督管理权的部门的监督检查，或者在接受监督检查时弄虚作假的，由县级以上人民政府环境保护主管部门或者其他依照本法规定行使监督管理权的部门责令改正，处二万元以上二十万元以下的罚款。

二、未按要求公开环境信息

案例 77
某医院未按规定公开环境信息案（该医院未被纳入重点排污单位名录）

【案情简介】

2019 年 11 月 5 日，某县生态环境局组织第三方四川某环保科技有限公司对某县的 9 家医院开展例行检查和医疗废水监测工作。执法人员在对某医院的现场检查中发现，该医院未对其医疗废水开展自行监测、未进行环境信息公开。某县生态环境局认为，该医院的上述行为涉嫌违反《中华人民共和国水污染防治法》第二十三条第一款以及《企业事业单位环境信息公开办法》第九条的规定，依法对该医院进行立案查处。

【查处情况】

依据《中华人民共和国水污染防治法》第八十二条第一款和《四川省生态环境行政处罚裁量标准》（2018 年）第 2 条第（一）项、《企业事业单位环境信息公开办法》第十六条的规定，某县生态环境局对该单位下达了如下行政处罚：（1）责令该单位立即停止上述违法行为；（2）按照规定对所排放的水污染物进行自行监测和依法进行环境信息公开；（3）对该单位未对水污染物开展自行监测处行政罚款 3 万元，未进行环境信息公开处以行政罚款 2 万元，合计 5 万元。

【案件分析】

1. 该医院未公开环境信息的行为构成违法

《企业事业单位环境信息公开办法》第九条规定了重点排污单位负有公开基础信息、排污信息、防治污染设施的建设和运行情况等环境信息的法律义务。该医院为二级以上医院，依据《环境保护部办公厅关于印发〈重点排污单位名录管理规定（试行）〉的通知》（环办监测〔2017〕86 号）规定，某市生态环境局将其列入其他类重点排污单位名录进行管理。因此，按照要求，该医院作为重点排污单位应当主动公开排污信息和污染防治设施的运行情况等环境信息，不公开的行为构成违法。

2. 生态环境局对该医院的处罚合理、适当

本案中，该医院共施行了两项违法行为：一是未对所排放的水污染物进行自行监测，二是未进行环境信息公开。虽然水污染的排放信息也属于环境信息公开的范围，但该医院还同

时负有对水污染物进行自行监测的义务，二者均为必须遵守的法律义务，因此某县生态环境局对两种违法行为并罚的决定合理、适当。

【问题与启示】

1. 重点排污单位名录的管理要求有哪些?

《重点排污单位名录管理规定（试行）》规定，设区的市级地方人民政府环境保护主管部门应当依据本行政区域的环境承载力、环境质量改善要求和本规定的筛选条件，每年商有关部门筛选污染物排放量较大、排放有毒有害污染物等具有较大环境风险的企业事业单位，确定下一年度本行政区域重点排污单位名录。按照受污染的环境要素分为水环境重点排污单位名录、大气环境重点排污单位名录、土壤环境污染重点监管单位名录、声环境重点排污单位名录，以及其他重点排污单位名录五类，同一家企业事业单位因排污种类不同可以同时属于不同类别重点排污单位。同时，给出了对应的筛选条件，满足条件的应当被纳入重点排污单位名录进行管理。

2. 重点排污单位应当如何公开环境信息?

根据《企事业单位环境信息公开办法》第十条的规定，重点排污单位应当通过其网站、企业事业单位环境信息公开平台或者当地报刊等便于公众知晓的方式公开环境信息，同时可以采取以下一种或者几种方式予以公开：（一）公告或者公开发行的信息专刊；（二）广播、电视等新闻媒体；（三）信息公开服务、监督热线电话；（四）本单位的资料索取点、信息公开栏、信息亭、电子屏幕、电子触摸屏等场所或者设施；（五）其他便于公众及时、准确获得信息的方式。

【条文链接】

◆ 《中华人民共和国水污染防治法》

第二十三条 实行排污许可管理的企业事业单位和其他生产经营者应当按照国家有关规定和监测规范，对所排放的水污染物自行监测，并保存原始监测记录。重点排污单位还应当安装水污染物排放自动监测设备，与环境保护主管部门的监控设备联网，并保证监测设备正常运行。具体办法由国务院环境保护主管部门规定。

应当安装水污染物排放自动监测设备的重点排污单位名录，由设区的市级以上地方人民政府环境保护主管部门根据本行政区域的环境容量、重点水污染物排放总量控制指标的要求以及排污单位排放水污染物的种类、数量和浓度等因素，商同级有关部门确定。

第八十二条 违反本法规定，有下列行为之一的，由县级以上人民政府环境保护主管部门责令限期改正，处二万元以上二十万元以下的罚款；逾期不改正的，责令停产整治：

（一）未按照规定对所排放的水污染物自行监测，或者未保存原始监测记录的；

（二）未按照规定安装水污染物排放自动监测设备，未按照规定与环境保护主管部门的监控设备联网，或者未保证监测设备正常运行的；

（三）未按照规定对有毒有害水污染物的排污口和周边环境进行监测，或者未公开有毒有害水污染物信息的。

◆ **《企业事业单位环境信息公开办法》**

第九条　重点排污单位应当公开下列信息：

（一）基础信息，包括单位名称、组织机构代码、法定代表人、生产地址、联系方式，以及生产经营和管理服务的主要内容、产品及规模；

（二）排污信息，包括主要污染物及特征污染物的名称、排放方式、排放口数量和分布情况、排放浓度和总量、超标情况，以及执行的污染物排放标准、核定的排放总量；

（三）防治污染设施的建设和运行情况；

（四）建设项目环境影响评价及其他环境保护行政许可情况；

（五）突发环境事件应急预案；

（六）其他应当公开的环境信息。

列入国家重点监控企业名单的重点排污单位还应当公开其环境自行监测方案。

第十条　重点排污单位应当通过其网站、企业事业单位环境信息公开平台或者当地报刊等便于公众知晓的方式公开环境信息，同时可以采取以下一种或者几种方式予以公开：（一）公告或者公开发行的信息专刊；（二）广播、电视等新闻媒体；（三）信息公开服务、监督热线电话；（四）本单位的资料索取点、信息公开栏、信息亭、电子屏幕、电子触摸屏等场所或者设施；（五）其他便于公众及时、准确获得信息的方式。

第十六条　重点排污单位违反本办法规定，有下列行为之一的，由县级以上环境保护主管部门根据《中华人民共和国环境保护法》的规定责令公开，处三万元以下罚款，并予以公告：

（一）不公开或者不按照本办法第九条规定的内容公开环境信息的；

（二）不按照本办法第十条规定的方式公开环境信息的；

（三）不按照本办法第十一条规定的时限公开环境信息的；

（四）公开内容不真实、弄虚作假的。

法律、法规另有规定的，从其规定。

◆ **《重点排污单位名录管理规定（试行）》**

第五条 具备下列条件之一的企业事业单位，纳入水环境重点排污单位名录。

（一）一种或几种废水主要污染物年排放量大于设区的市级环境保护主管部门设定的筛选排放量限值。

废水主要污染物指标是指化学需氧量、氨氮、总磷、总氮以及汞、镉、砷、铬、铅等重金属。筛选排放量限值根据环境质量状况确定，排污总量占比不得低于行政区域工业排污总量的65%。

（二）有事实排污且属于废水污染重点监管行业的所有大中型企业。

废水污染重点监管行业包括：制浆造纸，焦化，氮肥制造，磷肥制造，有色金属冶炼，石油化工，化学原料和化学制品制造，化学纤维制造，有漂白、染色、印花、洗水、后整理等工艺的纺织印染，农副食品加工，原料药制造，皮革鞣制加工，毛皮鞣制加工、羽毛（绒）加工，农药，电镀，磷矿采选、有色金属矿采选、乳制品制造、调味品和发酵制品制造、酒和饮料制造、汽车制造（有表面涂装工序）、半导体液晶面板制造（有表面涂装工序）等。

各地可根据本地实际情况增加相关废水污染重点监管行业。

（三）实行排污许可重点管理的已发放排污许可证的产生废水污染物的单位。

（四）设有污水排放口的规模化畜禽养殖场、养殖小区。

（五）所有规模的工业废水集中处理厂、日处理10万吨及以上或接纳工业废水日处理2万吨以上的城镇生活污水处理厂。各地可根据本地实际情况降低城镇污水集中处理设施的规模限值。

（六）产生含有汞、镉、砷、铬、铅、氰化物、黄磷等可溶性剧毒废渣的企业。

（七）设区的市级以上地方人民政府水污染防治目标责任书中承担污染治理任务的企业事业单位。

（八）三年内发生较大及以上突发水环境污染事件或者因水环境污染问题造成重大社会影响的企业事业单位。

（九）三年内超过水污染物排放标准和重点水污染物排放总量控制指标被环境保护主管部门予以“黄牌”警示的企业，以及整治后仍不能达到要求且情节严重被环境保护主管部门予以“红牌”处罚的企业。

第六条 具备下列条件之一的企业事业单位，纳入大气环境重点排污单位名录。

（一）一种或几种废气主要污染物年排放量大于设区的市级环境保护主管部门设定的筛选排放量限值。

废气主要污染物指标是指二氧化硫、氮氧化物、烟粉尘和挥发性有机物。筛选排放量限值根据环境质量状况确定，排污总量占比不得低于行政区域工业排放总量的65%。

（二）有事实排污且属于废气污染重点监管行业的所有大中型企业。

废气污染重点监管行业包括：火力发电、热力生产和热电联产，有水泥熟料生产的水泥制造业，有烧结、球团、炼铁工艺的钢铁冶炼业，有色金属冶炼，石油炼制加工，炼焦，陶瓷，平板玻璃制造，化工，制药，煤化工，表面涂装，包装印刷业等。

各地可根据本地实际情况增加相关废气污染重点监管行业。

（三）实行排污许可重点管理的已发放排污许可证的排放废气污染物的单位。

（四）排放有毒有害大气污染物（具体参见环境保护部发布的有毒有害大气污染物名录）的企业事业单位；固体废物集中焚烧设施的运营单位。

（五）设区的市级以上地方人民政府大气污染防治目标责任书中承担污染治理任务的企业事业单位。

（六）环保警示企业、环保不良企业、三年内发生较大及以上突发大气环境污染事件或因大气环境污染问题造成重大社会影响或被各级环境保护主管部门通报处理尚未完成整改的企业事业单位。

第七条 具备下列条件之一的企业事业单位，纳入土壤环境污染重点监管单位名录。

（一）有事实排污且属于土壤污染重点监管行业的所有大中型企业。

土壤污染重点监管行业包括：有色金属矿采选、有色金属冶炼、石油开采、石油加工、化工、焦化、电镀、制革等行业。

各地可根据本地实际情况增加相关土壤污染重点监管行业。

（二）年产生危险废物100吨以上的企业事业单位。

（三）持有危险废物经营许可证，从事危险废物贮存、处置、利用的企业事业单位。

（四）运营维护生活垃圾填埋场或焚烧厂的企业事业单位，包含已封场的垃圾填埋场。

（五）三年内发生较大及以上突发固体废物、危险废物和地下水环境污染事件，或者因土壤环境污染问题造成重大社会影响的企业事业单位。

第八条 具备下列条件之一的企业事业单位，纳入声环境重点排污单位名录。

（一）噪声敏感建筑物集中区域噪声排放超标工业企业。

（二）因噪声污染问题纳入挂牌督办的企业事业单位。

第九条具备下列条件之一的企业事业单位，纳入其他重点排污单位名录。

（一）具有试验、分析、检测等功能的化学、医药、生物类省级重点以上实验室、二级以上医院等污染物排放行为引起社会广泛关注的或者可能对环境敏感区造成较大影响的企业事业单位。

（二）因其他环境污染问题造成重大社会影响、或经突发环境事件风险评估划定为较大及以上环境风险等级的企业事业单位。

其他有必要列入的情形。

案例78
某精神病医院未向社会公开环境保护设施验收信息案

【案情简介】

2019年11月5日，某市生态环境局组织第三方公司对该市某精神病医院开展例行检查和医疗废水监测工作，执法人员在现场检查中发现该医院未向社会公开环境保护设施验收信息。某市生态环境局认为该医院涉嫌违反《建设项目环境保护管理条例》第十七条第三款的规定，依法对该医院进行立案查处。

【查处情况】

某市生态环境局依据《建设项目环境保护管理条例》第二十三条第二款的规定，对该医院处以如下行政处罚：（1）责令该医院按规定依法向社会公开环境保护工程竣工验收报告信息；（2）对该医院未向社会公开环境保护工程竣工验收报告信息的违法行为处以行政罚款6万元。

【案件分析】

1. 该医院是否属于应当依法公开验收报告的主体是适用法条的关键

《建设项目环境保护管理条例》第十七条第三款规定“除按照国家规定需要保密的情形外，建设单位应当依法向社会公开验收报告”，国家秘密按照《中华人民共和国保守国家秘密法》主要是指：下列涉及国家安全和利益的事项，泄露后可能损害国家在政治、经济、国防、外交等领域的安全和利益的，应当确定为国家秘密：（1）国家事务重大决策中的秘密事项；（2）国防建设和武装力量活动中的秘密事项；（3）外交和外事活动中的秘密事项以及对外承担保密义务的秘密事项；（4）国民经济和社会发展中的秘密事项；（5）科学技术中的秘密事项；（6）维护国家安全活动和追查刑事犯罪中的秘密事项；（7）经国家保密行政管理部门确定的其他秘密事项。政党的秘密事项中符合前款规定的，属于国家秘密。

该医院环保验收报告不属于需要保密的情形，应当按照要求公开，可以适用《建设项目环境保护管理条例》第十七条第三款规定。

2. 如何判断验收报告是否公开

除按照国家需要保密的情形外，建设单位应当通过其网站或其他便于公众知晓的方式，向社会公开下列信息：（1）建设项目配套建设的环境保护设施竣工后，公开竣工日期；（2）对建设项目配套建设的环境保护设施进行调试前，公开调试的起止日期；（3）验收报告编制完成后 5 个工作日内，公开验收报告，公示的期限不得少于 20 个工作日。

建设单位公开上述信息的同时，应当向所在地县级以上环境保护主管部门报送相关信息，并接受监督检查。验收报告公示期满后 5 个工作日内，建设单位应当登录全国建设项目竣工环境保护验收信息平台，填报建设项目基本信息、环境保护设施验收情况等相关信息，环境保护主管部门对上述信息予以公开。建设单位应当将验收报告以及其他档案资料存档备查。

在具体执法过程中，可以要求建设单位提供上述公开信息或者查阅相关报送信息。

【问题与启示】

1. 哪些情况可能导致建设项目环境保护设施验收不合格？

建设项目环境保护设施存在下列情形之一的，建设单位不得提出验收合格的意见：（1）未按环境影响报告书（表）及其审批部门审批决定要求建成环境保护设施，或者环境保护设施不能与主体工程同时投产或者使用的；（2）污染物排放不符合国家和地方相关标准、环境影响报告书（表）及其审批部门审批决定或者重点污染物排放总量控制指标要求的；（3）环境影响报告书（表）经批准后，该建设项目的性质、规模、地点、采用的生产工艺或者防治污染、防止生态破坏的措施发生重大变动，建设单位未重新报批环境影响报告书（表）或者环境影响报告书（表）未经批准的；（4）建设过程中造成重大环境污染未治理完成，或者造成重大生态破坏未恢复的；（5）纳入排污许可管理的建设项目，无证排污或者不按证排污的；（6）分期建设、分期投入生产或者使用依法应当分期验收的建设项目，其分期建设、分期投入生产或者使用的环境保护设施防治环境污染和生态破坏的能力不能满足其相应主体工程需要的；（7）建设单位因该建设项目违反国家和地方环境保护法律法规受到处罚，被责令改正，尚未改正完成的；（8）验收报告的基础资料数据明显不实，内容存在重大缺项、遗漏，或者验收结论不明确、不合理的；（9）其他环境保护法律法规规章等规定不得通过环境保护验收的。

2. 企业自主环保验收的流程及注意事项有哪些？

（1）仔细认真核实验收材料。查阅《环境影响评价报告书》（表、登记表）、《可行性研究报告》、专家评估意见、环境影响评价文件批复、竣工验收监测报告，注意核实《可行性研究报告》《环境影响评价报告书》及竣工验收监测报告提供的主要生产设备、生产工艺及污染防治设施是否对应，是否发生明显变化，发生变化的需仔细核实。（2）进厂核实实际生产工艺。《可行性研究报告》《环境影响评价报告书》及竣工验收监测报告上提供的主要生产设备、生产工艺、污染防治设施基本符合要求后，应进厂核实以上情况，确保资料与实际生产一致。（3）对实际工况的核实。验收规定，在验收期间，生产工况应达到设计能力的 75%，对于在验收期间，不符合上述规定的，验收监测报告提供的监测结果无效，不予以进行验收。（4）对污染治理设施的核实。相应的资料和工况核实后，重点进行污染防治设施建设情况及运行情况的核实，在核实过程中，应该注意污染防治设施的设计单位、施工单位的资质，对于无设计资质、施工资质单位建设的各项污染防治措施，不符合要求的、无资质设计单位或是施工单位设计的、建设的污染防治设施是无效的。包括废水、废气、噪声、固体废物等污染防治设施，核实是否按可行性研究报告、环境影响评价文件、环评批复的要求进行，是否能够达到相应的要求。（5）适当的结论。现场核实后，比较规范的企业，符合环境影响评价报告书（表、登记表）和环评批复要求建议的，可以进行适当的肯定，对于现场平面管理混乱，污染防治设施未按照环境影响评价报告书（表、登记表）和环评批复要求建议的应该现场提出整改意见，并做出现场监察记录，责令企业进行现场改正。建设项目环境保护设施竣工验收是以专家意见为参考，环境监察、污染控制等具体业务科室为主的综合决策过程。

【条文链接】

◆《建设项目环境保护管理条例》

第十七条　编制环境影响报告书、环境影响报告表的建设项目竣工后，建设单位应当按照国务院环境保护行政主管部门规定的标准和程序，对配套建设的环境保护设施进行验收，编制验收报告。

建设单位在环境保护设施验收过程中，应当如实查验、监测、记载建设项目环境保护设施的建设和调试情况，不得弄虚作假。

除按照国家规定需要保密的情形外，建设单位应当依法向社会公开验收报告。

第二十三条　违反本条例规定，需要配套建设的环境保护设施未建成、未经验收或者验收不合格，建设项目即投入生产或者使用，或者在环境保护设施验收中弄虚作假的，由县级以上环境保护行政主管部门责令限期改正，处20万元以上100万元以下的罚款；逾期不改正的，处100万元以上200万元以下的罚款；对直接负责的主管人员和其他责任人员，处5万元以上20万元以下的罚款；造成重大环境污染或者生态破坏的，责令停止生产或者使用，或者报经有批准权的人民政府批准，责令关闭。

违反本条例规定，建设单位未依法向社会公开环境保护设施验收报告的，由县级以上环境保护行政主管部门责令公开，处5万元以上20万元以下的罚款，并予以公告。

案例 79
某污水处理厂未按要求对污染设施运行情况进行公开、公布案

【案情简介】

2018年7月3日，某市环境监察支队到某污水处理厂检查，发现该污水处理厂的紫外灭菌灯管损坏未及时更换，同时，未按要求对污染设施运行情况进行公开、公示。该行为涉嫌违反《企业事业单位环境信息公开办法》第九条第一款第（三）项之规定，某县生态环境局依法对该污水处理厂进行立案查处。

【查处情况】

某县生态环境局依据《企业事业单位环境信息公开办法》第十六条第一款第（一）项之规定，根据《四川省生态环境行政处罚裁量标准》（2018年），并综合考虑该污水处理厂初次违反本法的情况，对其作出罚款人民币1万元的行政处罚。

【案件分析】

1. 该污水处理厂未公示紫外线消毒设备损坏情况的行为构成违法

《企业事业单位环境信息公开办法》第九条第一款第（三）项规定：重点排污单位应当公开防治污染设施的建设和运行情况。该条款实际上是为企业赋予了对日常污染防治信息的公开义务，不仅要公开防治污染设施的建设情况，而且对于正常生产中的运行情况也要做到主动公开，便于公众对企业进行监督。本案中，该污水处理厂为某市2018年水环境重点排污单位，其紫外线消毒设备属于基本的污染防治设施，应当主动公开其运行状况的信息。但该污水处理厂6月26日发现损坏状况后，7月18日才更换设备，其间一直没有将设备损坏的信息公开，明显构成违法。

2. 某县生态环境局处罚该污水处理厂的决定合理、适当

本案中，该污水处理厂向某县生态环境局陈述申辩道，紫外灭菌灯的作用是去除粪大肠杆菌，该污水处理厂紫外灭菌灯损坏未及时更换，但已采取添加次氯酸钠的应急措施进行处理，并以添加次氯酸钠能够满足排放要求的理由申请对其不予处罚。该理由明显不当，理由在于：重点排污单位应当公开防治污染设施的建设和运行情况属于强制性规范，任何企业都必须履行，不能以其他方式自行改变法律规定，否则法律的强制规定将失去其规制行为的意义。如果重点排污单位都可以任意改变污染防治设施并且不向公众公开，那么公众将无法对企业的排污行为进行监督，执法机关的难度也会进一步加剧。因此，本案中，某县生态环境局在考虑该污水处理厂是初次违法的情况下对其处以 10 000 元的罚款而非免予处罚的决定合理、恰当。

【问题与启示】

1. 重点排污单位可以从哪些方面公示防治污染设施的建设和运行情况？

重点排污单位可以从以下几方面公示防治污染设施的建设和运行情况：第一，治理设施的名称、建设时间、使用时间、投资数额等信息；第二，治理设施的主要治理内容，如水、大气、土壤等；第三，治理设施的设计处理能力，例如 300 吨/日、2 500 Kg/h 等；第四，治理设施的处理方法，例如树脂吸附、EMO（复合菌微生物）生化处理等；第五，治理设施的运行情况，例如正常运行或者维修中；第六，如果治理设施存在对应的排放口编号，也可以作为环境信息对外进行公示。

2. 哪些单位应当纳入水环境重点排污单位名录？

根据环境保护部 2017 年发布的《重点排污单位名录管理规定（试行）》第五条的规定，具备下列条件之一的企业事业单位，纳入水环境重点排污单位名录。（1）一种或几种废水主要污染物年排放量大于设区的市级环境保护主管部门设定的筛选排放量限值。（2）有事实排污且属于废水污染重点监管行业的所有大中型企业。（3）实行排污许可重点管理的已发放排污许可证的产生废水污染物的单位。（4）设有污水排放口的规模化畜禽养殖场、养殖小区。（5）所有规模的工业废水集中处理厂、日处理 10 万吨及以上或接纳工业废水日处理 2 万吨以上的城镇生活污水处理厂。各地可根据本地实际情况降低城镇污水集中处理设施的规模限值。（6）产生含有汞、镉、砷、铬、铅、氰化物、黄磷等可溶性剧毒废渣的企业。（7）设区的市级以上地方人民政府水污染防治目标责任书中承担污染治理任务的企业事业单位。（8）三年内发生较大及以上突发水环境污染事件或者因水环境污染问题造成重大社会影响的企业事业单位。（9）三年内超过水污染物排放标准和重点水污染物排放总量控制指标被环境保护主管部门予以“黄牌”警示的企业，以及整治后仍不能达到要求且情节严重被环境保护主管部门予以“红牌”处罚的企业。

【条文链接】

◆ **《企业事业单位环境信息公开办法》**

第九条　重点排污单位应当公开下列信息：

（一）基础信息，包括单位名称、组织机构代码、法定代表人、生产地址、联系方式，以及生产经营和管理服务的主要内容、产品及规模；

（二）排污信息，包括主要污染物及特征污染物的名称、排放方式、排放口数量和分布情况、排放浓度和总量、超标情况，以及执行的污染物排放标准、核定的排放总量；

（三）防治污染设施的建设和运行情况；

（四）建设项目环境影响评价及其他环境保护行政许可情况；

（五）突发环境事件应急预案；

（六）其他应当公开的环境信息。

列入国家重点监控企业名单的重点排污单位还应当公开其环境自行监测方案。

第十六条　重点排污单位违反本办法规定，有下列行为之一的，由县级以上环境保护主管部门根据《中华人民共和国环境保护法》的规定责令公开，处三万元以下罚款，并予以公告：

（一）不公开或者不按照本办法第九条规定的内容公开环境信息的；

（二）不按照本办法第十条规定的方式公开环境信息的；

（三）不按照本办法第十一条规定的时限公开环境信息的；

（四）公开内容不真实、弄虚作假的。

法律、法规另有规定的，从其规定。

三、不按照规定制定水污染事故的应急方案

案例 80 某养殖场未编制突发环境事件应急预案案

【案情简介】

2020 年 4 月 30 日，某县环境监察执法大队人员对某养猪场进行现场检查，发现该养猪场负责人邓某用约 500 米的消防管道从养殖粪污收集池将养殖废水输送至山顶浇灌林木，在浇灌过程中管道发生破裂，造成养殖废水从山顶流至朱某住宅旁，从排洪沟进入水体。并且该养殖场在从事养殖过程中未编制《突发环境事件应急预案》并备案。监测站对排洪沟水体进行了采样监测，《监测报告》显示：pH 值 7.17、CODcr483 mg/L、NH_3-N12.0 mg/L、总磷 10.4 mg/L，经排查证实为该养殖场废水造成。某县生态环境局认为，该养殖场的上述行为涉嫌违反《中华人民共和国水污染防治法》第七十八条第一款之规定以及《突发环境事件应急管理办法》第六十条第四款之规定，依法对该养殖场进行立案查处。

【查处情况】

某县生态环境局依据《中华人民共和国水污染防治法》第九十三条第（二）项、《突发环境事件应急管理办法》（部令第 34 号）第三十八条第（三）项的规定，决定对该养猪场处以如下行政处罚：（1）立即改正环境违法行为；（2）对水污染事故发生后，未采取有关应急措施的环境违法行为处以罚款人民币 3 万元的行政处罚；（3）对未按规定编制《突发环境事件应急预案》并备案的环境违法行为处以罚款人民币 2 万元的行政处罚。前述两项处罚金额合计人民币 5 万元。

【案件分析】

1. 该养殖场在粪污输送管道发生破裂时未采取有关应急措施的行为构成违法

《中华人民共和国水污染防治法》第七十八条第一款规定，企事业单位发生事故或者其他突发性事件，造成或者可能造成水污染事故的，应当立即启动本单位的应急方案，采取隔离等应急措施，防止水体污染物进入水体，并向事故发生地的县级以上地方人民政府或者环境保护主管部门报告。该条款为企事业单位应对环境突发事件和污染事故创设了两项法律义务，首先是立即启动本单位应急方案的义务，按照应急方案的相关要求采取隔离等措施防止污染物进入水体，其次是报告义务，向事故发生地的县级以上地方人民政府或者环境保护主管部门报告。企事业单位违反以上任何一项义务均构成未采取有关应急措施的违法行为。本案中，

该养猪场在养殖废水输送过程中管道发生破裂，既没有启动应急方案也没有向当地政府和环保部门报告，造成养殖废水污染水体的严重后果，明显构成违法，应受到处罚。

2. 生态环境局对该养殖场的处罚合理、适当

本案中，该养猪场共实施了两项违法行为，一是在粪污输送管道发生破裂时未采取有关应急措施导致养殖废水排入水体，包括未立即启动应急方案和向主管部门报告；二是未按规定编制《突发环境事件应急预案》并备案。这两种行为均违反了法律的强制性规定，前者属于在污染事故发生时未采取相应措施导致污染的“事中”违法，后者属于未按照法律的规定妥善做好环境污染预防工作，在性质上属于“事前”违法，两种行为分别属于违法的不同阶段，故应当分别对两种行为进行处罚。本案中某县生态环境局对该养猪场的两项违法行为并处的决定合理适当，并不违反“一事不再罚”的基本原则。

【问题与启示】

1. 企事业单位编制的环境应急预案应当包括哪些内容？

（1）总则，包括编制目的、编制依据、适用范围和工作原则等；（2）应急组织指挥体系与职责，包括领导机构、工作机构、现场指挥机构等；（3）预防与预警机制，包括应急准备措施、环境风险隐患排查和整治措施、预警分级指标、预警发布或者解除程序、预警相应措施等；（4）应急处置，包括应急预案启动条件、信息报告、先期处置、分级响应、指挥与协调、信息发布、应急终止等程序和措施；（5）后期处置，包括善后处置、调查与评估、恢复重建等；（6）应急保障，包括人力资源保障、财力保障、物资保障、医疗卫生保障等；（7）监督管理，包括应急预案演练、宣教培训、责任与奖惩等；（8）附则，包括名词术语、预案解释等；（9）附件，包括相关人员通讯录、工作流程图、应急物资储备清单等。（10）本单位的概况、周边环境状况、环境敏感点等；（11）本单位的环境危险源情况分析，主要包括环境危险源的基本情况以及可能产生的危害后果及严重程度；（12）应急物资储备情况，针对单位危险源数量和性质应储备的应急物资品名和基本储量等。

2. 企事业单位向环保部门报告突发环境事件后，环保部门应当如何处理？

突发环境事件发生地设区的市级或者县级人民政府环境保护主管部门在发现或者得知突发环境事件信息后，应当立即进行核实，对突发环境事件的性质和类别做出初步认定。对初步认定为一般（IV 级）或者较大（III 级）突发环境事件的，事件发生地设区的市级或者县级人民政府环境保护主管部门应当在四小时内向本级人民政府和上一级人民政府环境保护主管部门报告。对初步认定为重大（II 级）或者特别重大（I 级）突发环境事件的，事件发生地设区的市级或者县级人民政府环境保护主管部门应当在两小时内向本级人民政府和省级人民政府环境保护主管部门报告，同时上报环境保护部。省级人民政府环境保护主管部门接到报告后，应当进行核实并在一小时内报告环境保护部。突发环境事件处置过程中事件级别发生变化的，应当按照变化后的级别报告信息。

【条文链接】

◆《中华人民共和国水污染防治法》

第七十八条 企业事业单位发生事故或者其他突发性事件，造成或者可能造成水污染事故的，应当立即启动本单位的应急方案，采取隔离等应急措施，防止水污染物进入水体，并向事故发生地的县级以上地方人民政府或者环境保护主管部门报告。环境保护主管部门接到报告后，应当及时向本级人民政府报告，并抄送有关部门。

造成渔业污染事故或者渔业船舶造成水污染事故的，应当向事故发生地的渔业主管部门报告，接受调查处理。其他船舶造成水污染事故的，应当向事故发生地的海事管理机构报告，接受调查处理；给渔业造成损害的，海事管理机构应当通知渔业主管部门参与调查处理。

第九十三条 企业事业单位有下列行为之一的，由县级以上人民政府环境保护主管部门责令改正；情节严重的，处二万元以上十万元以下的罚款：

（一）不按照规定制定水污染事故的应急方案的；

（二）水污染事故发生后，未及时启动水污染事故的应急方案，采取有关应急措施的。

◆《突发环境事件应急管理办法》

第六条 企业事业单位应当按照相关法律法规和标准规范的要求，履行下列义务：

（一）开展突发环境事件风险评估；

（二）完善突发环境事件风险防控措施；

（三）排查治理环境安全隐患；

（四）制定突发环境事件应急预案并备案、演练；

（五）加强环境应急能力保障建设。

发生或者可能发生突发环境事件时，企业事业单位应当依法进行处理，并对所造成的损害承担责任。

第三十八条 企业事业单位有下列情形之一的，由县级以上环境保护主管部门责令改正，可以处一万元以上三万元以下罚款：

（一）未按规定开展突发环境事件风险评估工作，确定风险等级的；

（二）未按规定开展环境安全隐患排查治理工作，建立隐患排查治理档案的；

（三）未按规定将突发环境事件应急预案备案的；

（四）未按规定开展突发环境事件应急培训，如实记录培训情况的；

（五）未按规定储备必要的环境应急装备和物资；

（六）未按规定公开突发环境事件相关信息的。

◆《突发环境事件应急预案管理暂行办法》

第六条 县级以上人民政府环境保护主管部门编制的环境应急预案应当包括以下内容：

（一）总则，包括编制目的、编制依据、适用范围和工作原则等；

（二）应急组织指挥体系与职责，包括领导机构、工作机构、地方机构或者现场指挥机构、环境应急专家组等；

（三）预防与预警机制，包括应急准备措施、环境风险隐患排查和整治措施、预警分级指标、预警发布或者解除程序、预警相应措施等；

（四）应急处置，包括应急预案启动条件、信息报告、先期处置、分级响应、指挥与协调、信息发布、应急终止等程序和措施；

（五）后期处置，包括善后处置、调查与评估、恢复重建等；

（六）应急保障，包括人力资源保障、财力保障、物资保障、医疗卫生保障、交通运输保障、治安维护、通信保障、科技支撑等；

（七）监督管理，包括应急预案演练、宣教培训、责任与奖惩等；

（八）附则，包括名词术语、预案解释、修订情况和实施日期等；

（九）附件，包括相关单位和人员通讯录、标准化格式文本、工作流程图、应急物资储备清单等。

第十条 企业事业单位编制的环境应急预案中除了本办法第六条规定的内容外，还应当包括以下内容：

（一）本单位的概况、周边环境状况、环境敏感点等；

（二）本单位的环境危险源情况分析，主要包括环境危险源的基本情况以及可能产生的危害后果及严重程度；

（三）应急物资储备情况，针对单位危险源数量和性质应储备的应急物资品名和基本储量等。

◆ **《突发环境事件信息报告办法》**

第三条 突发环境事件发生地设区的市级或者县级人民政府环境保护主管部门在发现或者得知突发环境事件信息后，应当立即进行核实，对突发环境事件的性质和类别做出初步认定。对初步认定为一般（IV 级）或者较大（III 级）突发环境事件的，事件发生地设区的市级或者县级人民政府环境保护主管部门应当在四小时内向本级人民政府和上一级人民政府环境保护主管部门报告。对初步认定为重大（II 级）或者特别重大（I 级）突发环境事件的，事件发生地设区的市级或者县级人民政府环境保护主管部门应当在两小时内向本级人民政府和省级人民政府环境保护主管部门报告，同时上报环境保护部。省级人民政府环境保护主管部门接到报告后，应当进行核实并在一小时内报告环境保护部。突发环境事件处置过程中事件级别发生变化的，应当按照变化后的级别报告信息。

四、未按规定将突发环境事件应急预案备案

案例 81
某管桩有限责任公司未办理突发环境事件应急预案案

【案情简介】

2019 年 3 月 22 日，接某市环境监察执法支队环境监察通知要求，某区生态环境局安排执法人员于 2019 年 3 月 25 日下午对某管桩有限责任公司进行了现场检查。现场检查发现，该公司办理有营业执照，取得了环评批复，但未办理突发环境事件应急预案；厂区内有一处违法建设的生产线与环评不符，但该处生产线被证实于 2017 年 1 月修建；有一处煤锅炉已通过技改更换为天然气锅炉。现场检查发现，厂内堆料场露天堆料且未采取有效覆盖措施防止扬尘污染。上述行为违反了《突发环境事件应急管理办法》第十三条、《中华人民共和国大气污染防治法》第七十二条的规定，某区生态环境局依法对该公司进行立案查处。

【查处情况】

依据《突发环境事件应急管理办法》第三十八条第（三）项和《中华人民共和国大气污染防治法》第一百一十七条第（二）项的规定，某区生态环境局下达了如下行政处罚决定：（1）对未办理突发环境事件应急预案违法行为处罚款 1.5 万元；（2）对未采取有效覆盖措施防止扬尘污染违法行为处罚款 3 万元。

【案件分析】

1. 制定和备案突发环境事件应急预案的企业范围

制定和备案环境应急预案，是企事业单位的法定义务。《中华人民共和国环境保护法》第四十七条第三款规定，“企业事业单位应当按照国家有关规定制定突发环境事件应急预案，报环境保护主管部门和有关部门备案”。《企业事业单位突发环境事件应急预案备案管理办法（试行）》（环发〔2015〕4 号）第三条规定了需要编制预案进行备案的企业，主要包括：（1）可能发生突发环境事件的污染物排放企业，包括污水、生活垃圾集中处理设施的运营企业；（2）生产、储存、运输、使用危险化学品的企业；（3）产生、收集、贮存、运输、利用、处置危险废物的企业；（4）尾矿库企业，包括湿式堆存工业废渣库、电厂灰渣库企业；（5）其他应当纳入适用范围的企业。

本案中，该公司的经营范围为高强度预应力管桩生产、销售，属于水泥制品行业，其虽并不是《企业事业单位突发环境事件应急预案备案管理办法（试行）》中明确要求需要编制预

案进行备案的企业，但根据《中华人民共和国环境保护法》第四十七条第三款的规定，以及高强度预应力管桩生产过程中可能会发生突发环境事件，所以该公司属于“其他应当纳入适当范围的企业”，也应按照要求制定和编制突发环境事件应急预案并备案。

2. 本案适用法律的情况？

本案中有两个违法行为，分别是未办理突发环境事件应急预案和未采取有效覆盖措施防止扬尘污染违法行为，分别违反了《突发环境事件应急管理办法》第十三条“企业事业单位应当按照国务院环境保护主管部门的规定，在开展突发环境事件风险评估和应急资源调查的基础上制定突发环境事件应急预案，并按照分类分级管理的原则，报县级以上环境保护主管部门备案”以及《中华人民共和国大气污染防治法》第七十二条第一款“贮存煤炭、煤矸石、煤渣、煤灰、水泥、石灰、石膏、砂土等易产生扬尘的物料应当密闭；不能密闭的，应当设置不低于堆放物高度的严密围挡，并采取有效覆盖措施防治扬尘污染”。根据《突发环境事件应急管理办法》第三十八条第（三）项和《中华人民共和国大气污染防治法》第一百一十七条第（二）项以及《四川省生态环境行政处罚裁量标准》（2018）第二百二十八条和第四十七条，该公司的两个违法行为属于初次违法等情节，某区环境保护局对上述两个违法行为分别处以 15 000 元的罚款和 30 000 元的罚款。

【问题与启示】

1. 什么是突发环境事件应急预案备案行业名录？

2015 年颁布的《企业事业单位突发环境事件应急预案备案管理办法（试行）》未明确规定应当进行突发环境事件应急预案备案的行业名录，但授权省级环境保护主管部门可以根据实际情况，发布应当依法进行环境应急预案备案的企业名录。2017 年原环境保护部办公厅《关于企业事业单位突发环境事件应急预案管理工作的通报》（环办应急函〔2017〕1744 号），再次强调要加快应急预案备案工作进度，尽快发布本行政区域应当进行应急预案备案的行业名录。

2. 各省制定突发环境事件应急预案备案行业名录的情况？

为适应环境应急管理工作新常态，进一步完善环境应急预案管理体系，四川省生态环境厅制定的《四川省突发环境事件应急预案备案行业名录（试行）》（以下简称《名录》）已于 2020 年 2 月 1 日施行。《名录》对应当进行突发环境事件应急预案备案的行业类别进行了细化，其中大类 43 项，小类 108 项，其范围涉及畜牧业、制造业、采矿业、卫生、交通运输业及电力、热力、燃气及水生产和供应业等多个行业。对未作规定的行业，鼓励其制定突发环境事件应急预案，或在突发事件应急预案中制定突发环境事件应急预案专章并备案。此外，广东省于 2018 年制定了《突发环境事件应急预案备案行业名录（指导性意见）》（粤环〔2018〕44 号），涉及 23 个需要进行应急预案的行业。辽宁省制定的《辽宁省突发环境事件应急预案备案行业名录（试行）》于 2020 年 5 月试行，涉及 40 多个行业。浙江省已在 2018 年制定了名录。可见，各省结合地域实际，依法发布应当进行环境应急预案备案的企业名录，对于规范企业事业单位的预案备案管理，指导企业事业单位从源头防范环境风险具有重要意义。

3. 企业环境风险等级是否可以作为该企业制定突发环境事件应急预案并备案的依据？

《企业突发环境事件风险分级方法》（HJ 941—2018）把企业突发大气或者水环境事件风险等级划分为一般环境风险、较大环境风险和重大环境风险三个等级。但是企业环境风险等级只是地方生态环境部门对企业环境应急预案实行分级管理的依据，并不是作为该企业制定突发环境事件应急预案并备案的依据。实践中，企业应依据可能面临的突发环境事件及其危害程度，自行判断是否需要编制突发环境事件应急预案并备案。

【条文链接】

◆《中华人民共和国大气污染防治法》

第七十二条　贮存煤炭、煤矸石、煤渣、煤灰、水泥、石灰、石膏、砂土等易产生扬尘的物料应当密闭；不能密闭的，应当设置不低于堆放物高度的严密围挡，并采取有效覆盖措施防治扬尘污染。

码头、矿山、填埋场和消纳场应当实施分区作业，并采取有效措施防治扬尘污染。

第一百一十七条　违反本法规定，有下列行为之一的，由县级以上人民政府生态环境等主管部门按照职责责令改正，处一万元以上十万元以下的罚款；拒不改正的，责令停工整治或者停业整治：

（一）未密闭煤炭、煤矸石、煤渣、煤灰、水泥、石灰、石膏、砂土等易产生扬尘的物料的；

（二）对不能密闭的易产生扬尘的物料，未设置不低于堆放物高度的严密围挡，或者未采取有效覆盖措施防治扬尘污染的；

（三）装卸物料未采取密闭或者喷淋等方式控制扬尘排放的；

（四）存放煤炭、煤矸石、煤渣、煤灰等物料，未采取防燃措施的；

（五）码头、矿山、填埋场和消纳场未采取有效措施防治扬尘污染的；

（六）排放有毒有害大气污染物名录中所列有毒有害大气污染物的企业事业单位，未按照规定建设环境风险预警体系或者对排放口和周边环境进行定期监测、排查环境安全隐患并采取有效措施防范环境风险的；

（七）向大气排放持久性有机污染物的企业事业单位和其他生产经营者以及废弃物焚烧设施的运营单位，未按照国家有关规定采取有利于减少持久性有机污染物排放的技术方法和工艺，配备净化装置的；

（八）未采取措施防止排放恶臭气体的。

◆《突发环境事件应急管理办法》

第十三条　企业事业单位应当按照国务院环境保护主管部门的规定，在开展突发环境事件风险评估和应急资源调查的基础上制定突发环境事件应急预案，并按照分类分级管理的原则，报县级以上环境保护主管部门备案。

第三十八条　企业事业单位有下列情形之一的，由县级以上环境保护主管部门责令改正，可以处一万元以上三万元以下罚款：

（一）未按规定开展突发环境事件风险评估工作，确定风险等级的；
（二）未按规定开展环境安全隐患排查治理工作，建立隐患排查治理档案的；
（三）未按规定将突发环境事件应急预案备案的；
（四）未按规定开展突发环境事件应急培训，如实记录培训情况的；
（五）未按规定储备必要的环境应急装备和物资；
（六）未按规定公开突发环境事件相关信息的。

五、未及时启动水污染事故应急方案，采取有关应急措施

案例 82
某磷化工黄磷厂未及时启动应急预案

【案情简介】

2020 年 4 月 1 日，某生态环境局在核查信访举报情况时，发现某磷化工黄磷厂 4#炉冲渣池旁的回水沟发生堵塞故障，该公司相关负责人未收到相关报告，未向任何主管部门及当地政府报告，未及时启动水污染事故的应急方案，未按应急方案要求（废水处理设施出现故障，应立即将废水引入事故池，待废水处理设施维修正常后再将废水送入厂内污水处理站处理）采取有关应急措施，导致废水外排。某生态环境局认为该公司上述行为涉嫌违反《中华人民共和国水污染防治法》第七十八条第一款的规定，依法对其进行立案查处。

【查处情况】

某生态环境局依据《中华人民共和国水污染防治法》第九十三条第（二）项的规定，责令该磷化工黄磷厂改正违法行为并处以 4 万元罚款。

【案件分析】

1. 判断是否发生水污染事故是适用该法条的前提条件之一

环境污染事故是指由于违反环境保护法规的经济、社会活动与行为，以及意外因素的影响或不可抗拒的自然灾害等原因使环境受到污染，国家重点保护的野生动植物、自然保护区受到破坏，人体健康受到危害，社会经济与人民财产受到损失，造成不良社会影响的突发性事件。主要类型有：水污染事故、大气污染事故、噪声与振动危害事故、固体废物污染事故、农药与有毒化学品污染事故、放射线污染事故、国家重点保护的野生动植物与自然保护区破坏事故等。

本案中，该磷化工黄磷厂回水沟发生堵塞故障后，生产废水从污水循环池下方厂区公路外侧排除，导致下游某鱼塘内鱼类大量死亡，群众财产发生损失，造成水污染事故。

2. 是否及时启动应急预案，采取有效措施是适用法条的关键

《中华人民共和国水污染防治法》第七十八条规定了企事业单位发生水污染事故应当及时启动应急预案，并采取相应措施的义务。是否能够适用该法条，需要具体调查该磷化工厂应急预案中提出的应急措施，再进一步核实该工厂的具体行为。

本案中，该磷化工厂制定的应急方案要求废水处理设施出现故障，应立即将废水引入事故池，待废水处理设施维修正常后再将废水送入厂内污水处理站处理，但实际中，该磷化工厂未采取启动预案，也未采取上述措施，属于第七十八条规定的情形，可以适用该条款规定。

【问题与启示】

常见突发环境事件现场处置基本程序是什么？

提出调查分析结论和处置方案。

（1）到达现场后首先组织人员救治病人。本着以人为本，减少危害的原则，必须及时做好周围人员及居民的紧急疏散和救治工作。

（2）进一步了解事件的情况。包括污染发生的时间、地点、经过和可能原因、污染来源及可能污染物、污染途径及波及范围、污染暴露人群数量及分布、当地饮用水源类型及人口分布、疾病的分布以及发生后当地处理情况。

（3）形成初步印象，确定污染种类。化学性污染，其健康危害多为急性化学性中毒；生物性污染，其健康危害多为急性肠道传染病；化学性与生物性混合污染，其健康危害同时包括急性中毒和急性传染病等。

（4）开展现场调查工作。掌握健康危害特点及相关因素，污染源调查，了解事故发生地周围环境，环境监测，生物材料检测，照相、摄像、录音，做好监督文书等有关记录，根据现场调查和查阅有关资料并参考专家意见，向现场事故处理领导小组提出科学的污染处置方案，对事故影响范围内的污染物进行处理处置，以减少污染。

【条文链接】

◆《中华人民共和国水污染防治法》

第七十八条　企业事业单位发生事故或者其他突发性事件，造成或者可能造成水污染事故的，应当立即启动本单位的应急方案，采取隔离等应急措施，防止水污染物进入水体，并向事故发生地的县级以上地方人民政府或者环境保护主管部门报告。环境保护主管部门接到报告后，应当及时向本级人民政府报告，并抄送有关部门。

造成渔业污染事故或者渔业船舶造成水污染事故的，应当向事故发生地的渔业主管部门报告，接受调查处理。其他船舶造成水污染事故的，应当向事故发生地的海事管理机构报告，接受调查处理；给渔业造成损害的，海事管理机构应当通知渔业主管部门参与调查处理。

第九十三条　企业事业单位有下列行为之一的，由县级以上人民政府环境保护主管部门责令改正；情节严重的，处二万元以上十万元以下的罚款：

（一）不按照规定制定水污染事故的应急方案的；

（二）水污染事故发生后，未及时启动水污染事故的应急方案，采取有关应急措施的。